LE DERNIER VOYAGE DE SOUTINE

RALPH DUTLI

LE DERNIER VOYAGE DE SOUTINE

Roman

Traduction de l'allemand
par Laure Bernardi

LE BRUIT DU TEMPS

Ouvrage publié avec le soutien de fondation suisse pour la culture prohelvetia

Pour Catherine,
Chartres 1989

Nous semblons presque heureux au soleil,
alors que nous perdons tout notre sang
par des blessures que nous ignorons.

TOMAS TRANSTRÖMER,
Pour les vivants et les morts

CHINON, 6 AOÛT 1943

D'un geste vif, ils referment les deux battants noirs du hayon. Claquement métallique, comme venu d'une arme, bruit sec du pêne happé par la serrure en attente. Un soubresaut secoue la voiture, des pigeons pris de panique quittent le toit de l'hôpital pour le bleu du ciel. On croirait entendre un rire bref entrer dans le monstre noir. Cela vient forcément du plus âgé des deux. Le jeune, qui porte une écharpe de laine autour du cou, enrhumé en plein mois d'août comme le pays occupé, n'aurait pas osé. Non, le peintre s'est trompé, c'est sûr. Ce ne pouvait pas être un rire. Dès le premier jour, le chef le martèle aux employés, dans le métier, on ne plaisante pas sur les morts, dignité silencieuse et c'est tout, piété sobre. On doit cela à ceux qui restent, et à la bonne réputation de l'entreprise.

Seulement tout est différent en cette radieuse journée d'août. C'est un mort vivant qu'ils doivent conduire à Paris dans le fourgon mortuaire, une Citroën noire, modèle Corbillard. La voiture a déjà accompagné bien des corps vieux et jeunes jusqu'à leur dernière demeure. C'est leur grosse bête silencieuse, qu'ils gardent et soignent de leur mieux. Il faut la nettoyer à l'éponge et la frotter à la peau de chamois après chaque intervention. Le chef vient contrôler en personne, et il est sans merci. Un fourgon mortuaire sale est tout bonnement impensable, l'entreprise met son point d'honneur à garantir une propreté éclatante, même en temps de guerre. Jamais encore les chauffeurs n'ont transporté de cadavre vivant.

Il paraît qu'il s'agit d'un peintre, un médecin a prononcé le mot en passant, dans le couloir. Ils doivent l'amener à Paris pour qu'on l'opère, il ne peut en être autrement, ce sont les anges qui le veulent. Mais comment le faire à la barbe de l'occupant, ce gigantesque œil cuirassé qui prétend contrôler le moindre pas ? Un bref bruit de métal, comme un rire contenu de la porte, douloureux. Comme le cliquetis d'une arme. Il règne une entêtante odeur de tilleul. Y en a-t-il près de la clinique ? C'est peut-être simplement le phénol que le peintre transporte avec lui dans sa blouse d'hôpital froissée, l'arôme de l'opération.

Le peintre marmonne, il semble appeler quelqu'un à chaque instant, un murmure de supplique sur les lèvres ; mais les deux employés des pompes funèbres ne le comprennent pas, il parle trop bas, et les sons de sa langue leur sont inconnus.

Venez-vous de la confrérie… avez-vous amené le *sargenes*… *Hevra Qaddisha*… il faut casser un œuf dans l'eau… c'est la vie qui doit laver le nouveau cadavre… s'il n'est pas trop tard… viendra-t-il… n'oublie pas l'œuf… il faut le mettre dans l'eau… l'œuf fleurit dans l'eau…

Les deux employés échangent un regard perplexe et le poussent sur son brancard de métal jusque dans le ventre du fourgon mortuaire. On est le 6 août 1943. C'est l'été, c'est la guerre. Un pays occupé. Ils savent ce qui se passerait s'ils tombaient entre les pattes noires de l'occupant. Les deux employés, le plus âgé, rondouillard et le petit jeune souffreteux auraient pu être des résistants et des saboteurs camouflés transportant leur attirail dans le fourgon mortuaire. En route pour le remblai, en route vers les voies, quelques gestes bien rodés et les rails s'envolent.

Il leur faut éviter les points de contrôle des grands axes routiers. Ils se dirigeaient déjà vers la sortie lorsqu'un médecin sans nom, maigre, sortant d'une chambre, a soudain déboulé dans le couloir et, les yeux baissés, leur a fourré dans la main d'un air gêné la carte routière jaune décorée de son bonhomme Michelin bleu. Ce bonhomme hilare dans sa course – *Bibendum*, voilà comment ils l'appelaient – avec son torse, ses bras et ses jambes faits de pneus de voiture. Il traversait parfois les rêves du peintre, le regard méchant, menaçant. Si l'on devait découvrir leur chargement vivant, les deux hommes auraient tôt fait d'être eux-mêmes cadavres. Les passagers d'un fourgon mortuaire se doivent d'être des morts, rien d'autre. Personne ne les croirait s'ils prétendaient que le peintre semblait mort et venait juste, à leur grande stupéfaction, de ressusciter d'entre les morts. Certains points sur la carte sont discrètement redoublés au crayon.

Et ces types en noir, avec l'insigne du gamma, se sont-ils déjà déployés au nord de la ligne de démarcation ? Depuis janvier 1943 les milices de Darnand sont sur les routes. Sur les traces de la Résistance et des récalcitrants au Service du Travail Obligatoire. Le STO, c'est le STO. Quant à ceux du marché noir, rien ne les arrête, pas même un corbillard. Leurs astuces témoignent d'une impudente inventivité. Mais où sont le petit salé, le cognac, les conserves de civet violet de vin rouge ?

Les pigeons s'envolent au ralenti, murmures, tilleul-phénol, odeur flottante faite d'apaisement et de tranchant.

Il était arrivé en ambulance le 31 juillet. Les derniers jours du mois avaient été atroces, peindre était devenu impensable, la douleur dans le haut du ventre était trop poignante, ne lui laissait presque plus les moments de répit qu'elle lui avait octroyés jusque-là avec une imprévisible insouciance. Je suis là, je m'en vais un instant, mais je reviens. Patience, je reviens tout de suite, fais-moi confiance. Ne crois surtout pas que je serai absente longtemps. Ne crois plus à ma disparition. Je ne te quitterai plus.

Ma-Be, m'entends-tu, es-tu toujours là ? Je ne te vois plus.

Le peintre a fermé les yeux, il a conscience de l'effort qu'il fait pour voir à travers les paupières. Impossible de les soulever.

Au matin, il était allongé sur le matelas, brûlant de fièvre, se tournant et se retournant comme un animal blessé, balbutiant des propos incompréhensibles. Plus trace du français appris au fil du temps, il était comme éteint, seules quelques bribes de mots que Marie-Berthe ne comprenait plus. Elle y vit un mauvais augure, courait en tous sens, inquiète, comme une tigresse en cage.

Le peintre se retourne en gémissant sur le matelas, change de côté. Mais aucun côté n'y fait. Le logeur, Monsieur Gérard, monte un cataplasme de moutarde chaude, le porte devant lui gravement comme un prêtre et déclare avec solennité, comme s'il l'avait entendu dire le dimanche par le curé du village : Prenez ce cataplasme. Sa femme s'y connaissait, elle avait un cataplasme de prêt pour chaque circonstance. Aux oreilles du peintre, arrivé à Paris trente ans auparavant et qui tout doucement s'est habitué à cette langue si nasillarde et si radicalement différente de la langue chantante de son enfance à Smilovitchi et de son russe rudimentaire mêlé de tatare, le mot cataplasme sonne exactement comme catastrophe. Marie-Berthe le prend au logeur sans mot dire et le pose sur le ventre du peintre.

Il se tord sur son lit de malade, autour du cou une petite croix pieuse que Ma-Be lui a passée. Elle avait prié avec acharnement en ce mois de juillet. Depuis longtemps déjà elle avait renoué avec sa bonne vieille foi française, la rage contre cette engeance de peintres de Montparnasse l'y avait aidée. Le Christ se balance à son cou, le Messie est là, qu'il l'arrête donc, cette douleur sauvage.

Le Christ va t'aider, il faut juste que tu croies fort en lui, Chaïm, avait déjà bien souvent balbutié Marie-Berthe. Il est mort pour toi sur la croix. Tu es déjà sauvé.

Le peintre ne comprend plus rien, la douleur est la seule chose qu'il sache.

Reste donc couché, laisse agir le cataplasme, cela te fera du bien.

Non, je dois… à l'atelier… je dois… il n'y a rien d'autre… avant qu'ils arrivent… tu le sais…

Personne ne peut le retenir. Ma-Be et ses criailleries, ses menaces sont sans effet, il doit le faire. Il ne veut pas qu'on l'accompagne, la repousse d'un geste brusque. Il a toujours fait ça seul. Il se traîne jusqu'à l'atelier, cette petite maison à l'entrée du Grand Parc, sur la route de Pouant. Et aussi dans cette pièce minuscule chez Monsieur Crochard, menuisier et maire de Champigny, il veut y jeter un œil, là aussi il doit rester des toiles. À demi paralysé par la douleur, la main pressée à plat sur le ventre, il se redresse avec ce petit jappement de chien qu'il connaît depuis longtemps. Il y a encore quelque chose à faire, de plus important que tout.

Sortir les allumettes, en quelques gestes rapides, mettre en boule quelques journaux dans la cheminée où en ce mois de juillet si chaud il reste encore des cendres de la dernière fois que la vieille rage de destruction l'avait pris. Puis, vite, se saisir de ses toiles, un tout dernier coup d'œil rageur, et au diable ! Comme si elles étaient coupables de tout, de ce malheur qui n'a plus voulu cesser au cours de ces derniers mois. Non, depuis le début de la guerre, ce jour incroyable mais clairement pressenti du 3 septembre 1939. Ils étaient à Civry, ce petit village de Bourgogne, Mademoiselle Garde et lui, ils avaient appris l'entrée en guerre de la France, et le maire leur avait interdit de quitter les lieux « jusqu'à nouvel ordre », à ces étrangers si différents, avec leur accent suspect, allemand et slave. Ils étaient bloqués. Magdebourg, Smilovitchi. Lieux de naissance suspects.

Le vieux rituel, cette rage qui l'habitait quand il sortait les toiles, y mettait le feu, aveugle, lui apportait parfois un petit soulagement sournois, jusqu'à la douleur dans le ventre qui semblait hypocritement céder, à moins qu'il ne se laissât étourdir par le feu. C'était un feu d'été empestant la térébenthine, l'accomplissement de cet acte toujours identique, perpétré depuis les années pyrénéennes.

Et chaque fois il entend la voix du marchand Zborowski, mort depuis plus de dix ans, hurler, indigné, à ses oreilles :

Non ! Mais arrête avec ça ! C'est toi que tu tues !

Il répondait chaque fois d'une grimace méprisante que personne ne pouvait voir. Le peintre ne se souvient plus très bien quand il a proféré la phrase pour la première fois :

Je suis l'assassin de mes tableaux, ne comprenez-vous pas ? Je vais vous montrer.

Je suis… l'assassin… de mes tableaux.

Ce n'était pas forcément le feu qui apportait la solution. Ç'avait été plus souvent des attaques au couteau, déchirures aveugles, ne plus être contraint de voir les abcès colorés sur la toile. S'en débarrasser. Le rituel du couteau ou rituel des ciseaux était plus rapide, plus incontrôlé. Commencer en bas, tout en bas à droite, et faire remonter la lame aveugle en diagonale vers la gauche en haut jusqu'au bord, puis recommencer, recommencer encore, jusqu'à ce que plus rien ne soit identifiable. Jusqu'à ce que les lambeaux pendent comme des loques sanglantes de ventres déchirés. Non, pas de satisfaction, jamais. Rien qu'une tristesse sourde et du vide. Dans le rituel du feu il y avait davantage de triomphe enragé : se saisir des toiles, les poings serrés sur le cadre, les jeter dans la cheminée fumante qui tirait mal, les flammes qui montaient quand elles avaient léché l'huile. Personne n'a détruit plus de tableaux que lui. Personne.

Ma-Be, m'entends-tu ? Est-ce que la voiture de Chinon est déjà arrivée ? Qu'elle attende.

Il chuchote. Il jure.

Ce n'est, en ce dernier jour de juillet, que l'une des innombrables orgies de destruction, cet éternel incendie aveugle d'une vie antérieure. On ne pouvait pas compter sur les effets. Il veut simplement s'en défaire, balayer les tableaux de sa vie, et avec eux la part de lui qui y est prisonnière. Le destructeur de soi, déchireur de soi, brûleur de soi. Soutine, Chaïm.

Personne n'a compris le rituel. Pas un peintre, pas Zborowski, pas les deux femmes des dernières années, ni Mademoiselle Garde ni Marie-Berthe. Et personne ne pouvait le retenir. Lui-même ne comprenait pas. Le parc entier est en feu sous ses yeux, les flammes se reflètent dans ses pupilles. Il sait qu'il faut qu'il en soit ainsi, voilà tout. Le 31 juillet 43, cela n'apporte aucun soulagement. Et la douleur est de retour dès la fin du rituel.

Il reste quelques toiles que Madame Moulin a transportées discrètement à Paris, roulées sur elles-mêmes, pour les proposer à des galeristes, ce qui a permis d'acheter du pain et des œufs, car le compte parisien est bloqué. Et puis il y avait quelques très rares visiteurs soigneusement choisis venant à Champigny depuis Paris. Les tableaux des dernières années. Deux cochons se vautrant dans la boue, l'un rose, l'autre constellé de fange, d'un gris si soldatesque, d'un vert si militaire que quelques petits malins voudront y voir des soldats de la Wehrmacht. Qu'est-ce qu'ils ne vont pas chercher. Deux mères à l'enfant, bleu sombre, enfances blessées, mères amères, icônes de l'Occupation. Des écoliers fouettés par le vent au retour de l'école, petits, projetés dans l'obscurité et la tempête, se tenant par la main, paniqués. Des enfants sur un tronc renversé. Qui a sauvé les toiles de leur peintre et de ses occupants, qui les a mises de côté en silence, rangées dans une ombre discrète, quand le parc était en flammes ?

Toiles arrachées ces derniers mois de haute lutte à lui-même et à l'ulcère. Au feu, tout ce qui restait. Le temps presse. Et qui sait si cela n'a pas été son dernier embrasement. Incinération, routine aveugle rodée. C'était un bon feu. Il n'a laissé que des cendres et quelques morceaux de bois non encore calcinés, restes du cadre. Dernière occasion d'éliminer l'impossible. Bien sûr, chez le boucher, Monsieur Avril, il reste quelques tableaux en gage, en attente d'un paiement toujours repoussé, d'un règlement de la dette croissant depuis des semaines. Qu'ils restent en otage. La dette ne sera jamais réglée. Rien nulle part n'a jamais été réparé.

Ma-Be, cours chez le fermier, essaie, une dernière fois.

Le temps des trocs est révolu, rien ne va plus, tout va de travers en ce mois de juillet, les fermiers ne voulaient plus, en échange des œufs et du beurre, aucune de ces toiles où le monde était méconnaissable à force de chemins tortueux, d'arbres titubants, bossus, à force de crasse, stries, sillons bruns et bleus. Où rien ne ressemblait au monde, pas même maintenant avec la guerre, à moins que le monde n'ait déjà été englouti dans un dernier soubresaut, dans un étranglement et une souffrance aveugle. Un unique ulcère en furie. Mais les œufs et le beurre et le lait, c'était de l'or.

Vous comprenez, c'est la guerre. Maintenant nous avons nous-mêmes besoin de tout ça.

Puis Ma-Be descend et depuis l'appartement du logeur appelle le docteur Ranvoisé, à Chinon, qui pour comble de malheur est en vacances en ce mois de juillet désert. Peut-être est-il parti voir de la famille, plus bas sur la Loire, ou chercher de la nourriture, maintenant que plus personne ne parle de vacances. Existences de nomades. Besaces à remplir. C'est son remplaçant qui vient, le docteur Borri, il jette un bref regard au peintre, lui palpe légèrement le ventre et prescrit l'hospitalisation. Pas de temps à perdre. Il faut partir pour Chinon, clinique Saint-Michel. Le diagnostic, le peintre le connaît bien assez, cela fait des années qu'ils sont deux : Soutine et l'ulcère. Des années qu'il a un double qui le raille et le met au supplice. Une ombre noire douloureuse qui sans cesse l'assaille.

Vers la fin de l'après-midi l'ambulance était arrivée, le peintre était rentré tant bien que mal jusque chez Monsieur Gérard, le cataplasme à la moutarde, en piteux état, traînait dans un coin près du matelas. Le trajet jusqu'à Chinon, impossible de s'en souvenir, la douleur a repris la barre, enfonce le corps dans une gangue bien trop étroite, efface tout ce qui n'est pas elle.

Le chauffeur s'est présenté : Foucault, Achille. Mais les noms ne voulaient plus rien dire. Il avait à peine vu le visage de Monsieur Foucault qui avait doucement refermé la portière et conduisait d'une main sûre posée sur le volant brûlant en direction de Chinon, dans une de ces vieilles Peugeot qui pullulaient sur les routes comme des scarabées fatigués.

Arrivée à la clinique Saint-Michel. Aux admissions, on inscrivit « Charles Soutine » dans la case ; le vrai prénom avait trop souvent suscité complications et questionnements, il fallait épeler, dissiper les malentendus, répéter. Mais « Charles », c'était bien, un prénom bien d'ici, inamovible et sans histoires, le nom à lui seul faisait office de papier d'identité. Et puis l'abréviation s'y prêtait, on pensait spontanément au prénom le plus courant.

Ch. Ch. Ch.

Admission : Soutine Charles, 50 ans, profession : artiste-peintre, douleurs intenses dans toute la partie supérieure de l'abdomen, diffusant derrière la cage thoracique, jusque dans le dos, fièvre. Urgence. Urgence !

Ils ont sur eux les faux papiers que Fernand Moulin, vétérinaire et maire de Richelieu, avait fait tamponner à la préfecture de Tours. Il avait sur place un employé qui lui était encore redevable. Moulin haïssait l'occupant, et se réjouissait chaque fois qu'il pouvait lui en arracher un grâce à des faux papiers. C'est donc écrit là ; intangible, sur le papier jaune qui atteste son identité : Soutine Charles.

Tel qu'il est, allongé là, paupières serrées, on pourrait le prendre pour une momie égyptienne.

Son état est critique. Le médecin ne veut pas perdre de temps, il faut procéder à l'opération sur-le-champ. Là, tout de suite, sans attendre à demain. N'est-il pas déjà trop tard ? Il y a vraisemblablement rupture de la paroi gastrique. L'hémorragie interne n'est qu'une partie du problème. Le risque majeur en cas de perforation est l'exsudation de sucs gastriques acides dans la cavité abdominale, ce qui occasionne une inflammation du péritoine – peritonitis, vous me suivez, Madame ? – qui en l'absence de thérapie est très généralement mortelle. L'hémorragie interne n'est pas le problème principal. Mais il nous faut agir sur-le-champ. Résection gastrique selon Billroth. Ablation aux deux tiers, associée à une vagotomie. On sectionne la partie du nerf vague responsable de l'innervation de l'estomac.

Le mot « sectionner » la fait crier. L'ange noir criard de Soutine décide qu'il ne doit pas être opéré dans cet hôpital de province, mais à Paris. Une ville où l'on trouve de vrais médecins et pas seulement ces incapables dans leurs minuscules royaumes cliniques à qui l'occupant a tout juste laissé des bandages. Elle tempête, elle menace, elle tape du pied.

Le médecin tente de la persuader poliment de la nécessité. Il veut aller vers elle, lui demande respectueusement :

Marie-Berthe Aurenche ? N'était-ce pas le nom de la femme de ce peintre allemand, Max Ernst ? Vous savez, j'ai fait mes études à Paris et j'étais à l'époque enthousiasmé par les surréalistes. Non, j'en étais fou. J'étais amoureux de Nadja, je déambulais dans les rues le livre de Breton à la main, et rêvais du revolver à cheveux blancs… La médecine était une chose, je devais ça à mon père, mais la nuit, j'écumais les cafés de Montparnasse pour y voir ces drôles d'animaux. De Max Ernst, j'aimais La Puberté proche, La Femme chancelante…

Il a dit ce qu'il ne fallait pas. Et la femme chancelante, elle l'avait aussitôt pris pour elle. Tout au moins avait-il eu le tact de ne pas dire ex-femme. Tout le monde autour d'elle savait qu'en sa présence il ne fallait plus jamais prononcer le nom de Max Ernst, sinon elle se transformait en furie.

La folie d'un mot mal venu, d'un nom mal venu, femme… chancelante… Max… Ernst. Il suffit d'un mot au destin pour basculer. Cette fois il y en eut deux.

Oui, Ma-Be était autour de lui, sa voix était partout, cette voix qui pouvait soudain se faire stridente et passer à l'invective, il le savait trop bien. Qui donnait des ordres, faisait des reproches, campait sur une exigence quelconque, il n'arrivait pas à entendre à travers le mur de sa douleur. Cette paume qui s'abattait sur la table avec une rigueur épuisée mais inflexible. Elle était à bout de nerfs. Cette succession rapide de chambres et de cachettes, les tractations sans fin avec les paysans pour une demi-douzaine d'œufs, la lutte pour le pain. Six fois à Champigny ils ont changé de lieu. L'argent bloqué à Paris, les voyages interdits à la capitale, avec à ses côtés le peintre rongé par ses douleurs. Elle voulait en finir vite, ou mener à l'échec ce qui n'était pas déjà perdu depuis longtemps. Il n'entend que ses criaillements et ses menaces à travers la porte ; lui est couché dans le couloir et voit passer sans un mot les fantômes blancs. Un froissement, puis soudain des chuchotements qu'il ne comprend pas. Une forme qui s'avance vers lui, prend son bras. Un bref éclair.

Dans le couloir où il est allongé sur un lit d'hôpital à roulettes, recouvert d'un drap jusqu'aux épaules, on ne voit plus personne. Mais à son oreille résonne une seule voix.

Là, prends le drap blanc. Couvre-toi. Fais le cadavre. Il faudrait pouvoir peindre ça.

Où a-t-il entendu ces phrases pour la première fois ? À Minsk, à Vilna ? Sûrement pas à Paris. Qui les a prononcées ? Kiko, ou Krem ? Le souvenir est plus ancien que cette ville de province sur la Loire. Où est-il maintenant ? Sûrement pas à Chinon.

Fais comme si tu étais mort. Ce sera plus facile. Tout sera plus facile. Tu es déjà mort, tu ne peux plus perdre la vie. La vie toujours déjà perdue, nous sommes déjà libres à demi. Tu ne peux plus rien perdre, rien. Et tu t'en vas, léger. Il faudrait pouvoir peindre ça.

Puis soudain le silence. Il ouvre les yeux, mais les referme aussitôt. Les ouvre à nouveau, comme pour être sûr qu'il ne rêve pas. Au bout du couloir il y a un gros bouc blanc. Cela ne fait aucun doute. C'est clairement un bouc, avec de grosses cornes dressées vers l'arrière, une barbe blanche étonnamment longue atteignant presque le sol et de grosses touffes de poils bien dégagées du cou, pendant des deux côtés. Comment donc l'animal est-il entré ?

Le peintre se souvient qu'il a vu dans une revue la photo d'un bouc asiatique sauvage aux incroyables cornes torsadées, très rapprochées, disposées en V. Le bouc le regardait depuis l'image avec sévérité et intelligence, comme un dieu parmi les siens. C'était un dimanche, il avait flâné au bord de la Seine, avait ouvert la revue chez un bouquiniste et avait été effrayé par ce bouc qui le regardait droit dans les yeux. Il referma la revue en hâte et la rejeta sur la pile.

Mais ce n'est pas lui. Non, ici à l'hôpital Saint-Michel, au bout du couloir balayé de toute présence, il y a un gros bouc domestique blanc qui s'avance maintenant lentement dans le bruit clair de ses sabots vers le peintre allongé sur son lit à roulettes, curieux, d'un pas court, hésitant d'abord, puis plus rapide. La sidération efface tout souvenir. Que vient-il faire ici ?

Et le voilà déjà arrivé près du peintre dont la main gauche pend sur le bord du lit à roulettes. Le bouc blanc renifle légèrement, sa tête est maintenant à la même hauteur que la tête du peintre. Ses pupilles dilatées regardent le malade droit dans les yeux. Sans reproche. Sans colère. Et d'une langue râpeuse et froide il lèche la main salée qui pend et que Soutine n'ose pas retirer. Il ouvre à nouveau son œil droit et regarde le bouc droit dans les siens. Il est là. Il est venu. Il est blanc. Cela suffisait. Ce n'était pas un rêve.

Puis on ouvre brusquement une porte, le peintre sursaute, ouvre les deux yeux, et le bouc blanc a disparu. Le couloir s'anime à nouveau, à travers le mur filtrent des bribes de phrases, des supplications, des phrases que la colère ne permet pas d'achever, des syllabes aux accents menaçants.

Excès d'acidité gastrique, inflammation chronique, profonde altération de la membrane gastrique. Il croit entendre le mot perforation, et le mot résection lui fait peur. Le vieil ulcère a rompu la paroi de l'estomac, les sucs gastriques se répandent dans la cavité abdominale. Le chirurgien préconise l'opération, tout de suite, sur-le-champ, ne pas différer une minute. Tout de suite à l'anesthésie. Nous avons ici une urgence, Madame. À Paris ils ne pourront plus faire grand-chose pour votre peintre.

Le malade lui-même le veut : Tout de suite, c'est ça qui compte, que quelque chose se passe. Que cette douleur enfin cesse, ne plus rien reporter, que ce soit maintenant, ici.

Mais pas ici, ce ne sont que des charlatans de province, des équarrisseurs, dit Ma-Be, tu dois être opéré par un spécialiste, pas ici, à Paris. Gosset, Guttmann, Abramy, un des médecins qui te connaissent saura qui peut te sauver.

C'est l'ange de la mort qui chuinte et qui siffle, qui veut le meilleur et exige le pire, qui accompagnera l'estomac du peintre dans une errance sans fin vers la dernière opération possible.

La décision soudain est là, on ne lui demande plus rien. Marie-Berthe avait conversé au téléphone avec il ne sait quelles voix. Dire que ces fantômes étaient encore là en ce mois d'août en guerre… Il doit être opéré dans une clinique du 16e arrondissement, par de vrais médecins. Le nom est long : Maison de Santé Lyautey.

À Chinon, il a droit en guise de viatique, de la main d'une femme médecin, à une piqûre de morphine, le dosage est risqué, elle le sait, il faut que cela agisse le plus longtemps possible. Elle s'appelait Lannegrace, elle se présenta d'une voix douce, et de son nom il ne lui parvint que grâce. Il pensa au coup de grâce, et à ses oreilles cela sonna comme un bon signe. La morphine généreuse, assourdissant la douleur, promet un soulagement rapide, se diffuse vite dans le corps par le sang et l'enveloppe dans une douceur ouatée.

Le 6 août au petit matin le corbillard qui doit emmener la douleur à Paris s'ébranle. En route pour la capitale de la douleur, n'est-ce pas ainsi que l'avait nommée l'un de ces surréalistes fous à qui il ne voulait pas avoir affaire ? Un ange belliqueux à la voix nasillarde aiguillonne le destin déjà chancelant, invite à la hâte et aux détours à la fois. Pour éviter chaque point de contrôle, mais aussi pour récupérer des tableaux, des biens essaimés çà et là, pour effacer des traces qui doivent disparaître. À la hâte et aux détours – également nécessaires, également impossibles.

Le gravier dans la cour de l'hôpital de Chinon crisse sous les pneus, puis continue de crisser à ses oreilles quand le fourgon mortuaire se met en branle en ce petit matin. Les bruits, tous, ces derniers temps. L'œil était moins avide, il l'avait remarqué, assez vu, il s'était épuisé sur les chemins étroits de Champigny-sur-Veude, les bruits désormais étaient plus clairs, plus stridents. Le bruit fait volontiers alliance avec la douleur.

Le crissement à l'oreille du peintre incise comme dans l'estomac, comme si commençait dès l'instant l'opération qu'il appelle de ses vœux plus que rien au monde. Car la douleur, d'abord oscillante, sourde et circulaire, puis pulsatile, et peu après lancinante, poignante et déchirante, qui depuis des années fait partie de son corps tel un organe supplémentaire est devenue si insupportable que l'incision déjà, une incision quelconque dans le ventre lui aurait semblé être le salut même. On devrait pouvoir se faire disparaître de ce monde comme on détruit une peinture.

Finalement ce fut l'idée de son désespoir à elle qui fut mauvaise conseillère. Lannegrace avait glissé dans sa main tremblante au moment du départ une blouse blanche d'infirmière. La muse des surréalistes en infirmière déboussolée. Dans le pire des cas elle pourrait s'en sortir en prétendant être une infirmière chargée d'accompagner le patient blanc comme craie, visiblement affaibli, jusqu'à Paris où l'attendait déjà un chirurgien. Pas à la Salpêtrière, naturellement, l'ancienne poudrière derrière la gare d'Austerlitz était depuis longtemps un hôpital allemand. Non, une clinique discrète dans le 16e arrondissement bourgeois où l'occupant aussi avait installé ses bureaux. Pour ainsi dire sous ses yeux, c'est là qu'on est le mieux caché. Elle dirait qu'il n'y avait pas d'ambulance disponible, qu'il y avait eu, en ce moins d'août caniculaire, un grave incendie dans une ferme voisine et que tous les véhicules étaient pris. Les faux papiers, elle les brandirait comme des billets pour le salut.

Si tout va bien, vous entrerez dans Paris *incognito* en passant par les villages et la banlieue. Évitez à tout prix tous les axes importants. Le médecin timide avec sa carte Michelin et son bonhomme bleu qui court avec une mine réjouie se mêlent, se fondent avec les allées de peupliers.

Pour la toilette du corps il faut casser un œuf dans l'eau. La Hevra Qaddisha sait comment. La confrérie s'est mise en chemin dès avant l'aube. Sur le bord du bac de fer-blanc cabossé la coquille vient frapper, hésite et se brise. La membrane de protection se déchire, la glaire de la vie tombe dans l'eau, le jaune bonheur trouble s'y enfonce.

MA-BE

Difficile d'ouvrir les yeux. Lorsqu'il s'y essaie, à travers ses paupières clignotantes, il distingue Marie-Berthe dans la pénombre, assise sur un tabouret, recroquevillée, marmottant, soupirant parfois, pressant un mouchoir sur ses lèvres. Elle semble être ailleurs, mais la souffrance s'est nichée profondément en elle. Dort-elle, parle-t-elle à voix basse avec elle-même ? Comme elle a changé ! La recherche de nouvelles cachettes, les conflits avec les logeurs, la peur perpétuelle à chaque fois que des convois militaires traversent à grand bruit le village sur la route de Tours, les difficultés croissantes pour se procurer encore les denrées les plus élémentaires – tout cela s'était inscrit dans son corps, dans chaque ride de sa peau, dans les ombres bleues autour de ses yeux.

C'était au Café de Flore. Octobre, ou peut-être novembre 1940 ? Il était seul depuis six mois. Mademoiselle Garde s'était rendue le 15 mai de cette année-là au lieu de rassemblement prescrit, le vélodrome d'hiver, et n'était plus revenue. À Montparnasse, on murmure que des milliers d'émigrés allemands – peu importe s'ils sont eux-mêmes de malheureux réfugiés – estampillés « étrangers hostiles », sont emmenés dans les Pyrénées, au camp de Gurs, dans le Sud-Ouest de la France. Rassemblés d'un coup de balai rude comme des feuilles mortes tourbillonnant au vent. Cinq jours auparavant avait débuté la percée allemande dans les Ardennes. Le docteur Tennenbaum avait donc raison lorsque boulevard Raspail, à l'hôtel de la Paix, il les avait exhortés dans un murmure :

Fuyez, tant qu'il est encore temps ! Écoutez-moi bien : Fuyez !

Le peintre ne peut penser à Garde sans ce sentiment de culpabilité oppressant. Sans cesse il la revoit partir avec sa minuscule valise de cuir, se retourner une dernière fois, lui sourire par-dessus l'épaule. Mademoiselle Garde ! Dans un rêve qui revient toujours, il la voit assise près de lui sans un mot, sur le bord du lit, sans reproche, mais avec de grands yeux pleins de questions. Le peintre reste seul, erre comme une âme en peine dans les rues de Montparnasse. Delambre, Grande-Chaumière, Campagne-Première, passage d'Enfer. Il tressaille chaque fois qu'il débouche dans le passage d'Enfer. Ils avaient été nombreux à partir.

Il a rendez-vous au café avec les Castaing pour discuter de la livraison d'un tableau. Il y a là Maurice Sachs, et à ses côtés une beauté aux cheveux noirs qu'il a déjà vue quelque part. Ces éclairs dans ses yeux… comment s'appelle-t-elle, déjà ? C'est Madeleine Castaing elle-même qui fait les présentations : Marie-Berthe Aurenche. Et le peintre américain assis à côté lui susurre à l'oreille :

Tu sais bien, elle était avec Max Ernst.

Plus tard, il apprend que Maurice Sachs s'est penché vers Madeleine Castaing et l'a semoncée avec une ironie cynique :

Vous lui avez présenté Marie-Berthe, quelle imprudence ! Vous avez signé son arrêt de mort.

Elle passe pour être une de ces muses à moitié folles dont les surréalistes étaient friands. À cette date, elle a trente-quatre ans, un beau visage triste et laiteux et l'air infiniment malheureuse… Il sait qu'elle a été mariée neuf ans au peintre allemand ; à Montparnasse, tout le monde se connaît, et ce que l'on ne sait pas de l'un ou de l'autre, l'omniprésente rumeur le complète. On dit qu'elle sort d'un pensionnat de jeunes filles tenu par des nonnes austères, qu'elle est arrivée à Paris pleine de soif de vivre, de désir d'aventure. Rosaire et amour débridé. On raconte qu'à dix-huit ans, Man Ray l'a photographiée nue. Et puis Max l'enlève, pour de bon ; on lance un mandat d'arrêt contre lui, mais les parents Aurenche effrayés finissent par céder et consentir au mariage, en novembre 1927. Neuf ans plus tard il ne lui reste plus que l'incurable rage folle qui la lie encore à Max.

Elle était restée sa femme jusqu'à l'automne 36 où il a rencontré Leonora à Londres, cette belle petite bête sauvage dont Max Ernst est tombé amoureux sur-le-champ. Ma-Be la haïssait avant même de la voir. Elle n'a pas laissé facilement la place à cette jeune bourgeoise qui peignait, répondait au nom de Carrington et se trouvait passer par là au moment où Max se cherchait justement une muse fraîche. Il avait besoin d'elles, les a consommées plus vite qu'il ne pouvait les peindre.

Le salaud ! a-t-elle sifflé plus tard au Dôme en lui racontant tout, et Soutine fut effrayé par la rage avec laquelle elle maudissait Max. Elle tremblait, on aurait dit qu'elle allait se saisir des tasses et les projeter contre le mur. Et elle parlait précipitamment, sans faire attention à lui, il lui fallait simplement faire sortir tout ça, cette souffrance profonde exacerbée par la rage. Max était parti en Ardèche avec sa conquête anglaise ; un jour, Marie-Berthe humiliée était allée débusquer les amoureux dans leur nid de Saint-Martin d'Ardèche, elle connaissait bien la région, sa famille était originaire de là. Elle a déboulé chez Fanfan, s'est mise à boire dans le café bruyant, à chuinter, supplier, sangloter. Max lui était revenu une dernière fois ; tout au long de l'hiver 37-38 il fut auprès de Ma-Be à Paris, laissant son Anglaise seule, là-bas en Ardèche. Leonora arrachait de son âme les tourments de la jalousie et de l'abandon ; dans un état de semi-conscience, elle écrivit son *Little Francis*, prêtant à Ma-Be les traits d'Amelie, qui, d'un coup de marteau, fracasse la tête chevaline de la belle. Ma-Be l'avait attirée à Paris sous un prétexte quelconque et les rivales s'étaient crêpé le chignon, battues et griffées comme des chattes devenues folles. Il m'appartient, n'as-tu donc pas encore compris ? Max laissa faire avec mansuétude et au printemps 38 il revint en Ardèche auprès de sa belle Anglaise. Ma-Be avait définitivement perdu la bataille.

Le tabouret brinquebale, ses cheveux gras tombent en mèches lourdes sur ses yeux qui parfois se ferment, les lèvres bougent sans qu'en sorte un seul son. Soutine voit tout ça à travers le rideau de ses cils, il ne peut rien pour elle, continue à somnoler, bercé de morphine cotonneuse. Difficile d'ouvrir les yeux.

Elle avait l'air si perdue maintenant, assise devant lui… il aurait voulu la peindre. Femmes et enfants malheureux le faisaient tressaillir, il se reconnaissait en eux, il y avait là quelque chose qui l'assaillait, et ce n'est qu'une fois leur malheur frotté sur la toile avec le plat du pouce qu'il était irrévocablement sien. Mais Ma-Be… Les surréels avaient utilisé leurs muses et les avaient jetées comme de vieilles chaussettes. Elles devaient être imprévisibles, à moitié folles, facteurs de désordre, négociables pour quelques cocktails, des muses déchaînées à bon prix. Il se rappelait ce que l'on se murmurait dans les cafés. Le roman de Breton avec cette fille à l'esprit malade éveillait tous les fantasmes, sa Nadja, sa belle folle ! Il ne cessait de pérorer bien fort sur sa pureté, une femme-enfant, innocente et dépravée à la fois, la fiancée du vent électrisant le pape des surréalistes. Ma-Be n'était qu'une des têtes du cheptel, elle jouait son rôle de bon cœur, la proximité flottante avec la folie, les accès d'hystérie, les vêtements aux couleurs criardes, les méchantes plaisanteries. Elle leur faisait les lignes de la main, marmonnait des propos incompréhensibles, tournait la tête aux dadamax. Qu'elle ait été désespérée parfois et n'ait plus su que faire, qu'elle ait été hantée par des moments de tristesse infinie, cela n'intéressait personne.

Sois belle et tais-toi !

Mais Breton laissa tomber sa Nadja avant que se referme le portail de l'asile d'aliénés. Papillons chamarrés de Montparnasse, aux ailes bordées de folie.

Et voilà qu'elle était assise en face de lui au café, le visage agité d'un tremblement nerveux, elle mentait, prétendait avoir vingt-cinq ans, et savait qu'il savait qu'elle mentait. Mais le mensonge était beau, et plein de désespoir. Épave blême d'une muse brisée, démolie. Max l'avait forcée à avorter de son enfant, elle le lui avoua plus tard, ç'avait été atroce, *une boucherie*, pratiquée par l'avorteuse sur la table de la cuisine, pour quelques francs, à l'aiguille à tricoter, elle avait mis des mois à s'en remettre. Un jour, elle s'était jetée dans la Seine pour y mourir, mais l'eau était terriblement froide, elle avait nagé jusqu'à la rive et des passants l'avaient tirée de là, claquant des dents. Elle recommença à se déguiser, s'affublant d'impossibles costumes de clowns pitoyables, essaya de réactiver les vieux numéros recuits de la fée qui divague. Grands yeux de fillette habités de questions, frange risible sur le front.

Sa haine étranglée de sanglots envers ceux qui l'avaient trompée plut au peintre ; dans la rage qui l'habitait, il reconnut la sienne. Il n'avait jamais aimé les surréels, leurs disciples dans les cafés n'avaient que la liberté à la bouche, la dictée magique, d'obscurs champs magnétiques, une camisole qu'ils devaient faire céder. Que d'inepties proférées avaient dû subir la Rotonde et le Dôme ! Si le velours rouge avait des oreilles, s'il avait pu tout retenir...

Ils ne voulaient que le rêve et leurs petits jeux troubles.

Mais lui haïssait les rêves depuis l'enfance, jamais il n'y avait en eux de consolation, ils le laissaient au matin humilié et prostré. Jamais il n'avait eu de beaux rêves, il s'en méfiait, de ces fourbes messagers de malheur. Bottes de cosaques martelant au pas cadencé le sol de son atelier, gants de cuir noir et lisse arrachant les toiles déchiquetées à même le chevalet, fanfares bruyantes dont soudain venaient des coups de feu. On parlait espagnol, mussolinien, *gitlerdaitsch*. Une nuit sans rêve était une bonne nuit. Les surréels aimaient le chaos, mais ils n'avaient jamais vu de pogrom, les noms de Berditchev, Jitomir et Nikolaïev ne leur disaient rien ; ils se délectaient du mépris des bourgeois mais n'avaient jamais eu à fuir dans les forêts pour sauver leur peau. Fils de bourgeois pourris gâtés s'offrant de petites portions d'anarchie. En Allemagne, des masses sombres désormais acclamaient un guignol braillard et éructant, et brandissaient le bras bien haut. Quand il apprit que lui aussi avait été peintre, il eut envie de vomir.

Il devait punir la toile pour les rêves non désirés. C'est sa peau qu'il arrachait, griffait, malmenait. Rêche et crevassée. Il dormait mal, se tournait et se retournait dans son lit comme un ours, des nuits durant, sombrait parfois dans un profond sommeil fruste dont il semblait ne plus jamais devoir émerger. Breton, il l'a vu de loin, il lui a semblé arrogant et hautain, il lui a tourné le dos pour n'être pas obligé de le voir, les yeux rivés au cendrier. Ils ne le comprenaient pas, qu'est-ce qu'ils pouvaient bien faire de ce *Jid* biélorusse muet comme une carpe, avec ses paysages tordus. Natures mortes ! Portraits ! La bonne vieille camelote démodée. Max, voilà comment s'appelait leur dieu, avec ses insectes, ses arbres et ses monstres, ses pierres à côtes et ses fougères vertébrées. Dadamax, Oiseau-max, Loplop. Le vantard, le séducteur, l'embobineur de femmes qu'il ne pouvait pas même envier. Il ne voulait pas avoir affaire à eux.

Alors il emmena Marie-Berthe chez lui, elle se laissa faire, dit qu'elle voulait voir ses tableaux. Sa rage à elle, son abattement à lui. Sa souffrance à elle et le désespoir chez lui de la guerre et de l'occupant s'imbriquèrent, ils s'agrippèrent par les poignets. Si Mademoiselle Garde revenait, sortie de ses rêves lourds de culpabilité, il essayerait de lui expliquer. Maintenant Ma-Be était là, fée folle égarée, furieusement catholique comme on l'était dans le milieu de son enfance ; elle se mettait au cou de petites croix d'or reçues pour sa première communion, comme si elle devait punir les surréels infidèles en revenant à la foi de ses origines que tous méprisaient. Max avait peint la Sainte Mère posant l'enfant Jésus sur ses genoux pour fesser son derrière rougi. Avec Breton, Éluard et Max en spectateurs dans la niche de la fenêtre. En outre, jasait-on, son père était un fonctionnaire français établi, avait une bonne situation, percepteur à la retraite, et, qui sait, peut-être qu'un jour on pourrait en attendre de l'aide, attendons de voir.

Ma-Be, mue par sa propre souffrance, voulut le défaire de la sienne, s'occuper de son triste animal-peintre. Elle voulut aussi lui mettre au cou les croix, elle divaguait sur le salut comme elle avait autrefois lu les lignes de la main aux surréalistes. Et elle voulait chasser en lui le souvenir d'un ange gardien, sa Mademoiselle Garde, avec son pauvre accent allemand. Arrête avec ta culpabilité, tu ne lui dois plus rien.

Que veux-tu, ainsi sont les temps.

Ma-Be disait seulement :

Ton ange gardien est interné, il ne reviendra pas. Et quelques mois plus tard : ton ange gardien porte une étoile jaune, il ne pourrait pas t'aider. Mais ici c'est Paris, et il t'en faut une sans étoile. Les Pyrénées sont loin, mais moi je suis là, et je peux te cacher.

Elle le convainquit qu'en ces temps maudits on avait toujours besoin d'un ange, qu'il pouvait changer de visage, de langue. La colère de Ma-Be contre Max, son désespoir à lui face à l'occupant, et à la douleur qui traversait la paroi de l'estomac. Deux malheureux s'enchaînant mutuellement, se sentant unis à deux contre le monde. Qui s'est ligué contre eux deux. La souffrance de Marie-Berthe délaissée fit vite alliance avec la peur et le sentiment de culpabilité de Soutine, c'est leur malheur mélangé, lien plus fort que le bonheur. Le bonheur n'est pas une solution, et il n'y en a plus depuis longtemps dans une ville envahie des cris de l'occupant. Il ne reste qu'un lit, et la catastrophe de ce monde tout entier maudit. Il emmène Ma-Be, comme il l'appelle pour faire simple, à la villa Seurat. Il y fait froid, impossible de chauffer l'atelier. Ils ne parlent plus jamais de Max.

Ils se terrent dans un trou et s'étreignent sauvagement, leurs langues se nouent, leurs jambes tremblantes, son sexe triste fouette le sien. Comme si l'on pouvait ainsi chasser le malheur qui se répand dans le monde et semble nicher, railleur, dans leurs deux corps. Ils s'aiment dans la rage et les sanglots. De l'étagère au-dessus d'eux, le premier soir, un pot de terre tombe alors que sur les draps déchirés, haletants, ils s'enfoncent l'un en l'autre, dans les contrées sans frontières de la détresse maudite de Dieu.

Le pot vint éclater sur le sol à côté d'eux, ils prirent peur, s'aimant encore, on eût dit qu'il voulait les abattre avant qu'ils n'arrivent au bout. Ensuite, lorsqu'ils se levèrent et rassemblèrent sans mot dire les pauvres éclats de terre, ils comprirent bien tous deux ce que cela signifiait. Montparnasse était dans leur dos, démolie, en miettes, il n'y avait plus de capitale de la peinture, elle avait été rayée de la carte; là où autrefois se dressaient Dôme, Rotonde et Coupole, cathédrales engrossées de fumée, il y avait maintenant le désert. Une bombe avait explosé là et avait mis les peintres en fuite. Le sable doucement coulait dans les entonnoirs, les emplissant de sa sourde infinité millénaire. Il leur sembla qu'ils étaient les derniers à avoir survécu à l'explosion.

Et ces disputes qu'elle provoquait... Elle vociférait, feulait, le frappait, cherchait querelle à propos d'argent, le traitait de pingre. Elle était imprévisible et pouvait à chaque instant se muer en un prompt reptile. Il écarquillait les yeux et restait plein d'effroi, les yeux rivés sur l'animal soudain libéré de ses chaînes.

Non, il ne l'a pas peinte. Si, il l'a peinte. Marc Laloë a vu la toile, à la Noël 42, quand Olga et lui sont venus voir le couple caché à Champigny. Et devant le tableau, sidéré, il a seulement balbutié: un chef-d'œuvre. Une composition en vert et violet, sombres couleurs reptiliennes, peau de caméléon, sur la robe, l'éclat scintillant de joyaux inouïs. Mais Ma-Be a récusé violemment toute ressemblance avec le personnage. Elle se trouvait bien trop vieillie, ses traits monstrueusement déformés, qu'avait donc fait Soutine de sa jolie bouche, de son nez délicat? Un pur affront à sa beauté passée. Quand il a été dehors, elle a pris un pinceau et corrigé son visage.

Soutine a poussé un cri quand il a vu les dégâts, il s'est plaint amèrement à Laloë.

Regardez donc ce qu'elle a fait, c'est de la folie…

Sans hésiter, il a détruit la toile de plusieurs coups de couteau sous les yeux horrifiés de Laloë ; personne n'aurait pu l'arrêter, impossible de sauver le reptile à la beauté sombre, et Marie-Berthe a essayé en vain, par la suite, de recoller les lambeaux de toile… On ne revient pas sur une exécution.

Et c'est à cet ange rugissant qu'il devait les cachettes parisiennes, rue Littré, chez son père, rue des Plantes, chez les Laloë, les six logements successifs à Champigny. Une muse brisée lui apportait secours et ruine.

Elle était assise sur le tabouret dans le fourgon mortuaire qui poursuivait sa course, elle glissait parfois un peu, ses cheveux étaient en désordre, un frisson parcourait son corps quand les fossoyeurs cherchant leur chemin prenaient un virage, elle sursautait, reculait sur son siège, sanglotait, soupirait, marmonnait pour elle-même des choses dont il ne savait déjà plus rien.

Le fourgon mortuaire glisse à travers la campagne française comme un lourd traîneau noir dans la chaleur de l'été, il traverse le pont le plus discret, au-dessus de Saumur, il passe la Loire fantasque en direction du nord, depuis Chinon, vers les champs de blé clairsemés, aussi pâles que neige. Les roseaux ne s'en souviendront pas, ni les méandres du fleuve, ni le cri des poules d'eau. On s'enfonce dans les allées de peupliers bordant des départementales désertes, on traverse des villages endormis, on passe par des petites routes qui s'accrochent aux pneus, gluantes, comme pour le freiner, retenir le corbillard pressé qui ne veut qu'avancer vers le nord, mais en zigzags embarrassés, contournant villes et gros bourgs comme des foyers de peste qui pourraient le contaminer. Évitant les grands axes et les postes de contrôle de l'occupant, empruntant des chemins de traverse qui d'ordinaire ne voient que voitures de fourrage et carrioles cahotantes remplies de fumier, tirées par des chevaux. Vers le nord, au rythme des détours, bien loin de Tours, d'Orléans ou de Chartres, en crochets muets et désespérés comme ceux d'un lièvre à la patte raide, remontant par la Sarthe, l'Orne et l'Eure jusqu'à cette Normandie parfaitement invraisemblable, pour ensuite, seulement, obliquant vers l'est, aller vers Paris, la destination secrète. Mais la France est soudain bien immense… Vers le nord, vers l'est, mais en un terrible ralenti, perdant du temps comme du sable s'écoulant d'un sac percé, comme le sang qui se répand dans l'estomac.

Il est sa douleur au milieu du ventre, toujours plus haut où elle est enracinée et appuie de toute sa violence acide à travers la membrane gastrique, irradiant dans des régions où elle n'était jamais allée. Des années durant c'était une douleur, c'est maintenant un écoulement. Les sucs gastriques se déversent dans la cavité abdominale. Il se vide, l'inflammation du péritoine flambe, les douleurs les plus vives brûlent dans tout le ventre. Cela peut durer des heures encore, mais que sont les heures ? Nul ne connaît leur longueur véritable, elles n'ont pas de mesure.

Comme s'ils s'étaient jurés de décrire les plus impossibles détours pour tromper le destin, comme si le noir fourgon mortuaire avait senti où étaient les postes de contrôle de la mort, les barrières rouge et blanche qui hurlaient « Stop » avec un « ch » chuintant. Où étaient les cyclopes avec leurs mitraillettes en bandoulière sur leurs side-cars, leurs lunettes de caoutchouc sur le casque, leur insigne de métal sur la poitrine, prêts pour l'intervention.

Sur la petite station de pompage à l'entrée du village, une affiche déchirée appelle au travail volontaire en Allemagne : Ils donnent leur sang, donnez votre travail pour sauver l'Europe du bolchevisme. Personne ne veut s'engager, Vichy instaure le Service du Travail Obligatoire outre-Rhin. Des jeunes gens disparaissent soudain, prennent le maquis, se fondent dans les forêts et les étables, les fenils et les granges isolées. Volontaire ? Une mauvaise plaisanterie. La main rapide d'un paysan arrache les affiches en passant.

Un peintre traverse des villages qui n'ont jamais entendu parler de lui. Le trajet dure un jour entier, vingt-quatre heures, toute une éternité. On offre au dieu des détours un sacrifice sans fin, jusqu'à ce que, lassé, il le rejette de la main. Il faut qu'ils entrent dans le cœur de la capitale, mais en empruntant les veines les plus fines, les plus reculées, des chemins de campagne presque, que vient donc faire ici un fourgon mortuaire, entre les blés et les arbres fruitiers, évitant toute artère où ils pourraient se trouver ?

Personne ne connaît la route. Nul ne l'apprendra jamais. Et à quoi servirait d'énumérer les villages et hameaux, les petites routes, les virages et détours ? Le peintre non plus ne voit pas le paysage. Il est allongé dans la pénombre de la Citroën, protégé par des rideaux gris qui ondulent. Seule sa vie lance encore une fois son cri du fin fond de ses souvenirs flottants, dans la douleur endiguée, dans les bribes des anciens désirs, dans la peur des rêves qui continuent à se tisser. C'était son dernier incendie. Personne ne connaît la route. Nul ne l'apprendra jamais. Personne ne peut savoir qui est l'homme allongé dans le fourgon mortuaire qui passe. Il n'y a que les tableaux, les rares tableaux qu'il n'a pas déchirés et brûlés. Personne ne le connaît.

Lannegrace avait prévenu Ma-Be en lui expliquant comment administrer la morphine. L'effet n'est pas toujours prévisible. Souvent il ne saura pas où il est, ce qu'il est, l'heure qu'il est. Il aura des souvenirs sans fondements, des troubles de la conscience, une altération des sensations, des hallucinations déréglées. En règle générale, l'inflammation du péritoine entraîne de fortes fièvres ; au délire morphinique peuvent s'ajouter les délires de la fièvre. Son état de conscience sera soumis à variations, il sera en état de veille, puis somnolera et tombera dans un profond sommeil. Son visage sera rougi par la fièvre, il sera brûlant, de la sueur perlera sur son front. Pouls accéléré, respiration plus rapide, au départ tension plutôt élevée en raison de la douleur et de la fièvre. Puis, comateux, il restera allongé comme un cadavre vivant.

Marie-Berthe muette et effrayée ne quitte pas des yeux la bouche du médecin. Elle entend les paroles qui en sortent mais n'en comprend aucune, ce n'est qu'en entendant les sons « cadavre vivant » qu'elle tressaille, semble se réveiller.

Le temps lui-même coule comme les sucs acides qui ruissellent dans la cavité abdominale à travers la membrane gastrique percée et viennent baigner les organes. Le peintre s'enfonce dans ses propres entrailles au rouge laiteux, dans le rouge des tissus, le rouge brûlant des glaïeuls qu'il a peints à Céret. Où se trouvent exactement les postes de contrôle de la douleur, impossible de le déterminer. La morphine que lui a injectée la miséricordieuse Lannegrace installe dans son corps un autre temps, elle est nichée çà et là et dilate les voies, atténue la sensation et allège le sommeil comme un frère grec.

Une somptueuse découverte, un pur cadeau pour la douleur de l'humanité souffrante. Plante divine. *Papaver somniferum.* Du suc épaissi du pavot somnifère est issue la douce substance empêchant la transmission en haut lieu du message de douleur. Opiacé béni, loué soit l'infatigable apothicaire allemand Sertürner qui dans un trou de province, à Paderborn, isola l'alcaloïde de l'opium et ses rêves flottants depuis des éternités. À Paderborn ! Le nom sonne comme celui d'un paradis à l'écart du monde. Loués soient Séguin et Courtois, et tous les inventeurs allemands et français en guerre contre la douleur. Et voilà que leurs pays qui avaient offert la morphine à l'humanité martyre se font la guerre. Que serait l'infinie puissance de la douleur sans l'opiat enchanteur, et comme l'humanité serait incomplète, loin du salut, sans ce messie.

Le peintre essaie péniblement de se rappeler qui lui a raconté l'histoire de la découverte de la morphine. Ah oui, Tennenbaum ! Le médecin autrichien de passage à Paris, en partance pour l'Amérique. Le docteur Tennenbaum qui quitta Vienne après avoir vu les masses exultant d'enthousiasme braillard. Il avait aussitôt compris, était rentré chez lui, avait dit à sa femme de faire les valises. Un simple petit voyage à Paris. Quelques jours seulement. Le strict nécessaire.

Mademoiselle Garde était décidée à le consulter pour son peintre perclus de douleur. Elle alla voir la famille autrichienne à l'hôtel de la Paix, boulevard Raspail, où elle-même avait logé. C'était la chambre attenante à la sienne. Dans le couloir, elle les avait entendu parler allemand. Et avait appris leurs projets.

Tennenbaum, qui n'attendait plus rien de bon tant qu'il n'aurait pas posé le pied sur le sol américain, avait parlé de l'époque de la douleur à venir et de la découverte de la morphine. Ils parlèrent longtemps en allemand, Gerda Groth la timide, originaire de Magdeburg, et le docteur du désespoir absolu.

Le monde veille à ce que les Cassandre, tôt ou tard, finissent par avoir raison, comprenez-vous ?

Il s'adressa à Gerda sur un ton si incantatoire qu'elle était tout ébranlée en rentrant voir le peintre à la villa Seurat. Tennenbaum lui avait lancé :

Fuyez avec lui tant qu'il est encore temps ! Maintenant, sur-le-champ, si vous ne le faites pas, vous le regretterez toujours. Il n'arrivera plus rien de bon, comprenez-moi : il y aura la guerre. Ils occuperont aussi la France, toute l'Europe, la Russie, jusqu'à l'Asie. Ils planteront partout leurs croix cassées, feront flotter partout les mêmes immenses drapeaux rouge et blanc. Ils veulent instaurer l'empire millénaire de la douleur. Partez tant qu'il n'est pas trop tard !

Et il lui avait noté le nom de médicaments qu'il pouvait prendre. Papavérine, laristine, subsalicylate de bismuth. Elle retint tout. Quelques jours plus tard elle revint le voir avec le peintre. On avait parlé de conversation amicale, informelle, pour ne pas effrayer Soutine. Il faut faire une radiographie. Le peintre accepte, pour l'amour de Mademoiselle Garde. Elle y retourna, cette fois sans lui. Tennenbaum tenait à la main les résultats qu'avait donnés l'image nébuleuse.

Un ulcère très profond, comprenez-vous ? Trop avancé pour être encore guéri. Son organisme est faible et usé.

Parlez plus fort, parlez distinctement, Docteur Tennenbaum, je ne vous entends pas bien ici, avec le bruit du moteur !

Le docteur Tennenbaum et sa litanie sur la grande douleur à venir, qui maintenant l'atteint à nouveau, par bribes et avec la voix de Gerda, dans ce fourgon funéraire allant péniblement de l'avant, en route vers la capitale de la douleur. Le ton incantatoire, désespéré. C'était comme une grande et terrible profession de foi. Elle avait tout retenu.

Qui ne dispense pas définitivement l'homme de la douleur n'est pas un dieu. Non, il ne s'agit pas d'être sans douleur, mais libre de toute douleur.

Qui ploie sous la douleur, qui se tord dans les crampes, qui fait de son dos une bosse, qui roule au sol, foulé au pied par elle ne peut reconnaître d'autre dieu que le messie morphinique. Sertürner est son dieu. Les bricoleurs d'antalgiques en sont les véritables apôtres.

Absurde la religion, qui s'invente un Dieu crucifié pour réconcilier l'homme avec la douleur. Pas de réconciliation possible ! Le docteur Tennenbaum criait presque. L'exhibition perpétuelle de son martyre est une insulte à l'homme. Regarde ce que la douleur peut faire de toi. Ton dieu a inventé la douleur, quel bricoleur génial !

Tu crois l'avoir oubliée parfois, mais la représentation mille fois orchestrée de la crucifixion réveille littéralement la douleur dans le corps. Grünewald, le retable d'Issenheim, les veines gonflées, la chair verte martyrisée. Chaque image de torture réveille une autre torture, les inconcevables potentialités de la douleur. Les clous romains plantés d'un marteau lourd à travers tendons, muscles et nerfs ne font pas hurler et gémir de douleur le seul fils de Dieu. Le Seigneur cloué est une gigantesque arnaque. Jésus-Christ est le fils de la douleur, la réconciliation physique avec la douleur. Regarde, il est mort de douleur pour toi. Pour te sauver. De quoi ? Quelle liberté y a-t-il si l'on n'est pas libre de toute douleur ? Pas de réconciliation avec la douleur ! Pas de résignation muette, pas d'humble consentement !

Qui se tord des années durant ne veut plus de conciliation. Le sens de la douleur lui échappe, comme Dieu. Apaiser la souffrance, l'endormir, mais physiquement, physiquement bien sûr, pas dans l'âme, pas spirituellement – voilà qui serait une mission divine. Abolir enfin la douleur serait la plus noble mission de tout dieu digne de ce nom. Ou indigne.

Manifestement, Tennenbaum s'échauffait en proférant son credo. C'était son évangile, la bonne nouvelle de l'homme libéré de la douleur d'après Sertürner. Pas un instant son regard ne quittait les yeux de Gerda, comme s'il ne s'adressait qu'à eux.

Parce qu'il installe la douleur dans les corps, ce dieu encourage l'occupation de tous les pays, car elle exporte la douleur, la porte au-delà des frontières. Au-delà des frontières de la douleur du monde. L'Empire millénaire est l'empire mondial du corps meurtri. Sans lui la Gestapo serait bien embarrassée, imaginez donc ! Ces pinces avec lesquelles on arrache les ongles dans les caves ne seraient que des outils absurdes, les coups dans les testicules – une perte de temps. Sans l'empire de la douleur il n'y aurait pas de dictature de droit divin. Ces infinies variantes dans l'art de faire souffrir confortent le pouvoir des tortionnaires, comprenez-vous ?

Le dieu-créateur s'est damné lui-même en adjoignant la douleur au corps, par manque de réflexion. Une création sans douleur, voilà qui serait une invention noble, pure, disait amèrement le docteur Tennenbaum. Mais ce n'est pas ce qu'il a fait. Il a échoué. La douleur est là. Impossible à éradiquer de ce monde dont le créateur s'est fait la malle avec tous les antalgiques possibles.

Le seul et unique être qui toujours ressuscite est la douleur. Elle est le dieu toujours ressuscité qui attend son éradication. Il n'y a pas de sauveur, si ce n'est sous forme d'antalgiques efficaces. Ô Sainte morphine, bénie sois-tu entre les présents du pavot !

Et le docteur Tennenbaum eut un regard fou, dément, qui soudain terrifia Gerda.

Le peintre tanguant dans son fourgon mortuaire pour Paris ne comprenait plus rien au baragouin du docteur Tennenbaum. Mais sa membrane gastrique voulait l'écouter encore. Bientôt il ne vit plus que les mouvements de ses lèvres, il n'entendait plus aucun son. Sa voix disparut dans une lointaine Amérique.

L'ulcère de Soutine maudit Dieu. Seule la peinture survivra aux douleurs du voyage. Sertürner, le messie de la morphine, a inventé ce qu'il fallait. Le blocage de la douleur. L'inhibition de la transmission en haut lieu, aux instances de contrôle, de quoi faire taire doucement, malicieusement la douleur. Un doigt qui se pose sur des lèvres. Ne plus dire, ne pas transmettre. Mais son pouvoir est de courte durée, deux heures, peut-être trois, quatre tout au plus, puis il faut que le Messie revienne. Lannegrace avait glissé à Marie-Berthe la fiole brune remplie de teinture. Il y en avait peu à Chinon. L'occupant avait confisqué jusqu'aux antalgiques.

Vous savez, nous manquons de tout. Ils pillent même les hôpitaux ; bandages, instruments chirurgicaux, anesthésiques, on nous prend tout. Nous avons beau supplier, on ne nous donne que le strict nécessaire. Ils vont avoir besoin de leur butin médical à l'Est. N'avez-vous pas écouté la radio cet hiver ? *Radio Londres* ne cessait de parler de cette ville sur la Volga, d'encerclement, de capitulation même. Ils ont été stoppés en Russie, vous comprenez ? Nous avons jubilé, bien cachés sous nos sept couvertures, quand nous l'avons appris.

Le messie de la morphine est à ses côtés dans le fourgon mortuaire, il lui ferme les yeux, éclaire par à-coups, de la trouble lumière de son flambeau, la conscience du peintre. Il envoie des rêves et défait la sensation friable du temps qui passe. Il ne sait pas où il est, ne sait pas ce qu'il est. Le peintre ne voit pas les paysages le long desquels il glisse dans la Citroën noire. Plats pays du nord de la Loire, il lui en fallait d'autres, toujours d'autres pour peindre. Pour ne plus jamais peindre.

Ma-Be, où allons-nous ? À Framboiseville ? Dans les Pyrénées ? Où est Paris ? Le Nord c'est le Sud dans l'Est. Ah bon, les Pyrénées alors. Au vélodrome d'hiver ? Dans le passage d'enfer où il a vécu en 1929, à l'époque du krach boursier ? Il ne peut penser à cette adresse sans tressaillir. Passage d'Enfer. Où va-t-il arriver ? Combien de fois déjà est-il arrivé, à Minsk, à Vilna, à Paris. Cela ne compte plus désormais. Tous arrivent à un moment ou un autre. Il doit aller à Paris pour l'opération, mais dans sa tête, c'est bien clair, il part pour les Pyrénées.

Les collines de Céret. Le bourg est connu pour ses cerises, l'industrie du liège, la fabrication de tonneaux et de sandales. Zborowski, le marchand d'art, l'a envoyé à Céret en 1919. La Mecque des cubistes, tout près de la frontière espagnole ; Picasso et Braque y ont laissé quelques années plus tôt l'empreinte de leurs pieds. Soutine hait leurs tableaux, mais ses coups de pinceaux soudain ressentent l'attraction, l'emmènent là où il ne veut pas aller, et plus tard il ne peut se libérer de cette force qu'en brûlant les toiles. Il hait Céret, souffre trois années durant d'infernales tortures sur les collines que ses tableaux doivent tenir à distance, conjurer.

Zbo paye cinq francs par jour, qui suffisent à peine pour les tubes de couleur du mercier Sageloly. Un pain, parfois cinq sous de roquefort. On parle catalan, il ne comprend pas les habitants, se retrouve étranger à nouveau comme six ans auparavant, à son arrivée à Paris. Et le surnom que l'on murmure dans son dos lui colle vite à la peau : *el pintre brut*. Le peintre sale.

Les collines de Céret.

Les toiles sont les sœurs suppliciées des paysages. De la couleur comme de la lave, vert-orange-rouge, appliquée d'un geste plein de panique et de rage. Des maisons qui vacillent dans le paysage effaré, les fenêtres sont des yeux de fantômes. Des arbres recourbés comme des poulpes avec leurs tentacules. Des rues qui se cabrent. Des talus effondrés, des chemins fouettés par le vent, bossus, crevassés.

La terre a tremblé pour lui dans les Pyrénées. Il y plane un danger que nul ne peut nommer. Le paysage comme éboulement, léchant un air de séisme, un paysage furieux, épileptique. Elle est fine, la croûte sur laquelle nous vivons. La coulée de magma monte et presse, la lave veut sourdre. Les tableaux qu'il peint maintenant à Céret sont son décor pour le Jugement dernier. C'est un Jérémie hurlant, crachant ses couleurs dans le paysage. Traumatisme du rachis cervical. Dans le plus paisible des paysages.

Il en a besoin pour s'en défaire. Mais comme il les maltraite, comment il les écorche… Entrailles de paysage, intestins, contorsions imprévues. Peut-on revenir en arrière ? Bien sûr que non. Rien n'est réparable. Rien de ce qui lui arrive. Tout est toujours encore là. L'enfance à jamais maudite. La haine des Pyrénées. La rage contre les toiles peintes à Céret, qui l'aiguillonne, le pousse aux orgies destructrices. Comptes rendus d'un combat, coups de pinceaux, une crampe qui l'ébranle, le secoue. Le bout des doigts vient frotter dans l'épanchement du tube de couleur.

Les collines de Céret.

Quelle heure est-il dehors, Marie-Berthe ? Il voudrait demander et ne peut pas. Seul Paris compte, et l'opération. À quatre heures du matin il s'en va, marche à travers les collines, vingt kilomètres ou plus. Il cherche son endroit, un emplacement particulier d'où il jette un regard sur sa vie. Et se querelle avec le paysage. Il est inabordable, ne dit pas un mot, méfiant, timide. Vit dans une porcherie abandonnée ou une cabane à outils dans les vignes, sans lumière, il a cloué les volets, se jette sur la paille sale abandonnée, se couvre de ses toiles, se roule dedans comme s'il était déjà dans le fourgon mortuaire. Il rentre à bout de forces ; oublie de manger, ne se lave pas, ne quitte plus son pantalon de velours côtelé et ce vêtement barbouillé de traînées vertes et de taches rouges.

Le tas de toiles grossit, et il n'a toujours pas trouvé de vérité. Il lui faut continuer à fouiller le paysage. Une peine de trois ans. Pas de patience, pas de salut.

Les collines de Céret.

Il porte donc l'ouragan de colline en colline. Ici personne encore n'est allé. Personne n'a jamais vu chose pareille. Méconnaissable. Mais tout est encore là. Ses pires ennemis sont les promeneurs curieux. Chacun s'y connaît en matière de sainte similitude. Sitôt qu'il en voit paraître un, il replie le chevalet, se terre sous les arbres le temps que le danger soit passé. Seul avec lui-même et le paysage, loin des musées, des modes, de Montparnasse. Soutine court seul à travers les collines. Coureur solitaire au barda coloré. Et les collines laissent faire. Il se voit courir, maintenant encore. Il est pressé. On doit l'opérer. Ici personne encore n'est allé.

Quel est le fou qui a peint ces tableaux, s'exclament les clients de Leopold Zborowski dans le salon de la rue Joseph-Bara, et rue de Miromesnil il n'en va pas autrement avec Paul Guillaume, l'idole en chef, collectionneur de statues africaines. Les acheteurs potentiels partent en courant dans la rue pour n'être pas réduits en pièces par ce ciel devenu invisible qui s'effondre sur les têtes. Et voilà que Modigliani ivre clame : Tout danse devant mes yeux comme un paysage de Soutine. Et le peintre l'entend encore. Et ne prend plus peur.

De la petite cour de l'hôtel Garreta à Céret monte une fumée noire. Il a de nouveau brûlé des dizaines de tableaux. Il lui faut les éliminer. Et la haine restera, il cherchera les marchands qui les collectionnent, rachètera ses propres tableaux de la période de Céret pour les taillader au couteau. Ne vend un nouveau tableau qu'à condition qu'on lui en rende deux de Céret qu'il puisse détruire. Pauvres Pyrénées !

Il est allongé maintenant dans le fourgon mortuaire, s'en va une fois encore vers les Pyrénées de Paris, traverse des paysages qui se chassent l'un l'autre et s'immiscent par éclairs à travers fentes et vitres arrière, luttant avec ses tableaux. La morphine aide le regard à franchir la tôle noire et à glisser sur les paysages désolés. Ils traversent ses paupières closes. Jour ou nuit ? Paris ou Pyrénées ? Il ne sait plus. Les tableaux détruits de Céret courent à côté du fourgon, veulent le rattraper, se venger de ce qu'il les a lacérés au couteau, aux ciseaux, chaque fois qu'il a pu mettre la main sur l'un d'eux. Le messie de la morphine est du voyage, et avec lui les cendres des tableaux de Céret.

RIEN QUE DU LAIT ET DU BACH

Il était une fois un pays occupé qui prétendait n'être occupé qu'à moitié. Le Sud avait désormais nom ZONE LIBRE, ou encore ZONE NONO, le Nord occupé était la ZONE-O. Avec une bonne connaissance des lieux et avec des passeurs, on pouvait, la nuit, franchir la ligne de démarcation. Mais les AVIS À LA POPULATION et les ORDONNANCES allemandes fusent à travers l'air français, sous bonne garde de l'aigle aux ailes déployées, sa croix cassée entre les serres. Menaçant de peines draconiennes en cas de franchissement illégal.

En juin 1940, le tracé à la double vague est reproduit dans les journaux. Soutine passe un ongle bordé de restes de peinture tenaces, désormais indélébiles, le long de la ligne qui s'étire à travers le pays avec ses deux bosses de chameau, du Jura aux Pyrénées, de la frontière suisse à la frontière espagnole. Au niveau du bas-ventre, c'est Vichy et ses décrets, les appels de Pétain à collaborer avec l'occupant. Pour le bien de la France.

Chana Orloff, sa voisine, le croise dans la rue. On doit être à l'automne 40, non loin de la villa Seurat où ils habitaient, après l'armistice et l'entrée en vigueur de la démarcation. Elle demande :

Chaïm, pourquoi tu ne pars pas dans le Sud, en zone libre ?

La réponse vient vite, comme s'il n'avait pas besoin de réfléchir :

Là-bas il n'y a pas de lait.

Le maréchal Pétain aurait-il donc bu tout le lait à Vichy ? Toutes les vaches se seraient-elles envolées ? Seraient-elles toutes au nord, en zone occupée ? Ne craindraient-elles pas les blindés et les side-cars, les bottes de cuir noires ?

Il vénère leur chaleur animale, le trésor de leurs pis, leur lait qui s'écoule, apaisant, et qui mêlé de poudre de bismuth offre un instant de répit à la douleur dans son ventre. Et il hait les vaches que Chagall, tout juste arrivé à la Ruche du Passage de Dantzig, peignait dans le ciel de Vitebsk.

Qu'irais-je faire là-bas ? Il n'y a pas de lait.

Et Chana se détourne en secouant la tête, lui souhaite bonne chance, enfile des ailes sur ses vigoureux bras de sculpteur et déclare à haute et intelligible voix : « Je serai couturière à Jaffa ». Elle flotte bien haut au-dessus de la villa Seurat et s'enfuit en Suisse avec son fils. Ses vieux amis de Minsk et de Vilna sont partis dans le Midi dès la percée des Ardennes. Mai 1940, Kikoïne trouve refuge à Toulouse chez son fils Yankel. Krémègne s'installe au fin fond de la Corrèze comme s'il allait sur la lune, se loue comme journalier pour passer la guerre. Soutine reste.

Là-bas il n'y a pas de lait.

Le 3 septembre 1939, le jour de la déclaration de guerre de la France, Mademoiselle Garde et lui étaient à Civry, en Bourgogne. Il est entré, maussade, dans l'épicerie du village, en quête des bruissants messagers de malheur tout pleins de lettres noires baveuses : LA GUERRE ! Mais la guerre semblait dormir encore et rater son entrée à l'ouest. Guerre de position sur la ligne Maginot, tout reste calme, sur les fortifications on joue aux cartes, on plaisante, on fume. Rien ne bouge. Il ne se passe pas un jour sans que le peintre n'ouvre en hâte les journaux. Il se méfie de ce calme menaçant, de toute forme de calme. La guerre prend son temps et ne s'adonne d'abord qu'au PLAN BLANC, comme si elle était peintre. En Pologne, on partage le futur butin avec le pays de Staline. Là-bas il n'y a pas de lait. La guerre continue à peindre : après le PLAN BLANC, c'est au tour du PLAN JAUNE, la campagne de l'ouest, le 10 mai 1940. Désormais la guerre de position se mue en guerre éclair. Le coup de faucille, la capitulation des Pays-Bas et de la Belgique, l'avancée jusqu'aux côtes de la Manche. L'exode commence, sept millions de Français quittent le Nord, fuient vers le sud, emmenant ce qu'ils peuvent.

Là-bas il n'y a pas de lait.

La ligne Maginot est contournée par le sud, les armées allemandes s'enfoncent dans la faille de Sedan ; la percée des Ardennes le 14 mai 40, le fracas des blindés, l'avancée jusqu'au cœur, qu'on entend battre de loin. Un mois plus tard, les chars font leur entrée dans Paris, la ville est occupée sans combat. Et pour finir l'armistice du 22 juin à Compiègne, le début de l'occupation.

Heureux celui qui a pris la poudre d'escampette avant. Ou qui sait encore où aller. L'âge d'or de Paris est révolu. En juin 1939, Henry Miller écrit déjà :

Voilà, c'est la fin du long séjour au paradis de France. J'attends ce soir le fameux discours d'Hitler. Le monde entier est assis sur son cul et s'attend à des merveilles.

En route pour la Grèce, inspirer goulûment par les narines cinq mois d'Europe encore, s'emplir les poumons de lumière, rendre visite à Homère, passer dire bonjour à Corfou, boire du résiné, butiner comme une abeille, recueillir de la matière comme pour le colosse de Maroussi, et ensuite, direction Brooklyn, le bon vieux pays qui ouvre grand ses bras accueillants, havre de salut pour ses enfants dispersés. Assez de quinquina et de petits marcs, de stouts et de mandarine-citrons dans le luxe de l'exil parisien. Assez d'Amer Picon. Assez de conversations échauffées dans le salon de Gertrude Stein. Assez de moments passés à voir pétiller Picasso. Âge d'or. Fini. Et avec une irritante lenteur, les chars pénètrent dans la ville qui un jour eut nom Ville Lumière, et ils éteignent des années de lumière.

Le lait était tout pour lui. Ses repas : presque plus que du lait et de la poudre de bismuth. Tous deux sont censés tenir en échec les déferlantes d'acidité gastrique. Là où l'on trouve du lait, du beau lait blanc mousseux, on peut apaiser la douleur. Les médecins lui ont prescrit tous les médicaments possibles, papavérine, laristine et toute cette sorte de choses. Mademoiselle Garde allait les lui chercher, mais au début, il les jetait rageusement. Il n'a foi qu'en le seul pouvoir du lait et de son adjuvant divin, la poudre de bismuth. Céleste lait de vache blanc, lumière lunaire des Sumériens, unique suc qui dispense la vie, rayon unique des mamelles célestes.

Il veut rester dans cette même zone occupée où se trouve Paris, il n'est que quelques carreaux plus bas sur la carte. La ville est pour lui le centre de la terre, l'envahisseur peut bien la piétiner de son pas lourd, elle est toujours là. Bafouée, oui. C'est évident pour quiconque a croisé sur les trottoirs l'une de ces troupes à l'insolente gaieté et aux uniformes gris, pour quiconque a entendu beugler les surhommes sur le Champ-de-Mars. Les boyaux et les couloirs du métro résonnent de leurs bruits, bottes de cuir bien cirées dans l'impassible écho. Le plus frappant pourtant, c'est ce silence sépulcral. Rares véhicules de la Wehrmacht dans les rues de la ville-cadavre. Lumière mate, feutrée, aveugle. Jambes bien écartées, debout sur les quais du métro, culs victorieux bien assis dans les trains de banlieue. Regard moqueur descendant le long des minces jambes trop blanches de la jeune femme en face. Ville-cadavre. Silence. Cauchemar. L'occupation est invisible et omniprésente. Les uniformes noirs derrière les portes du SIPO-SD du docteur Knochen, avenue Foch ; la Gestapo, elle, a pris ses quartiers rue Lauriston.

Un jour la ville serait à nouveau debout, pleine de cicatrices bien sûr, ployant sous le fardeau des pertes, mais toujours et encore et à nouveau déjà désespérément belle. Alors, les toiles ressortiraient des caves et raconteraient l'histoire de ce bref empire millénaire.

Là-bas il n'y a pas de lait.

Et le peintre Chaïm Soutine espère que ce cauchemar un beau matin se dissipera. Passera comme le temps de l'ulcère. Tandis que beaucoup essaient de rejoindre les ports de la Méditerranée ou tentent à quatre pattes de passer les Pyrénées, attendent un visa pour s'enfuir aux USA, en Palestine, à Shangaï ou en Amérique du Sud, Soutine reste caché dans Champigny verte et violette, non loin de la Loire et de Chinon. De là, on peut rejoindre Paris par des chemins dérobés, et là, il y a encore des médecins qu'il connaît, le triste royaume envoûté de Montparnasse, les ateliers, les cafés, les peintres dispersés, les marchands chez qui l'on pouvait trouver pinceaux, tubes et palettes. Qui demande à quel prix ? Là il y a sa couleur, son lait. Pas l'ombre d'une tentative pour passer la ligne de démarcation la nuit.

Depuis Buenos Aires ou Chicago, Paris serait sur une autre planète. Pourquoi devrait-il abandonner si vite la ville qui en 1913 avait été le seul but de sa vie ? Et tous les rêves partagés avec Kiko et Krem, à Minsk et à Vilna, le rêve d'une capitale mondiale de la peinture ? Les Américains le connaissent déjà, en décembre 35, l'ARTS CLUB OF CHICAGO organise une première exposition, sur l'affiche on peut lire PAINTINGS BY HAÏM SOUTINE ; peut-être l'auraient-ils accueilli à bras ouverts ? Et le fameux docteur Barnes, originaire de Merion, Pennsylvanie, débarqué comme un dieu pharmaceutique tonitruant dans l'appartement de Zborowski en 1923 – n'avait-il pas préparé l'émigration secrète en embarquant les tableaux de Soutine ? Une partie de lui est à Philadelphie depuis longtemps déjà. Chaque tableau n'est-il pas un passeport en couleur ? Le cauchemar passera. Il lui faut donc être là, prêt à rentrer d'un bond de la Loire à la Seine.

Là-bas il n'y a pas de lait.

Il y a désormais pénurie de tout. Les voies d'approvisionnement sont coupées, l'occupant réquisitionne les locomotives, les wagons, les camions. Le charbon et l'électricité ? On limite le chauffage à quatre heures par jour, et on l'interdit parfois tout à fait. Ils vivent de rien. Le rationnement, c'est la vie, et il n'y a maintenant plus rien de ce qui est inscrit sur les cartes d'alimentation. Concerts de souhaits qu'ils s'adressent mutuellement. Ersatz de café à base de betterave et de chicorée. Le sucre est une denrée rare et sacrée, c'est l'ersatz qui règne. Files d'attentes, horaires d'ouverture rabougris.

Ils vivent de légumes qu'ils doivent apprécier malgré eux. Racines et tubercules aux noms exotiques comme RUTABAGAS et TOPINAMBOURS les mettent au supplice avec leur goût grossier. Navet de Suède, c'est le nom du tubercule qui leur fait penser au pôle Nord. Chou-navet, chénopode, poire de terre, ersatz de légumes. En passant, Marie-Berthe et lui entendent jurer un paysan de Champigny dans la cour de sa ferme :

Ils nous étoufferont, les Boches, je ne peux plus avaler ces trucs, ils nous étoufferont avec.

Et il balance rageusement au sol un de ces tubercules qui éclate comme une grenade charnue. La guerre est légume. Lorsqu'il les voit passer tous deux à la dérobée devant le portail, il prend peur et se fige. Le rutabaga réduit en miettes a des relents de sabotage. Trocs et larcins dans le moindre village. Heureux qui a des clapiers à lapins. Mais il faut les surveiller de près. Allongé jour et nuit devant ses clapiers.

Et Soutine pense aux lièvres, faisans et dindons qu'il a peints rue du Saint-Gothard et au Blanc, au drame de leur mort, à leur fourrure retournée, leurs plumes moirées, aux restes de sang. Le triomphe coloré de leur mort, les tons de bleu dans le plumage noir, l'émeraude. Et il pense aux années de famine à la Ruche, aux harengs et aux fourchettes affamées. Quels repas copieux... ils sont bien loin!

Et toujours et encore ces crises, convulsives, éructantes, déchirantes. Un journal intime de la douleur. Qui compte les respirations? La douleur a joué avec lui, s'est jouée de lui. Elle dure parfois des heures, puis soudain disparaît tout à fait, et le peintre célèbre le lait et la poudre de bismuth, se passe la main sur le ventre et le remercie. Ne crois pas te débarrasser de moi si vite.

Et puis un jour, c'est à Champigny déjà, il croit que l'occupant a disparu, et avec lui la douleur qui lui vrille le ventre. Un calme soudain, on n'avait pas même entendu se retirer les chars pendant la nuit, pas de raclement de chenilles, pas de moteurs ronflant et hurlant, pas d'ordres qui claquent, rien. L'occupant s'était dissous dans l'air en l'espace d'une nuit. Il régnait un inquiétant silence sur cette ville à l'allure étrangère, étrange, qui ne pouvait être que

Paris. On avait démonté les panneaux indicateurs en langue allemande, plus de ORTSLAZARETT, plus de WEHR-WIRTSCHAFTRÜSTUNGSSTAB, plus de mots monstrueux comme INSTANDSETZUNGSWERKSTÄTTEN, plus de Gestapo rue Lauriston, plus de docteur Knochen avenue Foch, plus de singes braillant en manœuvre sur le Champ-de-Mars, plus de mots allemands résonnant dans les rues. Rien que le silence sur la ville.

Et Soutine se lève d'un bond, sort du lit, soudain il comprend tout, descend en courant la rue de la Tombe-Issoire depuis la villa Seurat, prend à gauche, remonte jusqu'à l'église d'Alésia, puis Denfert-Rochereau et son lion ébahi, jusqu'à la Closerie des Lilas au carrefour. Il n'a aucun mal à courir, il s'étonne de pouvoir parcourir si vite une telle distance, pas de point de côté, pas d'essoufflement, rien. Puis il oblique à gauche et redescend sur Montparnasse où tous les cafés, la Rotonde, le Dôme, la Coupole, sont bondés jusqu'à la dernière place, mais là, il y a ce silence incroyable. Pas de verres qui se heurtent, pas de voix qui s'entremêlent, pas de serveurs pressés. Les cafés sont silencieux comme des églises. À l'intérieur, les vieilles connaissances, même Modigliani est là avec un verre de gin (lui aussi? Les rêveurs sont les premiers à s'étonner), et puis Kikoïne et Krémègne, Lipchitz, Zadkine, Kisling. Tous regardent Soutine d'un air interdit, ils le montrent du doigt et s'écrient:

Nous le savons déjà. Pourquoi n'as-tu pas fait signe plus tôt?

Et Soutine est troublé. Serait-il le dernier au courant? Il se touche précautionneusement le ventre et constate: l'estomac douloureux lui aussi est parti. On dirait bien que l'occupant l'a emmené avec lui, qu'il s'est replié, a pris la poudre d'escampette pendant la nuit; on avait gagné la guerre et il n'y avait plus de douleur. La vie pouvait enfin commencer.

Lorsque Soutine se réveille, Ma-Be dort encore à côté de lui, ronflant doucement dans le lit qui tangue, et il s'agace de ce rêve. Il a toujours fait de mauvais rêves, des rêves pleins de reproches, de frères le rouant de coups ; des rêves pleins de honte, d'insuffisances et de doutes, le matériel de peinture a disparu et il faut continuer à peindre du bout des doigts ; des rêves d'ateliers qui s'écroulent, entièrement faits de fer et de verre, des rêves d'incendies dans la Ruche.

Et maintenant cette course magnifique et facile de la villa Seurat à Montparnasse – c'était idiot, totalement invraisemblable, il aurait dû s'en douter. Il s'agace d'avoir cru à ce rêve, il est furieux contre les peintres du café, qui soi-disant savaient déjà tout, et sans doute aussi que c'était un rêve, faux, trompeur.

Et puis, tout à fait éveillé maintenant, il voit les peintres devant lui, il les voit se tenir les côtes de rire, le montrer du doigt et trinquer :

Il y a cru… ha ha ha… il y a vraiment cru !

Mais au matin, il ne ressent effectivement plus de douleur, il la cherche de la main, mais il n'y a rien. Il sait seulement avec une certitude triste qu'il ne s'agit pas d'un adieu définitif. Il s'agace d'associer ces derniers temps l'occupant et son ulcère. Comme si c'étaient les Boches qui avaient amené l'ulcère. Il ne sait que trop bien que les douleurs au ventre avaient commencé du vivant de Modigliani déjà, il les avait toujours ressenties, dans les Pyrénées et en Provence, à Céret, et Cagnes, et Vence, et au cours de ces mois d'été légers comme l'air, près de Chartres. Cela faisait bien longtemps déjà que l'ulcère l'occupait, à l'époque déjà, quand personne encore n'avait idée que viendrait un jour l'OCCUPATION.

Mais l'occupant est toujours dans le pays, depuis quelques semaines, il est même partout. Le 8 novembre 42 les Américains débarquent en Afrique du Nord ; la Wehrmacht, dans le cadre de l'opération Attila, descend jusqu'à la Méditerranée, les marionnettes noires de Vichy n'ont plus rien à signaler, il n'y a plus de ligne de démarcation que le peintre pourrait passer. La cachette à la campagne aux abords de la Loire est désormais sa prison verte.

Là-bas il n'y a pas de lait.

Ils ont entendu parler du débarquement en Afrique du Nord sur Radio-Londres. Et ne se réjouissent pas outre mesure, la guerre rend sceptique. Mais quelques semaines plus tard à peine, en janvier 1943, la BBC annonce que les troupes encerclées à Stalingrad ont capitulé. N'est-ce pas là un signe qui ne trompe pas ?

Le temps des cachettes prendra-t-il fin ? La dévastation qui emporte tout. Le 21 janvier 42. Errant dans la rue, Marie-Berthe, devant une entrée d'immeuble boulevard Raspail, complètement hagarde, grelottant de froid. Elle doit encore aller chercher quelques pommes de terre pour Soutine, en vitesse, chez une femme qu'elle connaît. Puis remonter les cinq étages rue Littré. C'est là que vit le père de Marie-Berthe, le vieil Aurenche. Désordre indescriptible. Vaisselle sale de plusieurs jours. Cheveux, mégots de cigarettes au sol, cendre, moutons de laine, ordures disséminées. Le lit n'est pas fait, le sol souillé pas balayé depuis une éternité. Dans un baquet de métal rougeoient quelques briquettes de charbon. Mais à un mètre de là à peine, la pièce est glacée. La pénurie recouvre le confort bourgeois d'une couche de glace, elle exhale l'amertume.

Soutine se déride un instant. Il se met à raconter, plein de joie et de gratitude : la dernière fois, dans ce village, il a peint un paysage avec des cochons. Fasciné par l'impureté fabuleuse, sans bornes de l'animal. Un jeune médecin français arrive, lui administre une piqûre pour que l'ulcère lui laisse un peu de répit. Il parle d'une voix calme des dévastations causées par l'Occupation, il en est témoin chaque jour, les corps qui se défont, la vermine, les stigmates de la pénurie. Tout se rétracte.

Mais soudain les portes volent. Le vieil Aurenche arrive. Un orage éclate, jurons et imprécations, coups dans la porte. Qu'est-ce que c'est que cette porcherie, vous ne pouvez pas au moins sortir vos saletés ? Le vieil Aurenche en a assez. Il les jette dehors. Ils reviendront, quémandant, suppliant qu'on leur donne un toit.

Loger villa Seurat est désormais dangereux. Il faut sans cesse changer de domicile. Mais il n'y en a pas beaucoup. Une nuit, au printemps 41, Ma-Be l'emmène chez ses vieux amis rue des Plantes, elle y a vécu avec Max Ernst autrefois, Marcel Laloë et sa femme, la chanteuse Olga Luchaire. Soudain ils sont là, en couple, délabrés, devant la porte ouverte. Ma-Be fait un drôle de signe de la main, supplie sans un mot qu'on les laisse entrer. À peine dans l'appartement, elle souffle :

Il faut que vous le cachiez, il est recherché par la Gestapo.

Ma-Be n'a pas besoin de donner beaucoup d'explications, on jette un matelas à ressorts dans une pièce annexe, un radeau sur ce fleuve de malheur qui ne veut plus s'arrêter. Un matelas. Rien d'autre. Il ne peint plus. Tout lui arrache le pinceau des mains, se coalise avec cette douleur poignante qui fait rage dans son estomac. Tout fait alliance pour l'en empêcher : la douleur et les crampes, l'occupant et ses décrets humiliants. Ils passent trois mois rue des Plantes,

Soutine boit du lait à la poudre de bismuth et écoute Bach, tous les disques que possède Olga, tous. Passion selon saint Matthieu, cantates sans fin, Variations Goldberg, Art de la fugue, tout. Quelle chance, se terrer chez une chanteuse dont la collection fait la fierté. Lorsque le disque noir, à la fin, n'émet plus qu'un dernier crissement pénible, il soulève le bras et l'aiguille et les repose sur le bord épais.

Bach et du lait, rien d'autre. Des jours durant. La musique du pays des cyclopes et le lait du pays de l'avenir. Les grands disques noirs bien gras, posés et reposés sur l'assiette tournante, et le lait amer rationné. Et elle était là à nouveau, cette musique incroyable qui parlait pour elle-même avec tant de détermination, comme s'il n'existait rien d'autre, comme si elle pouvait tout réduire au silence, les chenilles des blindés, les bruits de bottes. Tout, sauf ce point dans son estomac. Ce point ne veut pas écouter de musique. Mais la cachette aux lourds disques noirs est tout de même un bienfait de la Providence.

Chaque cantate est une flèche lancée contre les motos noires et le bruit des blindés. Dérisoires projectiles rebondissant sur leur cible, mais son unique réconfort. Et il se dit que cette musique résonnera encore lorsque du reste il ne restera plus qu'un amas de débris rongé par la rouille.

Que Satan déchaîne sa rage, sa fureur, son fracas.

Mais le vers d'après, qui suit Satan : Dieu puissant nous rendra invincibles ! Et du gramophone s'échappent des mots dont il comprend parfois quelques bribes.

Nous avions sombré si profond déjà, l'abîme nous engloutit tout à fait !

Comprendre en revanche que l'occupant et ses hurlements viennent du même pays, des mêmes fleuves, il n'y parvient pas. Ce sont les mêmes oreilles. Les voix viennent de ce pays. Est-ce que le docteur Knochen n'écoute jamais Bach ?

Voyez, voyez comme se déchire, se brise, s'écroule ce que ne soutient pas le bras puissant de Dieu !

Il écoute la musique, tente d'y saisir ce qui pourrait offrir une étincelle de vie, venir à bout du désespoir. Mais : Comme mon espérance est incertaine, comme mon cœur vacille ! Avant la guerre, Henry Miller, son voisin à la villa Seurat, voulait à toute force lui prêter ses disques de jazz américain. Il ne lâche pas prise.

Je vous en prie Monsieur Soutine, dites-moi ce que vous aimeriez avoir, j'ai là-haut une jolie petite collection. Vous pouvez tout écouter si vous voulez. L'Amérique est là-haut, ces magiciens noirs trempés de sueur avec leurs instruments dorés.

Soutine décline l'offre et le remercie. Il n'y a pas pour lui d'autre musique. Bach. C'est tout. Bach était comme le lait. Et la poudre de bismuth.

Longues journées sans peinture. Rien que du lait et du Bach. Allongé sur le matelas, les yeux au plafond. Caché avec Bach. Qui sait combien ma fin est proche. Et parfois, après ces disques noirs, des heures durant, il chantonne quelque chose venu du fond de l'enfance. La seule chose qu'il avait voulu garder, les quelques chansons qu'il fredonnait, alors qu'il voulait oublier tout ce qui était lié à Smilovitchi. Mais le petit veau, lui, il fallait qu'il reste.

Quand Olga rentre, il l'interroge sur Bach, elle doit lui raconter tout ce qu'elle sait de lui. Qu'à neuf ans il a perdu sa mère, était orphelin à quatorze. À côté de lui ses frères et sœurs mouraient l'un après l'autre, et trois des sept enfants qu'il avait eus avec Maria Barbara étaient morts peu après la naissance ; sept des treize enfants que lui avait donnés

Anna Magdalena, il lui avait fallu les porter en terre au son de sa propre musique, après qu'ils avaient été des créatures joyeuses, sautant sur un pied, jouant à la marelle entre ciel et enfer, louant le nom du Seigneur. Et Dieu voulait toujours être honoré. En vérité la mort était toujours de la partie, elle le suivait à la tribune, partout, s'asseyait avec lui devant l'orgue.

Soutine se cabre, résiste à un souvenir qui s'impose, il pense aux onze enfants de Sarah et Solomon ; il était l'avant-dernier. Il revoit les enfants de Bach s'envoler vers leur Dieu sans miséricorde dont leur père devait chanter la louange. Olga disait :

Bach était le compositeur le plus cerné par la mort que la terre ait porté. La mort dans sa superbe se considérait comme un membre de la famille. Bach vivait dans un état d'occupation sans trêve. La mort de sa première femme, Maria Barbara, il l'apprit à son retour de Karlsbad. On l'avait déjà enterrée. Il partit en pleurant jusqu'au champ du repos. La mort était donc de retour. *Ich habe genug*, J'en ai assez, fait-il chanter. Et : *Ich elender Mensch*, Misérable que je suis. Et Soutine ne se lasse pas d'écouter, il écoute la bouche ouverte.

Ah ! Voilà que ce doux réconfort... ravive aussi mon cœur... qui dans les soupirs et la douleur... rencontre sa souffrance éternelle... et comme un ver de terre... se tortille dans son sang... il me faut comme un mouton... vivre auprès de mille loups... je suis un agneau bien abandonné... et dois me livrer à leur rage... et à leur cruauté.

Mais les journées dans la cachette étaient interminables. Une prison-matelas. Une vie au milieu de mille loups dans les rues de Paris. Une torture, ce sentiment d'être un fardeau pour les autres, de prendre de la place, si patients qu'ils soient. Rester là à ne rien faire, ne pas peindre. Trois mois durant, il ne put sortir que la nuit, de temps à autre. Quand Marc allait promener le chien, il se glissait sans bruit derrière lui, passait la loge du concierge et sortait dans la nuit de la rue parisienne. De l'air, enfin, l'air des heures de couvre-feu. Ne voir personne. Ils marchaient près des portes cochères et des entrées d'immeubles, toujours prêts à passer d'un pas dans l'ombre du renfoncement si d'aventure quelqu'un arrivait en face.

Oh, le pouvoir des concierges ! Un grand œil auquel rien d'étranger n'échappe, une oreille attentive aux échos et aux pas. Tout, ils entendaient tout, ils voyaient tout, la moindre souris passant la porte cochère en trottinant. L'honneur de la profession exigeait que rien n'échappe de ce qui se passait à l'entrée, que l'on ait à l'œil tous les mouvements. Le gardien de l'immeuble se fait méfiant.

Vous avez de la visite, Monsieur Laloë ?

Oui, nous avons là un cousin du nord, il est sur le départ, s'en ira dès demain.

Depuis le grand exode de mai 1940, ces colonnes en fuite depuis le nord, trouées par les stukas, quand sept millions d'hommes se mirent en route avec marmites et matelas, cela pouvait passer pour une excuse. Et toutes les routes passaient par Paris. Mais rien n'échappait à l'œil. Chaque fois que les faux cousins, tard le soir, se glissaient dehors avec le chien pour revenir peu après, le concierge tirait d'un geste sec le grand rideau de sa loge vitrée et les dévisageait. Il voulait leur faire sentir qu'il avait flairé quelque chose, que pas un filament de poussière ne pouvait pénétrer dans les lieux à son insu. Les personnes étrangères à l'immeuble doivent être enregistrées et les informations communiquées à la police, elle-même chargée de les transmettre ailleurs.

Cela ne peut plus durer, ce cousin qui semble bien venu d'ailleurs doit disparaître. Dans une région où l'on trouve des paysans, des vanniers, des tonneliers, des forgerons et des aubergistes mais pas de concierges. Au cours de l'été 41, ils partent discrètement pour la vallée de la Loire. Les Laloë écrivent à un ami, Fernand Moulin, vétérinaire et maire indocile de Richelieu, près de Chinon. Il se charge de cacher les deux fugitifs. Il leur fait faire des faux papiers portant le cachet de la préfecture de Tours, et leur recommande de partir pour Champigny-sur-Veude, une localité voisine, et d'y louer une chambre.

Madame Coquerit détaille les nouveaux venus des pieds à la tête. Depuis que le Nord est occupé, il en vient de plus en plus souvent ici. Elle n'aime pas l'accent du monsieur. Ils sont trop sales, un couple pouilleux, que viennent faire à la campagne ces clochards parisiens ? Et puis Ma-Be n'a pas son pareil pour chercher querelle. Six fois de suite, ils changent de domicile.

Il se remet à peindre, avec des couleurs que Marc lui fait parvenir. Le matin, les paysans médusés voient passer un spectre par les rues et les chemins, cassé en deux, avançant à grands pas comme s'il fallait échapper à la douleur, rasant les murs de Champigny, une chemise crasseuse à moitié rentrée dans un pantalon déchiré. Il porte sous le bras une toile punaisée sur une planche, il va peindre des arbres, toujours des arbres, et quelques enfants du village. Il soupire : la campagne ici est bien trop plate, les arbres bien trop droits, il me les faut tordus, branchus, crevassés. Routes fusant vers le haut, bourgs de collines et de montagnes comme autrefois à Céret et à Cagnes. Mais au moins il recommence à peindre.

À la Noël 42, les Laloë viennent les voir à Champigny, dans leur nouvelle cachette où il n'y a plus de disques de Bach. Il se réjouit de revoir Olga, lui demande sans cesse de lui chanter des cantates. Il écoute à nouveau Bach, à travers sa voix. Reconnaître ces sons est une joie sans bornes. Six mois plus tard il quitte Chinon, embryon recroquevillé dans l'utérus noir d'un fourgon mortuaire qui progresse lentement, et nul ne connaît l'issue. Plus de Bach pour l'accompagner. Rien que le jus de pavot de Sertürner.

On ne peut pas vivre là-bas, là-bas il n'y a pas de lait.

Est-ce Ma-Be, assise près de lui dans l'obscurité, qui d'un linge blanc lui tamponne le front ? Elle s'assoupit parfois, désespérée, pour sursauter ensuite et ouvrir grand les yeux, comme si un cri l'avait tirée du sommeil, comme si le sommeil était inconvenant lorsqu'on accompagne à Paris un cadavre vivant qui doit être opéré. Son visage blanc est strié de barres sombres. Réverbères ? Lumière du jour ? Le visage est méconnaissable dans cette lumière fausse, traversée de branches sombres.

Ses yeux à lui tremblent, les paupières semblent enregistrer les ondulations des rideaux gris, il a soudain l'impression que quelqu'un d'autre l'accompagne, assis près de lui dans le fourgon mortuaire, les bras passés autour des genoux. Il est assis en léger surplomb, comme sur une caisse de bois ou un tabouret. Le peintre a déjà vu ce visage, bien loin dans l'enfance. Impossible. Est-ce possible ? C'est le vieux rabbin qui marmonne, agite la main dans la lumière fausse comme une marionnette amère. On voit sa mâchoire édentée, les mandibules qui d'abord s'ouvrent et se referment plusieurs fois sans bruit, comme s'il cherchait un mot.

Non, Chaïm.

Et il secoue la tête, réprobateur.

Non, et encore : Non.

Soutine connaît tous les reproches, il les a souvent entendus dans ses rêves, à Minsk et à Vilna, et même à Paris encore, alors qu'il avait depuis longtemps échappé au village.

Partout la même voix forte, les semonces, ressassées comme une vieille prière depuis longtemps imprimée dans la chair et les os. Mais cette fois le vieux a l'air plus remonté encore, tout semble entretenir son courroux. Il est trop tard pour le pardon.

Je te l'ai toujours dit. Tu ne voulais pas écouter, tu es parti, tu t'es enfui loin de nous. Cela finira mal, Chaïm. Maintenant tu es en route vers son tribunal, l'Innommé saura que tu n'as pas écouté ton père, pas écouté ta mère et tes frères, ne m'as pas écouté moi. Il ne faut pas peindre. C'est bon pour les adorateurs d'idoles qui s'enivrent des statues bariolées de Baal et de leurs couleurs sales. Cela offense l'œil, qu'as-tu donc à barbouiller nos visages de couleurs. Il nous a fait d'argile pure, lui seul, et nous a insufflé la vie.

Il ne tolérait que la parole, la parole seule. Le *Pirke avot* le sait, Chaïm. Par dix paroles le monde a été créé. Et la question se pose à nous : pourquoi dix, quand une aurait suffi ? Seule la parole crée le monde, Chaïm. Ton pinceau barbouille le monde, le mue en grimaces, en insultes à sa création. Ne vois-tu donc pas que tu as tout distordu et déformé, paysages et hommes, que tout tremble et vacille comme si c'était la douleur dans ton ventre qui avait peint et pas toi ? Comme si la douleur avait créé le monde et pas l'œil paisible du Créateur et sa parole. Comme si un ulcère impie avait créé le monde ! La Création ne doit pas être peinte, Chaïm, pourquoi le serait-elle, à la fin de la semaine la Création est là, produite en six jours et couronnée par le Shabbat, la paix de l'Innommé, pour qu'il la contemple avec satisfaction. As-tu oublié le commandement ? Oublié le plus important ? Tout oublié ? Tu ne te feras point d'image taillée… ni de représentation… ni de ce qui est là-haut… ni de ce qui est en bas sur la terre… ni de ce qui est dans les eaux sous la terre…

Est-ce si étranger à ton oreille, ne veux-tu plus rien savoir de tout ça ?

Que vous ne vous corrompiez pas… et ne vous fassiez pas d'image sculptée… ni taillée… pas de représentation… que ce soit d'un homme ou d'une femme… ou d'une bête sur la terre… ou d'oiseaux ailés… qui volent sous le ciel… ou des vers sur la terre… ou des poissons dans l'eau sous la terre…

Et le vieux moud le grain des mots entre ses mâchoires, se courbe et dresse sa tête dans la lumière fausse et il n'est que reproche. Le peintre, lui, écoute le rabbin soupirer et semoncer un moment encore, mais le petit corps semble s'éloigner, il semble se ramasser sur lui-même, se fondre dans les plis des rideaux du fourgon mortuaire. Mais presque immédiatement après le voilà qui revient plus près, ses gestes se font plus souples, presque féminins, il devient femme. Le peintre ne la reconnaît pas. Ce pourrait être plusieurs femmes, Garde, Ma-Be, qui d'autre ? Il ne la reconnaît pas. Ce n'est aucune d'entre elles.

Que viens-tu faire ici dans cette voiture ? Qui t'a amenée ? Et pourquoi viens-tu ? Je suis attendu pour l'opération, tu ne le sais pas ?

Il veut dire un mot et aucun mot ne sort. Mais la femme reste muette, se contente de hocher la tête et détourne le regard. Puis elle passe doucement les doigts sur son bras, comme Lannegrace, un minuscule éclair pénètre dans la voiture, l'apaisement s'installe. Le peintre marmonne comme s'il avait du pain entre les dents, comme s'il mastiquait d'une bouche sans dents. Elle lui glisse sous la langue des gouttes de jus de pavot. Dans son ventre la douleur s'estompe, s'éloigne.

Les semonces du rabbin, il les a entendues cent fois dans ses rêves, a balbutié d'obscures excuses, incompréhensibles, invoqué Betsaleel dans le désert, mais pas une fois il n'a tenté de parler de ses tableaux, pas un mot. Jamais il n'a désigné ses toiles, jamais essayé d'expliquer pourquoi il fallait que ce soit ainsi, pourquoi il ne pouvait faire autrement. Il a retourné les tableaux, les a mis contre le mur, en a détourné le regard pour que personne ne puisse les voir. Rien expliqué. Dans aucune lettre. D'aucun mot. Il n'est pas d'explication à ces tableaux, comprenez-vous ? C'est le tableau qui compte et lui seul. Et le mot compte aussi, mais il faut le taire. Moïse est déçu. Soutine le taciturne, voilà ce qu'on dira dans le monde de Montparnasse. Muet comme une carpe.

Et soudain il entend parler Henry Miller dans son français le plus américain, Miller, son voisin villa Seurat.

Je me rappelle avoir rencontré Soutine pour la première fois en 1931. Il y avait ce type, là, Louis Atlas, un homme d'affaires new-yorkais qui négociait des fourrures et m'avait engagé comme nègre, *ghostwriter*, pour écrire une série d'articles sur les Juifs célèbres de Paris. Il me payait vingt-cinq francs chaque article qui paraissait sous son nom dans les magazines juifs de New York. Et c'est comme ça finalement que j'ai pu faire la connaissance de Soutine, dans un café. Je lui posais des questions pour mon article, ses amis répondaient pour lui, il n'a pas dit un seul mot de tout l'entretien, il était assis là, perdu dans ses pensées, enveloppé dans la fumée de sa cigarette…

Smilovitchi, c'est le goudron. Dans ses souvenirs, on fait toujours du goudron. L'enfance est un shtetl plein de masures putrides et branlantes, de gués faits de planches instables, de poussière fétide et de boue glougloutante, selon la saison.

Les enfants qui toussent et la faim. Dans son souvenir, cela reste un lieu gris, un trou crasseux. Le ciel couvert, gris de fumée. Chagall le criera à la ronde en gesticulant :

Les couleurs là-bas sont comme les chaussures de ceux qui y vivent. C'est à cause de ces couleurs que nous sommes tous partis.

Ça s'appelait Smilovitchi, c'était à quelques kilomètres de Minsk, et le peintre ne veut qu'une chose : l'oublier. En 1913, lorsqu'il atterrit à la Ruche du passage de Dantzig où Chagall est déjà arrivé et rêve de son enfance à Vitebsk, il est pris d'une terrible rage. Chagall a trimballé son shtetl jusqu'à Paris, toutes les maisons, tous les animaux, le rabbin, le *chohet* et le marieur, le *mohel*, la scierie et les marchands de chevaux. Tout ce que Soutine croit avoir laissé derrière lui, il le retrouve par une grise journée parisienne – oui, même là les jours pouvaient être gris – éclatant de couleurs dans l'alvéole de Chagall à la Ruche : il entend beugler depuis les abattoirs de Vaugirard, tout proches, et d'un coup de pinceau propulse les vaches dans le ciel de Vitebsk. La guerre éclate, Chagall repart en Russie épouser sa fiancée Bella dans le même ciel. Soutine, rien ne pourra le ramener là-bas, lui qui sur son brancard a envie de cracher. Pas même une guerre mondiale. Rien.

Effacer en soi le lieu de l'enfance, que pas une miette, pas un fétu de paille, pas un peu de fumée ne soit sauvé sur la toile. Brûler le néant de l'enfance, l'éliminer de la mémoire. Mettre le feu à la toile de l'enfance. Quelle humiliation, d'avoir été un enfant dans ce diminutif de ville qui n'en était pas une. Il ne veut pour lui que les villes, Minsk et Vilna, et la ville des villes où la peinture s'est immiscée dans le moindre recoin, dans le moindre espace vide, sur les boulevards et dans les ruelles. Partout, des peintures vivantes, pas de retour au jamais-peint. Le village, c'était crasse et pogrom, peur et tremblements. Dans tous ses tableaux il veut se libérer de ce Smilovitchi-là, chaque coup de pinceau veut l'effacer de la mémoire.

Où est-il maintenant ? Pourquoi faut-il qu'en cet instant précis le village de l'enfance arrive jusqu'à lui dans le fourgon mortuaire ? Les Pyrénées, Paris, et puis la Volma, ce coin de la Bérézina qui se souvient des Français pourrissant dans la boue du printemps. Dans la famille, il est le souffre-douleur, le sac vivant que l'on frappe et bourre de coups de pied, le dixième et avant-dernier enfant de sa mère Sarah, fatiguée de toutes ces naissances. Comme absente, elle erre de pièce en pièce, vaque à ses affaires comme un spectre. Ne parle pas. Toujours accablée de soucis, trop épuisée pour leur murmurer tendrement quelque chose comme il l'a vu faire à d'autres mères. Il est le dixième de onze, entendez-vous, Docteur Bog, l'avant-dernier de tous. Quelqu'un nous a appelés les maîtres de la faim. Le dixième et avant-dernier. Divisez donc un amour par douze, mon bon rabbi. Elle s'appelle Sarah. Elle ne dit plus rien.

Son premier souvenir. Il est encore dans son berceau, voit jouer sur le mur l'ombre et la lumière qui tremblent et qui alternent et dansent sur le blanc. Il regarde la lumière du soleil et l'ombre se perdre dans les rideaux immobiles et poussiéreux...

Il veut raconter à Ma-Be, ou à Mademoiselle Garde, ou à une autre encore, surgie un instant dans le fourgon mortuaire et qu'il n'avait pas reconnue. Il balbutie et de la main fait signe qu'on se penche vers lui tout près de sa bouche. Approche ton oreille fraîche. La maison donne sur le marché, et dans l'embrasure de la fenêtre d'en bas, quand le temps le permet, son père Solomon, le ravaudeur, est assis comme un bouddha, les jambes croisées. À la fenêtre, il y a plus de lumière, on voit mieux les points, entre les mains du père, le fil fin monte puis s'enfonce dans le tissu d'un caftan. Il chantonne, pique et tire, la vie est son fil. Il coud, à gestes mécaniques, puis s'arrête, tourne la page, sans lever les yeux… Rabbi Menahem Mendel de Vorki assure qu'un vrai Juif doit savoir faire trois choses : une génuflexion parfaite, un cri sans voix, une danse sans mouvement. Les clients viennent du marché et déversent leurs pantalons. Russes, Polonais, Tatares, du petit village sur l'autre rive.

Quand ils entendent parler des pogroms dans l'empire tsariste, qui s'embrasent et font rage de shtetl en shtetl, ils savent qu'il suffit d'une étincelle pour qu'on éventre et retourne les lits de plume, renverse les tiroirs, tranche les gorges… Ils voient le sang devant eux, projeté sur les plumes. Ils tressaillent aux noms de Kichinev, Gomel, Jitomir, Berditchev, Nicolaïev, Odessa. La nuit leurs noms atroces traversent leurs rêves en grinçant. Après 1905 les noms se font de plus en plus nombreux, après le dimanche rouge résonnent les slogans des Cent-Noirs :

Beïte shidov ! Mort aux youpins !

Chagall se trompe s'il croit qu'ils sont partis à cause de la seule fumée grise et des chaussures sales, pour chercher la couleur. Il fallait partir, c'est tout, plus de Golem, plus d'esprits des morts qui cherchent un corps vivant pour l'habiter et habiter sa voix, plus de dibbouks sortis des histoires inquiétantes de l'enfance, ne plus chantonner que quelques chansons, mais juste pour prouver combien c'est loin déjà, comme un rappel moqueur que ce monde-là a disparu. Pourtant, il ne cesse de peindre des enfants, la sourde misère de l'enfance où tout est promesse trouble qui jamais plus ne sera tenue. Visages de vieillards, grosses mains de géants cramponnées à des jouets tordus sur de petites chaises basses.

Personne ne connaît le chemin. Personne ne l'apprendra jamais. Personne ne peut savoir qui est cet homme dans le fourgon mortuaire. Il n'y a que des tableaux, que ceux qu'il n'a pas lacérés et réduits en cendre. Personne ne le connaît. Personne ne peut le faire parler, et en tout cas pas de l'enfance. Que les tableaux parlent s'ils le peuvent. Personne ne le connaît. Il n'y a qu'un souvenir d'enfance.

Un jour j'ai vu… le neveu du rabbin… trancher le cou à une oie… et faire couler le sang… je voulais crier… mais son visage joyeux… me nouait la gorge… ce cri… je le sens encore ici… quand j'étais enfant… j'ai dessiné un portrait de mon professeur… j'essayais… de me libérer de ce cri… mais rien à faire… quand j'ai peint la carcasse de bœuf… c'était toujours le même cri… dont je voulais me libérer… je n'y suis toujours pas arrivé…

Il se dit que le ciel devrait devenir noir, là, tout de suite. L'Innommé enverrait des éclairs pour arrêter la lame qui traverse le cou de l'oie, vif mouvement aguerri à travers la chair, les vertèbres qui craquent, les muscles qui résistent. Là, tout de suite, il va arrêter Abraham qui déjà a levé le bras pour tuer son fils Isaac. Mais rien ne se passe.

Tout reste calme en cet après-midi clair à Smilovitchi, et le sacrificateur le regarde en riant. La terreur aveugle sur le visage d'enfant le fait rire. Et l'Innommé lui-même semble rire de cette oie tuée, rire de toutes les lames qui traversent des cous, et du sang chaud qui gicle au sol en cascade et mélange aux grains de poussière son rouge framboise. Il quitte l'enclos en courant et se cache dans la cave. Il reste en bas longtemps, par peur de ce rire, de la lame, du sang qui s'échappe du cou de l'oie et lui goutte dessus en pluie, emplissant peu à peu la cave comme le rire de Dieu.

Le matin de la fête du pardon, Yom Kippour. Le rituel d'absolution qui remonte au bouc émissaire envoyé dans le désert, chargé de toutes les fautes commises dans la communauté. On saigne un coq sur le seuil de la maison, ainsi purifiée de tout ce qui est mauvais. De sa main tendue le *chohet* tient le coq blanc au-dessus du seuil, la tête en bas. Puis une incision brève, le dernier battement d'ailes tressautant. Les enfants sont à côté, les yeux écarquillés. Lorsque plus tard, au Blanc, il suspend un faisan dans la gigantesque cheminée de briques pour le peindre, c'est toujours la fête du pardon qu'il est impossible d'oublier. Mais cela n'apporte aucun soulagement.

Très tôt déjà il dessine, chaque bout de papier est une tentation nouvelle, il fait de rapides esquisses lorsqu'il est seul, le regard toujours dirigé vers la porte, de crainte que quelqu'un entre soudain, lui arrache des mains le papier et le batte. Il peint les murs de l'escalier de la cave avec du charbon de bois. Cela aussi lui vaut des coups. La nuit, quand il est déjà à moitié endormi, ses grands frères lui crient dans les oreilles :

Nous n'avons pas le droit ! Tu ne comprends pas ? Il ne faut pas.

Et ils lui tirent les oreilles et lui arrachent sa couverture. Ils mettent des orties dans son lit pour qu'il arrête de dessiner. Ils le réveillent et le giflent, la nuit aussi.

Il vole un couteau dans la cuisine de Sarah, le vend au marché et avec l'argent s'achète un crayon de couleur. On l'enferme deux jours dans la cave, sans eau ni pain. Deux jours sans lumière. Pour lui faire passer la couleur. Il part en courant dans la forêt pour échapper à leurs reproches, se cache jusqu'à ce que la faim le ramène au logis. Les coups reprennent quand il revient, la vieille correction rituelle, le dos et les fesses font mal, mais il est enfin assis à une table et on lui donne du pain noir, qu'il aime, et une cruche d'une eau qu'il engloutit goulûment comme un animal. D'où vient la cicatrice, Docteur Bog ? La cicatrice sur le torse vient des coups de manche à balai que l'aîné de ses frères lui a assénés sur la poitrine jusqu'à ce qu'il tombe en arrière.

Il manque souvent le heder, s'en va dans la forêt, ramasse une courte branche de pin et dessine sur le sol sableux de la forêt, dessine rapidement un visage, l'efface, passe au suivant. Il s'allonge sur le sol, reste là des heures, regarde le ciel, à gauche, à droite, en haut, les cimes noires des arbres lui font signe. Il n'y a pas d'ordre dans ce ciel. Si tu es couché sur le dos et que tu regardes le ciel, tout part vers le haut, il n'y a plus de force de gravité, tout monte, et les branches dansent dans le vent. Ses yeux aussi partent vers le haut. Ils ont du mal à trouver le chemin du retour.

Pour les frères c'est comme une prière, ils croient plaire à l'Innommé quand ils le frappent. Tu ne te feras point d'image ! Ils veulent par leurs coups lui faire passer cette soif. Mais déjà il ne peut plus arrêter. Le père court voir le rabbin, qu'est-ce que je dois faire avec lui, il est malade, ne veut pas être cordonnier ni tailleur, ne veut que dessiner et gribouiller. Il part dans la forêt. Il nous donne beaucoup de souci.

Il doit partir en apprentissage à Minsk chez le beau-frère de Solomon, tailleur lui aussi. Mais il se montre bien trop maladroit. Aiguille et fil ? Une vie entière attaché à une aiguille et du fil ? Ce n'est pas pour lui. On le place chez un photographe, qu'il apprenne au moins à faire des retouches. Mais ce n'est pas ça non plus. Les photos ne savent rien de son secret. Mais là-bas, à Minsk, il y a un certain Monsieur Krüger qui donne des leçons de dessin et promet le succès en trois mois. On doit être en 1907, il n'en est plus bien sûr. Son ami Micha Kikoïne, celui qui vient de Gomel, est déjà là lui aussi. Ils veulent dessiner, dessiner.

La première fois qu'il a de l'argent, c'est pour la douleur et pour le voyage. Il revient de Minsk pour passer l'été au shtetl. On murmure qu'il dessine sur des bouts de papier même à la synagogue. Il dessine le rabbin en prière ; ses fils, fous de rage, le menacent avec de grands gestes. Il est à peine ressorti dans la rue que l'un d'entre eux, le boucher, l'appelle ; il le fait entrer, l'emmène dans l'arrière-boutique. Il lui passe soudain un bras autour de la nuque, le serre à l'en étouffer, le presse sur le côté, contre son ventre, et de l'autre main le frappe de sa ceinture de cuir, sur le dos, les fesses, les jambes, son visage rouge est coincé sous son bras. Il voit le tablier maculé de sang du sacrificateur, voit les animaux morts dégouttant de sang, pendus aux crochets, et il pense être l'un d'eux. Le boucher furieux va-t-il l'abattre lui aussi ? Il voudrait crier et n'y parvient pas :

Je ne veux pas me noyer dans mon propre sang !

Aujourd'hui encore, dans le fourgon mortuaire, il sent la poigne autour de son cou. Puis, soudain, le bras lâche, il s'effondre sur le sol. Il fait le mort. Il apprendra à être un cadavre vivant. Le boucher le soulève avec des gestes brusques et le jette dehors, dans la cour poussiéreuse. Ses frères le trouvent, le portent chez lui comme un sac. Des jours durant, il crache le jus rouge, les taches bleues sont innombrables. Cette fois, ils sont allés trop loin. Sa mère se plaint amèrement auprès du commissariat. Oh, soudain, Sarah a une voix, ils envoient promener la femme, le grand tsar n'a que faire de tout ça, une banale histoire entre Juifs, leur propre tribunal n'a qu'à décider de la suite à donner.

Vingt-cinq roubles de dédommagement pour la douleur, vous comprenez ? Là, de la main à la main.

Il prend l'argent et avant l'aube il quitte Smilovitchi, qu'il ne reverra jamais. Il est temps. Kiko et lui partent pour Vilna, Minsk déjà n'est plus une issue. Ils ont seize ans et ne veulent rien d'autre. Aucun interdit de l'image ne peut les retenir, mais le sentiment d'une très ancienne faute restera là pour toujours. Ils savent qu'ils agissent mal. Ils se libèrent, mais pas de la honte. Lui l'emportera jusqu'à Paris.

Chaque petit pas qu'ils font dans les rues de Vilna les rapproche de la capitale mondiale de la peinture ; on est en 1910, et ils fréquentent l'académie des Beaux-Arts dans la rue Universitetskaïa. Trois ans. Ils y rencontrent le troisième du groupe. Il s'appelle Pinchus Kremen, il vient de Saludok et son visage est toujours triste. Ils sont fiers de leur uniforme d'étudiants, qui leur confère déjà une importance certaine. La logeuse boiteuse, veuve de cheminot, réclame 10 kopecks pour un lit dans une chambrée de six étudiants. Le cours du Professeur Rybakov, à périr d'ennui, ne fait que les détourner du chemin véritable, mais ils rivalisent de zèle pour décrocher la ville qui accueillerait les trois peintres à bras ouverts. Paris les attend, ils le savent. Paris est impatiente de les voir enfin. Ils peignent tout ce qu'ils voient autour d'eux, cadavres de chiens, fermes misérables, enterrements, visages ridés et tremblants et mains crispées de vieilles mercières.

Fais le cadavre, dit-il à Kiko qui s'allonge au sol. Puis il le recouvre d'un drap et l'entoure de bougies. Fais comme si tu étais mort. Mais la mort ne se laisse pas encore peindre, il est trop tôt. Et pourtant mieux vaut commencer à s'entraîner tôt. La mort, tu ne peux pas la peindre. Elle ne se laisse pas faire, comprends-tu ? Essaie plus tard, avec des lièvres, des faisans, des dindons. Essaie de peindre leur mort, alors tu trouveras le chemin qui y mène.

La nuit, ils se faufilent dehors et découvrent la ville faiblement éclairée par les becs de gaz. Lait nocturne parcimonieux dans les rues de Vilna. Malgré les recoins crasseux, les flaques profondes, les rues pleines de cicatrices et les murs qui empestent le salpêtre, un avant-goût de la seule ville qui les attend. Ils économisent le moindre kopeck pour le grand voyage. Ils retouchent sans fin des images chez un photographe. Kremen est le premier à partir, on est en 1912, et ils l'envient, promettent de le rejoindre bientôt. Kiko le suit quelques mois après. Soutine cette fois n'est pas l'avant-dernier.

Il a l'impression que le fourgon mortuaire s'est élevé dans les airs, qu'il vole maintenant au-dessus de Vilna, au-dessus de la Jérusalem de Lituanie, et il croit voir la Naberejnaïa, l'Arsenalskaïa, l'Antokolskaïa à travers le châssis transparent. Il voit le mont Gediminas et le château de Sigismond l'Ancien tout en bas au-dessous de lui, l'église Sainte-Anne, Saint-Pierre-et-Saint-Paul et la chapelle d'Ostra Brama, la porte de l'Aurore, il n'a pas le vertige mais s'étonne de voir tout cela si bien. La statue de Moïse de la cathédrale Saint-Stanislas qu'il est si souvent venu voir sans dire mot. Et puis, minuscules, trois étudiants des Beaux-Arts qui cheminent à travers les rues, Kiko, Krem et Chaïm. Oh, le confluent de la Vilenka et de la Vilia, la Néris lituanienne !

Et à la fin, cet instant inoubliable, lorsque le docteur Rafelkes, chez qui les étudiants pauvres peuvent manger le vendredi soir, lui glisse dans la main l'argent du voyage. Sa fille s'est décidée pour un meilleur parti, elle ne répond plus à ses regards timides. Ce mangeur goulu qui n'a pas de manières et observe toujours à table un silence oppressant, il faut l'éloigner doucement. Son passeport russe est émis à Vilna, le 20 mars 1913, selon le calendrier julien. Plus tard, il ne cessera de le caresser comme un chat noir rusé.

Ma-Be, où allons-nous ? À Framboiseville ? Paderborn ? Smilovitchi ? Faisons demi-tour. Pas là-bas.

Il agite son poignet, le secoue dans le vide.

Plutôt retourner à Chinon, auprès de Lannegrace, n'importe où, mais pas là-bas. Pas sur le lieu de la naissance. Aucun chemin n'y ramène. Là-bas, il n'y a plus rien de nous, pas même dans le souvenir. Personne là-bas n'attend personne.

UNE RUCHE AU CENTRE DU MONDE

Comme il voit tout distinctement ! Il continue de voler, distingue tout en bas, au-dessous de lui, un visage collé à la vitre du train. C'est son visage. Il voit ses yeux avides dévorer les paysages inconnus, bordés par la fumée de la locomotive qui s'envole. Il a de nouveau vingt ans. Il a enfin quitté Vilna, au printemps 1913. Il poursuit sa remontée à travers les quarante-neuf années de sa vie, il fait route deux jours et deux nuits durant, fixe les lumières qui défilent dehors en dansant. Des paysages jamais vus. Les bancs sont durs, une odeur de sueur rance et d'urine âcre émane des toilettes à côté, mais cette attente tremblante, avec l'espoir que tout commence enfin, que le voyage le conduise là où l'accueilleraient les plus grands miracles, lui donne des ailes.

Il a faim comme jamais. Les quelques croûtes de pain qu'il a emportées, le hareng enveloppé dans du papier journal, les cornichons au sel sont vite engloutis. Il serre dans sa main la lettre de Krem, la lit et la relit.

Nous vivons dans la misère ici, mais beaucoup parlent russe, yiddish ou polonais, tu ne te sentiras pas perdu. Il n'y a pas de cosaques ici, ils nous laisseront en paix. Nous allons peindre ! Le drôle de palais où nous habitons est merveilleux et se nomme La Ruche.

Il se revoit arrivant à Paris, en 1913, il a de nouveau vingt ans. Il remonte dans la ruche de ses souvenirs, jusqu'à son arrivée dans la capitale mondiale de la peinture. Kovno, Berlin, Bruxelles, correspondance hâtive comme dans un demi-sommeil, seul compte le but. Lorsqu'il arrive gare du Nord, il tombe du train comme des deux moitiés d'une coquille d'œuf. Autour de lui rien d'autre que ce monde bruissant de mots nouveaux qui s'appelle Paris. Il se met en chemin aussitôt, aborde des passants et bredouille *La Russe*, il montre la lettre de Krem et on l'envoie sous terre. Là, il trouve les couloirs sans fin d'un labyrinthe à l'odeur âcre et décide de remonter jusqu'à la lumière du jour, de faire le chemin à pied.

Ivre de fatigue, il marche à travers les rues, bredouille *La Russe*, encore et toujours *La Russe*. Une abeille égarée qui veut rentrer à la ruche. Il rencontre par hasard un peintre qui comprend aussitôt.

La Russe ? Quelle Russe cherches-tu ? Tu veux dire *La Ruche* ?

Il lui montre sur la paume de sa main où il doit aller, pas vers le nord, pas au Bateau-Lavoir, où s'est installé Picasso ; il barre le nord. La ligne de vie de la main, c'est la Seine, elle coupe la ville en deux, donc toujours vers le sud ; il ne comprend que *Momparnass* et *Woschirar*, tu n'auras qu'à demander quand tu seras là-bas. Il ne s'étonne pas de rencontrer un peintre, il se dit, ici, ils sont tous peintres, me voilà arrivé au paradis de la peinture, dans des rues sales pleines de crottin de cheval qui empestent l'urine, mais j'y suis. Il erre des heures durant à travers les rues et arrive à deux heures du matin devant la grille de fer.

Pour lui, Kiko et Krem sont dans la ville depuis une éternité, même si leurs adieux à Vilna ne remontent qu'à quelques mois. Ils ont une avance considérable. Plus difficile de chasser du paradis celui qui y est arrivé un jour plus tôt.

Krem et Kiko se réjouissent, Vilna est loin, ils ont atteint leur but ultime. Il tient à peine sur ses jambes, on l'amène à table au milieu de la nuit, cinq ou six camarades sont déjà installés et jaugent le peintre fraîchement débarqué. À peine assis, il se jette sur le plat de pommes de terre pelées, l'engloutit entièrement et demande un morceau de pain. Les autres n'ont pas eu le temps d'y toucher et balayent l'assemblée d'un regard triste.

C'est le ver solitaire, balbutie le nouveau.

Il n'est jamais repu. Ils n'ont jamais vu une faim pareille. Là, il peindra des repas, avec du pain et des harengs, qu'il suppliera de le rassasier. De le rassasier enfin, une fois pour toutes, pour toujours. Et la faim reste fixée sur la toile qu'il implore. Des poissons maigres, un oignon, des pommes fripées, une soupière et un artichaut en lambeaux qu'il a récupéré sous un étal du marché. Jamais ils n'ont vu une faim pareille.

Où couche-t-il maintenant ? Sur un vieux matelas taché aux deux ressorts qui pointent, jeté sur le trottoir par les plus pauvres des pauvres du quartier Vaugirard et rapporté à la ruche par les peintres pouilleux ? Ou allongé sur une planche posée entre deux chaises, le soir, dans l'atelier de Kiko ? Sur un brancard glissé dans un fourgon mortuaire ? Peu lui importe, il a vingt ans. Il s'en va sur une autre étoile qui s'appelle Paris. On l'attend pour l'opération.

La Ruche est un monde à part, il le comprend vite quand Krem lui en raconte l'histoire. Elle a tout d'un conte. Le bon sculpteur Alfred Boucher surgit d'un nuage, dans un fiacre offert par la reine de Roumanie en guise de remerciement pour le superbe buste qu'il a fait de sa Majesté. On lui a parlé des logements d'artistes et des ateliers partagés à Paris, et son rêve sait ce qu'il veut. Il se cherche un terrain au milieu des flaques boueuses, du côté de Vaugirard. Une friche couverte de mauvaises herbes, de bric-à-brac et de gravats. Personne n'en veut, le terrain n'est pas cher. Tout juste décoré du Grand Prix de l'Exposition universelle de 1900, il rachète des bouts de pavillons à peine démontés que l'on brade à vil prix : poutres, planches, ferraille, cadres de fenêtre. Avec les restes du monde, avec le pavillon de la Femme, avec les bâtiments du Pérou et des Indes britanniques, il bâtit son misérable paradis d'artistes, qu'il baptise La Ruche. En son cœur, le pavillon des vins de Bordeaux, dont la structure de métal a été construite par Gustave Eiffel.

Le fou à la tour géante ?

Oui, lui-même. Le tout ressemble à une gigantesque ruche de brique, mais les petits ateliers qui donnent sur la cage d'escalier centrale du bâtiment circulaire, les peintres les appellent les cercueils.

Soutine écoute Krem, bouche bée. Il faudra du temps avant qu'il n'obtienne son propre cercueil.

Boucher aime à se figurer les ateliers comme les alvéoles d'une ruche d'artistes unis dans un travail commun pour produire le miel doré de l'art. Dans sa poche, un livre qui ne le quitte plus : Maurice Maeterlinck, *La Vie des abeilles*. Les loyers sont plus que modiques, presque inexistants. Et ces cagibis sans eau ni gaz, au milieu des odeurs d'urine et de térébenthine, de bois pourri et de vomi, forment sa ville idéale. Il fait sombre dans la ruche, les couloirs sont jonchés de tas d'ordures puants. Rien que la lumière des bougies et des lampes à pétrole. Parfois, une odeur de chair béante et de mort flotte dans l'air, venue des abattoirs tout proches. Mortifères franges d'arôme douceâtre.

Le paradis sera toujours misérable, vous savez. Il jouxte les abattoirs. Soutine est hébergé chez l'un ou chez l'autre.

Un mois après son arrivée dans l'étrange ruche de Boucher, en juillet 1913, Kiko se rue dans l'atelier – il est presque minuit déjà – hors d'haleine. D'un ample geste du bras, il mime un chef d'orchestre et annonce :

Chaïm, habille-toi, vite, nous allons à l'opéra !

À l'opéra ? Tu as trop bu. *Vypil, chto li ?*

On est la veille du 14 juillet, la Fête nationale des Français. Quelqu'un dans la rue a dit à Kiko que l'on donnait une représentation gratuite d'*Hamlet* en ce jour de célébration. Un *Hamlet* chanté, un opéra *Hamlet*. Il se rappelle encore leur excitation. Qu'ils avaient vécu ça comme une ivresse. Ils ne demandent rien, ils y partent en courant, il n'a pas même enlevé ses frusques constellées de peinture. Se mettent à faire la queue à quatre heures du matin pour les entrées gratuites, plantés sur le trottoir, mendient des cigarettes, et quelqu'un fait passer une bouteille et leur donne une lampée de vin rouge. Ils ne ressentent pas la fatigue, comme si l'attente déjà était du plaisir. La queue sur le trottoir semble sans fin, ils ne franchiront jamais les portes de l'Opéra.

C'est Kiko qui le prononce, le mot magique. Kremen, lui, veut oublier jusqu'à la langue de l'enfance, il met deux accents français sur son nom et ne veut plus s'appeler que Krémègne. Ils se retrouvent soudain debout sur les larges marches de l'entrée, avec ses gigantesques candélabres à gauche et à droite, ils comptent, dans leur excitation, chaque marche qui les rapproche de la caisse, tremblant à l'idée que la porte-vitrée à deux battants puisse se refermer : Toutes les places ont été distribuées, revenez l'année prochaine ! Mais non, on leur donne les billets, ils les tiennent dans leurs mains comme un précieux trésor, et dans le souvenir, la nuit qui précède se confond avec le grand spectacle.

Dans le fourgon mortuaire, il ne se rappelle plus désormais que leur excitation follc, lc marbre vert et rose, le velours rouge, les lustres immenses. Ils essaient de déchiffrer l'histoire racontée sur une plaque, le bonheur de Garnier, cet architecte de trente-cinq ans, totalement inconnu, qui s'imposa sur tous ses concurrents, ils distinguent le nom de Napoléon III, lisent *Second Empire* et des choses incompréhensibles pour eux. Ils admirent les arcades, et les statues à l'extérieur du temple, la danse qu'elles représentent.

Comme s'il n'avait bâti l'opéra que pour nous, le plus grand théâtre du monde, haut de mille étages, une nouvelle tour de Babel, et nous soudain au beau milieu.

Lorsqu'ils pénètrent à l'intérieur, ils sont aveuglés par le gigantesque lustre, qui pèse plusieurs tonnes, comme des milliers d'étoiles il est suspendu au-dessus d'eux puis finit par s'éteindre. *Hamlet*, ils le vivent dans un état d'inconscience, ils oublient de respirer. Une fois la représentation terminée, ils sortent lentement au milieu de ce flot humain tremblant, s'asseyent sur le trottoir juste à côté de l'escalier géant, comme foudroyés par la joie et l'excitation. Pendant plusieurs minutes ils sont incapables de prononcer un seul mot. Comme si Paris les avait salués avec cet *Hamlet* dont ils n'ont pas compris un mot. Comme si la ville leur avait serré la main et leur avait souhaité la bienvenue. C'est lui qui a dit à Kiko :

Si nous n'arrivons à rien dans cette ville, nous sommes de vrais bons à rien, tu comprends. Irrécupérables.

Et Kiko, soudain sérieux :

Tu as compris ? La République, Chaïm, nous a invités à *Hamlet*. Tu comprends ? Ici il n'y a pas de cosaques. Pas de meutes de pillards. Un jour, les pogroms disparaîtront de nos rêves. Mais cette soirée-là, elle nous appartiendra pour toujours. Jamais dans cette ville il n'y aura de pogroms, tu comprends…

Et dans le corbillard il tressaille en entendant la prophétie. Ils parlent de Minsk et de Vilna, ils éclatent de rire tant ce monde leur semble loin, ce monde auquel ils ont enfin échappé, ils savent que jamais plus il ne pourra y avoir de retour. Même Vilna aux tuiles rouges est maintenant sur une autre étoile. Et tout là-bas leur semble miteux en comparaison de cet *Hamlet*. Il leur reste en mémoire quelques bribes de chansons.

P't'être que je me bâtis des châteaux en Espagne,
P't'être que mon dieu, en réalité, il n'existe pas,
Dans mes rêves tout est plus clair, dans mes rêves je me sens mieux,
Dans mes rêves le ciel est plus bleu que bleu.

Et l'heureux Kiko aura deux enfants avec Rosa, peindra des paysages colorés, de somptueuses natures mortes, des fleurs et des femmes radieuses, des hymnes à la joie, à la lumière. Pendant des années il portera deux chaussures bizarres de couleurs différentes, une rouge, l'autre jaune, qu'il a trouvées au marché aux puces. Rosa recueillera et nourrira des Russes écervelés, des nihilistes, des anarchistes, des émeutiers qui lui remettent des tracts confus, et l'atelier de Kiko sera surveillé par la police française. À la Ruche aussi il y a des mouchards qui gardent à l'œil ces étrangers venus d'Europe de l'Est. Mais dans son dossier, l'appréciation est clémente : bolcheviste inoffensif.

Soutine, lui, ne sera rien de tout cela, ni bolcheviste, ni père de famille, ni messager de la joie, mais porteur de la honte d'être né, et jamais plus il ne se défera de l'étiquette de peintre du malheur. Il ne s'agit pas de bonheur ni de malheur. Il s'agit de couleur ou de non-couleur. De blanc veiné de bleu et de rouge. De vert Véronèse, de turquoise, de rouge écarlate et de la couleur du sang. De la mort de la couleur qui ne peut pas mourir, de la résurrection de la couleur. D'une couleur trop généreusement appliquée, boursouflée, hachurée, broussailleuse, torturée, triomphante.

La couleur ne réconcilie pas avec la réalité, non, si vous croyez que le noir et blanc c'est la réalité crue, et la couleur, le paradis – non, une fois de plus c'est tout autre chose. L'irréconciliable couleur ne se plie à aucune loi, elle est elle-même rébellion et résurrection de la matière et de la chair. Le paradis sera blanc, ne connaîtra pas de couleur. Mais à quel prix.

Ils étaient arrivés, Hamlet leur avait assigné leurs places, et ils étaient prêts à gagner leur séjour au centre du monde, à être dignes de cette ville. Même si elle les regarde de travers, ces étrangers, dans la rue, à la préfecture de police où il doit se signaler, demander une autorisation de séjour, bafouillant ses quelques mots. Et avec les poissardes, place de la Convention. Ils y traînent leurs guêtres, guettent avec impatience la fin du marché pour ramasser les restes de légumes.

Bas les pattes, c'est pour mes lapins ! On vous a invités ?

Feuilles de choux déchirées, pommes de terre gelées, blettes fanées dont ils font leur soupe pour toute éternité, dans une grande marmite de fonte, à la Ruche. Parfois l'un d'entre eux pousse jusqu'aux abattoirs d'où l'on entend beugler dans la nuit ; il mendie un os à moelle qu'ils plongent dans le bouillon, ou un paquet de tripes aux énigmatiques frisures. On trouve des boîtes de bouillon à deux sous, et quand on en a une, et la patience d'attendre la fin du marché, on peut tenir plusieurs jours. Chagall leur apprend à couper le hareng : la tête pour le premier jour, la queue pour le suivant, et puis des croûtes de pain, un verre de thé.

À l'intérieur de la Ruche, on les appelle la colonie des Russes. Archipenko, Lipchitz, Zadkine, Chagall, Dobrinsky, Kikoïne, Krémègne, Soutine. Au signal *Dîner russe*, ils se rassemblent pour le festin. Parfois, on invite aussi les Français, même quand ils sont cubistes :

Léger, viens manger cuisine rrrrusse.

C'était quoi, cette viande étrangement coriace, fibreuse, mitonnée des heures durant dans une marmite avec de la mauvaise vodka distillée maison ? De la viande de chat, coupée menu, une fricassée de chat. Divine viande de chat. Elle puait et brûlait la gorge. Avec eux, pas un chat n'était en sécurité, ils vidèrent et dévorèrent le quartier Montparnasse jusqu'à la limite sud de la ville. Et les rats et les souris, qui se sentent bien à la Ruche, se réjouissent de ces dîners russes. Un seul chat était tabou. À l'entrée de la Ruche habite Madame Segondet, la grosse concierge myope. Elle est bien gentille et donne un bol de soupe aux arrivants quand ils ont l'air affamé. Son mari assemble et cloue les planches moisies des cagibis qui deviennent les nouveaux ateliers du terrain vague de Vaugirard. Leur chat tacheté a droit à la vie éternelle.

La nuit, il travaille à la gare Montparnasse avec Kiko, comme débardeur, pour quelques sous. Ils déchargent des wagons entiers de fruits de mer de Bretagne. Ils puent le poisson, et le chat de Madame Segondet se love amoureusement contre leurs jambes quand ils rentrent à la Ruche, épuisés, au petit matin. Ils peignent des panneaux pour le Salon de l'automobile, travaillent chez Renault, à Billancourt, sur la chaîne vorace.

Mais soudain, le monde est coupé en deux. Mobilisation générale. Feuilles blanches qui pleuvent sur Montparnasse. Le 4 août, jour de la déclaration de guerre, Soutine reçoit son autorisation de séjour. Ils se portent volontaires pour creuser des tranchées, ils veulent faire quelque chose pour la France qui les a accueillis. Et on a vite fait de les renvoyer chez eux. Trop faibles.

Personne n'achète leurs tableaux, cela dure des années. Un tas de Russes, de Polonais, de Juifs misérables, fuyant les pogroms, possédés par la peinture à l'encontre de leur propre loi, préservés de la rue par la seule entremise du bon Boucher. Maintenant que c'est la guerre, on les toise avec plus de méfiance encore quand ils traînent dans les cafés bon marché. Les nôtres sont au front, figurez-vous. Et ça, ça prend tranquillement son café crème.

On crache devant leurs tableaux. L'ange Boucher croyait donner naissance à une nouvelle Académie, mais ils ne veulent devenir ni crétins idéalistes ni peintres de salon. Boucher les laisse faire, vante leurs mérites quand on traite leurs tableaux d'atroces croûtes dégoûtantes. Ils ne veulent qu'une chose : survivre, résister à la faim et à la misère d'abeille, tenir. Un jour ou l'autre, ils trouveront un chemin pour sortir de cette crasse. Quand on arrivait à la cité Falguière, on avait déjà passé la première étape. Ceux qui le peuvent prennent leurs jambes à leur cou et quittent la ruche idéale, laissant le bon Boucher tout triste derrière eux. Ô puces sauteuses, qui donc vous a inventées ?

Et puis il y a Indenbaum, que tous appellent le Bon Samaritain. Aujourd'hui encore, dans le fourgon mortuaire, Soutine revoit son visage plein de reproches et entend sa voix plaintive :

Je voulais aussi aider Soutine, mais il était insupportable. Chaque fois que je lui achetais un tableau, il me l'empruntait sous un prétexte quelconque et le revendait ailleurs. Six fois il m'a fait sa comédie, et je me suis fait avoir. Un après-midi, à la Rotonde, il voulait absolument que je lui donne trente francs. C'était beaucoup d'argent pour moi à l'époque. Je l'ai laissé en plan, mais il m'a couru après jusqu'à la Ruche, radotant sa litanie stupide :

Donne-moi trente francs, donne-moi trente francs, donne-moi trente francs, alleeeeez, alleeeeez !

Arrivé place de la Convention, je lui ai acheté deux harengs et lui ai dit : Tu vas peindre une nature morte. Il est monté dans son atelier et deux heures après il m'a amené un petit tableau, trois poissons sur une assiette avec une fourchette. Le troisième, il ne l'avait pas inventé, il avait juste redoublé le deuxième. Je lui ai donné trente francs et j'ai accroché la toile au mur avec quatre punaises. Trois jours après il m'a demandé de lui prêter le tableau. Une fois de plus, j'ai dit d'accord, mais ensuite je l'ai retrouvé chez un émigrant russe, un photographe. Ce salaud ne mettait pas de plaque dans son appareil et ses clients qui le payaient d'avance ne voyaient jamais venir leur portrait. Delewski cachait une petite toile dans son dos.

Tu la veux ?

Mais elle est déjà à moi.

J'avais reconnu les harengs de Soutine.

Et il me l'a vendu, à moi, il en voulait cinq francs mais je ne lui en ai donné que trois !

Cette fois-là je me suis juré de ne plus jamais rien acheter à Soutine.

Indenbaum s'en va en secouant la tête. Mais elles n'arrêtent plus, les voix, elles pénètrent en lui, murmurent, lui crient dans l'oreille que seul le jus de pavot de Sertürner apaise. Il enfonce la tête plus profondément encore entre ses omoplates pour ne plus entendre les voix furieuses.

Un paysan russe avec son visage plat ! Il n'y a que le nez qui dépasse, dé de chair au milieu du visage, avec ses ailes gonflées ! Ses lèvres boursouflées ! L'écume aux commissures des lèvres ! Quand il lui arrive de sourire, il découvre ses dents verdâtres, répugnantes ! Rustre ! Ours mal léché ! Palette ambulante, déguenillée, souillée d'éclaboussures de couleur ! Sa voix traînante est détestable ! On dirait toujours qu'il regarde en l'air, comme les chiens ! Il boit l'eau au goulot, à grands bruits ! Il mange avec les doigts, déchiquette sa pitance en montrant les dents !

Il essaie de plaquer ses mains sur ses oreilles mais n'arrive pas à les bouger. Peu importe à qui appartiennent ces voix aux murmures indignés ou aux imprécations rageuses dans la Citroën noire, elles l'insultent, l'accablent de reproches :

Ami indigne ! L'infidélité faite homme ! Profanateur de tes propres tableaux ! Renégat ! Violateur de l'interdit de peindre ! Blasphémateur muet de la Loi divine !

Oui, ça aussi. Étranger parmi les siens comme chez les étrangers. La mimique effrayée, méfiante, les yeux irrités, sombres, brûlants. Toujours pris la main dans le sac, à être encore en vie. Méfiant envers lui-même et ses propres tableaux qui ne cessent de le trahir. Prisonnier du carcan de son corps qui heurte les parois du fourgon et ne sera libéré que dans un dernier vol au-dessus du cimetière Montparnasse.

Personne ne connaît le chemin. Personne ne l'apprendra jamais. Personne ne peut savoir qui est cet homme dans le corbillard. Il n'y a que les tableaux, et encore seulement ceux qu'il n'a pas déchiquetés et réduits en cendres. Personne ne le connaît. L'insatiable qui ne laisse pas une miette aux autres.

Le mal-dégrossi aux délicats doigts blancs, dont il glisse les bouts aux commissures de ses lèvres. L'éternel ingrat qui met ses amis au supplice. Qui abandonne tout dans un affreux chambard et qui ne revient plus. Personne ne le comprend, personne. Raie montée sur deux jambes, mollusque égaré, faisan mort, carcasse de bœuf!

Il n'y a que l'atroce singularité de la vie. Mais la multiplicité des voix qui se croisent dans cette ruche, la honte des rêves, faux souvenirs. Lisez cela, chers fils ! La vie est unique. Une moitié est inventée, l'autre imaginée. La peur panique de n'être plus là, de disparaître soudain. Quand parlera-t-il avec le docteur Bog ? Quand le docteur Livorno lui récitera-t-il tout le livre de Job ? Où a-t-elle atterri, cette icône de la faim vendue deux fois ?

Il a déjà échappé à la Ruche, il est déjà cité Falguière, dans l'atelier aux papiers peints déchirés. Sa rage contre les murs, eux aussi, il veut les lacérer, il doit bien y avoir quelque chose qui se cache derrière, le secret ultime de la peinture, l'image absolue que même les lames de couteau ne peuvent plus détruire.

Une femme venue en visite prend peur quand il se désigne comme l'assassin de ses tableaux.

Tout ce que vous voyez là ne vaut pas un clou, mais c'est toujours mieux que les tableaux de Modigliani, Chagall et Krémègne. Un jour j'assassinerai mes tableaux, eux sont trop lâches pour le faire.

Tout murmure à l'oreille du peintre, de ce cadavre vivant, dans cette Citroën qui roule lentement vers Paris :

Traître ! Profanateur de tes propres tableaux !

Le rabbin et Zbo, les amis déçus – tous lui font des reproches. Jamais ils n'ont vu une telle faim. Et Soutine fou de rage quitte la maison en courant.

LE PARADIS BLANC

Soudain le fourgon mortuaire s'arrête. Le peintre ouvre les yeux. Lumière trouble, les rideaux bougent, un courant d'air sans doute. Où est Marie-Berthe ? Elle vient juste de lui passer un linge humide sur le front, a ouvert la fiole de teinture de Sertürner, lui en a déposé quelques gouttes sur la langue comme le lui a indiqué Lannegrace.

Marie-Berthe a disparu. Il est toujours allongé sur sa couche, dans le fourgon. Les deux chauffeurs sont toujours là. Il se tourne légèrement vers eux. Il remarque maintenant que ce sont deux autres hommes qui le regardent en souriant. Où sont les deux vrais chauffeurs, les employés des pompes funèbres, le jeune et le rondouillard ? Vous êtes de la Hevra Qaddisha, vous faites partie de la confrérie ? Ils se contentent de sourire.

Le corbillard s'est arrêté. L'oreille tendue, il guette anxieusement les bruits. Ils sont encerclés. Dehors on entend des motos, des chiens aboient rageusement. Nous ont-ils repérés, avons-nous roulé droit vers leurs mitrailleuses sur ces minuscules routes de campagnes perdues ?

On ouvre le haillon. Un chefaillon emballé de cuir noir jette un œil à l'intérieur sans dire mot, et claque la portière, triomphant. Quand il l'a refermée, le peintre a vu le centre de sa boucle de ceinture. Un aigle. Très distinctement moulé, fixé par une devise de métal : GOTT MIT UNS, Dieu avec nous.

C'est lui ! Nous le tenons !

Et un hurlement traverse la meute. Les intrus parlent-ils l'allemand de l'occupant ou le français de la milice ? Le cadavre du peintre essaie péniblement de comprendre. Il tend l'oreille pour happer quelques bribes, mais on n'entend que sifflements et roulements de gorge, saccades criardes et ordres aboyés, glapissements et gémissements, grincements, cliquetis. Ce n'était pas de l'allemand, il en avait entendu assez à Vilna pour le savoir. Les *gitlerovtsy* ? Les milices de Darnand ? Les Cent-Noirs russes arrivés jusqu'ici ?

Il croit entendre un « une deux, une deux », mais non, ce n'était pas ça. Puis des aboiements secs, des jappements, longs et rageurs, comme lorsqu'on lance aux chiens une part du gibier et qu'ils ne savent pas s'il leur faut se réjouir de l'aumône ou regretter la fin de la traque. En tout cas cela sentait le chien mouillé, la sueur de mille chiens.

Une horde d'hommes, grands, en cuir noir, le peintre les voit distinctement à travers les parois du véhicule devenues transparentes. Est-ce le jus de pavot qui les a amenés ? Non, il y avait là de vrais bruits et des paroles confuses, le fourgon mortuaire en était plein. Les hommes de cuir grincent des dents, hurlent en direction du corbillard.

Tu ne t'en tireras pas comme ça !

Leurs visages sont pleins de cicatrices et de coupures. Ils ont sur la face d'étranges morceaux de métal intégrés à la peau, arcades sourcilières, lèvres et ailes de nez brisées. D'atroces tatouages remontent jusqu'à leurs cous.

Des Vikings, des Normands ! se dit le peintre. Il se souvient de ce dimanche où chez un bouquiniste des bords de Seine il était tombé sur un livre dont les illustrations l'avaient fait frémir. C'est donc à cela qu'ils ressemblaient, s'était-il dit ce dimanche-là. Ils avaient remonté la Seine à la voile et avaient tout réduit en poussière et en cendres, profané les églises, massacrés les paysans. Non, ce ne sont pas des Vikings, mais il lui semble qu'ils viennent du Nord et du froid, ils ont d'atroces mâchoires grimaçantes déformées par la langue qu'ils parlent, leurs articulations doivent être en métal, leurs mouvements sont raides et anguleux. Leurs voix retentissent, des sons qui n'ont plus rien d'humain.

Les motos rugissent, bruits de bottes sur l'asphalte, et déjà la Citroën noir repart, escortée de plusieurs moteurs. Les champs de blé deviennent noirs, les corneilles recouvrent la paille jaune, le chaume où il ne reste plus rien à picorer. Pas un mot compréhensible n'a été prononcé.

Combien de temps dure le trajet ? Impossible de le savoir. Au bout de minutes qui leur semblent des heures, ils atteignent une grille noire qui glisse sur un rail ; une nuée de gardes l'ouvre en toute hâte. On l'attend. Le corbeau noir roule sur le rail. Un à-coup. Les loups dans leurs manteaux de cuir veulent entrer, mais on les repousse, des crosses de mitraillettes les frappent aux genoux. Des hommes aux masques blancs sortent en courant d'un long bâtiment blanc qui ressemble à un hangar ou à une usine ; ils portent un brancard. Ils lui rappellent les Bibendum Michelin faits de pneus de voitures. Ils courent au fourgon, attrapent le peintre, le transfèrent de sa civière au brancard. Ils le portent jusqu'au hangar blanc.

La meute noire reste devant la grille, ils hurlent, grognent leur rage écumante, montrent leurs dents de loup, lèvent leurs poings menaçants. Depuis son brancard le peintre en voit un lever la patte et uriner contre les barreaux de fer, il voit le jet puissant, mais les plongeurs blancs pressent le pas, l'emportent, passent les unes après les autres des portes blanches à battants, pénètrent toujours plus avant à l'intérieur du hangar dont le plafond est de plus en plus bas. Qu'est-ce que c'est que ça, une clinique, un hangar à avions, une usine ? Tout est blanc ici, les hommes pressés avec leur brancard, ces êtres muets qui passent avec leurs coiffes blanches. Les sbires de cuir noir restent dehors, devant la grille.

Du blanc, enfin du blanc !

Mais où est-il ? Il est allongé dans un lit blanc propre, un drap blanc replié à hauteur de poitrine. Les mains reposent sur une couverture blanche immaculée. Du blanc tout autour de lui, rien que du blanc. Lumière blanche d'une ampoule aveuglante au plafond. Pas d'autre patient à côté de lui, rien que des murs blancs. S'est-il écoulé des jours, des semaines, des secondes ?

Il essaie de se souvenir, mais il n'est pas là où son souvenir se trouve. Où est-il ? Là où il est.

Ô musique des cônes et des bâtonnets ! Le mélange d'intensités identiques dans les cônes rouges, verts et bleus mène son œil ravi tout droit au paradis blanc. Ô couleur de l'immortalité et de l'infini, couleur de la révélation et de la sainteté ! Le docteur Bog lui expliquera.

Le peintre l'avait cherchée, la couleur absolue, l'avait cajolée, mais jamais sous sa forme pure, jamais la couleur non bigarrée. La pureté ne l'a jamais séduit. Il multiplie les intrusions, y glisse subrepticement de fines stries et fibres sanglantes, des boucles et de tendres loopings, de minuscules fleuves mauves, des veinules bleues, comme si chaque vêtement blanc était une peau somptueuse. Cela lui rappelle doucement la couleur aimée du lait.

Le col, les poignets de chemise de l'idiot du village ? Le surplis de l'enfant de chœur, le tablier des pâtissiers de Céret et de Cagnes, la robe de cérémonie de la petite communiante ? Sa Femme au Bain, les jupons blancs remontés bien haut, absorbant en eux tous les reflets de l'eau et toutes les couleurs ? L'apogée de la couleur absolue non bigarrée ! N'y a-t-il pas un tableau de Rembrandt qu'il aime particulièrement, et qu'il imite avec envie ? Hendrickje se baignant dans une rivière. Une femme qui entre dans l'eau et remonte sa robe blanche, découvrant ses cuisses.

Rien d'autre que des célestes rigoles impures dans la couleur de la pureté. Rien que l'impureté célébrée de la couleur absolue. Ses tableaux sombres jubilent en secret de ce blanc altéré.

Qu'est-ce que le noir ? La non-couleur, la couleur la plus sombre, absorbant le moindre rayon de lumière, ne réfléchissant nulle lumière. La non-couleur noire, dévorante, l'endroit où nous devons aller. La couleur qui règne dans l'estomac sombre.

Qu'est-ce que le blanc ? La couleur la plus claire, réfléchissant toutes les couleurs visibles et la plupart des rayons de lumière. La couleur englobant tout, la couleur absolue non bigarrée où toutes les autres sont contenues. La couleur du ciel avant le bleu. Du ciel qui n'est rien d'autre qu'un grand estomac blanc gonflé.

Mais ici, dans le hangar ? À la clinique ? Tout est différent. Du blanc pur, froid, éclatant, tout autour de lui, et il en est sidéré. Il a glissé dans une boîte à chaussures blanche.

BELY RAÏ ! BELY RAÏ ! lui crie-t-on à l'oreille.

On l'a porté dans une chambre, beaucoup de mains se sont glissées sous son corps, l'ont soulevé du brancard et doucement reposé sur un lit d'hôpital blanc. Il s'est laissé faire et a sombré dans un profond sommeil. Le souvenir dit qu'il n'est pas sommeil, mais compensation, douce vengeance.

Et il revoit cet endroit au bord de la Creuse, la maison que Zborowski a louée les étés 1926 et 1927, pour y attirer ses peintres. L'endroit s'appelait Le Blanc. Ce nom l'étonne. Le blanc est donc un lieu, c'est là qu'il s'est retiré. Il s'y sent bien, installé dans une remise, il peint faisans, pintades et dindons suspendus à une ficelle. Paulette Jourdain, l'assistante de Zbo, est chargée de trouver les plus beaux spécimens chez les paysans, elle l'accompagne sur les marchés et dans les fermes. Les plumes bleues du cou le plongent dans un état d'excitation joyeuse.

Une volaille d'une beauté extraordinaire !

Les paysans se détournent et agitent leurs mains devant leurs yeux pour signifier aux autres marchands ce qu'ils pensent de la santé mentale de leur client. Le peintre n'a d'yeux que pour la superbe volaille aux plumes bleues sur le cou.

L'endroit dont le nom comportait le blanc avait été pour lui un avant-goût du paradis. Des faisans morts suspendus partout, qu'il fixe sur les toiles, comme possédé. Leurs somptueuses morts emplumées et colorées. Leur ultime triomphe, leur plumage de mort, l'éclat fugace de leur renversante splendeur colorée.

À Paris, un Russe venu de Berlin lui avait glissé un mot à la Rotonde ; ils s'étaient mis à converser. En vérité seul le Russe parlait, Soutine se taisait obstinément comme toujours, ou alors marmonnait, grommelait et soufflait ses objections à travers la fumée de ses cigarettes. Le peintre aurait voulu parler de l'impossibilité qu'il y ait de la couleur blanche pure. Le blanc n'est pas blanc. Marquer la pureté d'impureté, la souiller, la faire vivre. Le blanc pur est destructeur, il est hostile à la vie, c'est le néant ultime. La strie, c'est la révolte.

Le Russe ne laissa pas tomber, il lui glissa le poème pardessus la table du café, il fallait que Soutine le lise, pour comprendre.

Le paradis... un pays couvert de neige... vaste, vide,... fantôme d'un ciel blanc... silence et blancheur... là-bas, au-dessus du lac duveteux... respirant la douceur du froid... luit l'âme blanche... de la jeune forêt... là-bas je serai bienheureux... dans l'étincelle du filet glacé... je glisserai, ivre... de la blancheur éternelle... et surgissant comme une flèche de dessous les branches... je m'envolerai dans l'espace... sur de légers skis radieux... je descendrai des montagnes blanches...

Le Russe se leva brusquement, insulta presque le peintre et quitta le café dans un cri sonore:

BELY RAÏ! BELY RAÏ!

Il est allongé là et essaie de réfléchir. Incapable de concevoir la moindre idée claire. Est-il au Blanc? Le paradis est un vaste pays vide. Les Pyrénées de son souvenir aussi sont maintenant un paysage biblique enneigé. Neige à hauteur de hanche, haute comme du blé d'été.

Y a-t-il des jours ici? En tout cas ils passent sans qu'il perçoive de changement de lumière. Personne ne se montre, ni médecin, ni enquêteur venu l'interroger. Seule une infirmière blême se faufile jusqu'à lui, lui apporte à manger. Sa faim est toujours là, mais ce n'est plus la fringale vorace d'autrefois, à la Ruche. Il prend la nourriture avec gratitude et n'ose pas lui adresser la parole, lui poser des questions.

Il n'a jamais su parler aux femmes, faire des compliments, amadouer. Il déglutit, mange ses mots, se tait obstinément. À une femme de chambre de Clamart sidérée, il a un jour balbutié:

Vos mains sont douces... comme des assiettes.

Et il s'étonne des repas. Nouilles pâles, sauce blanche à la crème, le tout saupoudré de flocons de fromage, blettes blanches, quenelles de brochet, chou-fleur, asperges blanches, sauce Béchamel, viande de veau blanche, fromage frais, soupe au lait nuageuse, riz au lait. Pois blancs. Et pas de carottes. Pour les œufs ils avaient enlevé le jaune.

Mais non, ce n'est pas tout. Un jour, il y a – mais y a-t-il des jours ? – des fraises blanches, de petits fruits délicats dont il observe, incrédule, les minuscules cicatrices sur la surface blanche.

Est-ce qu'il peut se lever de son lit ? Certainement pas.

Une fois encore il est au centre de la Terre, mais en marge, dans ce monde qu'il observe depuis son recoin tranquille à la Rotonde, et d'où il guette le client généreux qui lui offrira un café crème. Le reste de l'univers était sans importance, le monde était ici, quelques rues encore, et trois cafés où se jouait l'essentiel. Trois temples dans ce secteur sacré, ils avaient nom le Dôme, la Rotonde et la Coupole. Un chroniqueur emballé ou un évangéliste saoul fait entendre sa vérité tonitruante, et Soutine dresse l'oreille :

Tous ceux qui ont mis les pieds, ne fût-ce qu'un jour, dans notre café sont contaminés par ce que les peintres appellent la vérole de Montparnasse, qui n'est pas la syphilis, rassurez-vous, mais pire : une invincible nostalgie de ce lieu qui est, en ce moment, l'endroit le plus intéressant de la Terre.

S'il n'y a personne à taxer, ce n'est pas la fin de la félicité. Il aperçoit maintenant Libion, le patron de la Rotonde, qui gesticule sans un mot, assis derrière son comptoir, la moustache agitée de tremblements. Même pendant la Première Guerre ce temple simulait une normalité fleurant bon le café. Soutine inhale quelques lampées d'air. Ah, les paradis du café crème ! Les autres pouvaient bien rêver de liqueurs de quinquina, de cocktails mandarine-citron, d'Amer Picon, de Curaçao et de Gin-fizz, l'estomac de Soutine n'a qu'une exigence : le café au lait mousseux, apaisant. On peut passer la matinée assis devant une tasse, remuer le vide, se chauffer près du poêle. Libion, Libion ! Bien sûr, parfois, une demi-douzaine de policiers à bicyclette arrive, encercle le temple et se met à hurler :

Razzia !

La Rotonde est le bastion des révolutionnaires russes, petite île bolcheviste, eldorado exigu des déserteurs et pacifistes qui ne veulent pas rendre le dernier soupir dans les tranchées. Les opposants à la guerre sont estampillés comme défaitistes, mais ici, ils peuvent dire pis que pendre du conflit. Libion colle sur les murs quelques affiches patriotiques, en guise de vaccin.

Mais c'est déjà le tour de la guerre suivante. Le peintre se revoit une fois encore en marge du centre du monde, il est quelque part sur les routes, en l'an 1943. C'en est fini depuis longtemps de la grande époque, même le centre du monde est endeuillé, même le centre est un lieu occupé dans un pays occupé, et un homme sur deux, chacun le sait, est un mouchard ou un homme de la Gestapo vaguement camouflé. Paris semble être leur couveuse de prédilection.

Le centre du monde n'est plus qu'un rêve d'où le peintre est absent. Il est devenu invisible, les hommes de la Gestapo peuvent le chercher longtemps dans les moindres recoins de la Rotonde. Soutine est désormais allongé au paradis blanc, là encore, en marge, comme dans le monde de Montparnasse, à sa place habituelle.

Combien de visages ont-ils surgi dans ces cafés, combien de personnages étranges venus du Chili, du Japon ou de Lituanie dans ces petits temples bruyants, attirés par les effluves du café et les sucs amers de l'anis et du vermouth ? De combien de conversations, combien de jalousies et de serments de vengeance a-t-il été témoin sans rien dire ?

Il y a une chose dont il s'est toujours souvenu. Il est assis dans un coin comme d'habitude, guettant le client miraculeux. Le coin, c'est la sécurité, ça le rassure de n'avoir personne dans le dos. Un poète dont il a oublié le nom ou qui naîtra plus tard conseille de dormir la tête dans un coin : il est plus difficile alors de lever sa hache pour couper le dormeur en morceaux. Donc : Trace le cercle dans le carré. Les éventreurs d'édredons de plumes et les égorgeurs venus de Minsk sur leurs voitures à chevaux ont suscité chez leurs victimes des réflexes étonnants. Instinct de fuite animal, regards vifs comme l'éclair lancés par des yeux presque fermés, élan (saute par la fenêtre, comme ça tu as une chance !), souplesse, course en zigzag, le divin art des lièvres.

L'homme taciturne entend davantage, car sa voix n'a pas besoin d'en couvrir d'autres. Celui qui se tait est tout ouïe. Sa place est en marge du milieu du monde. Voilà soudain qu'il en entre trois, ils regardent autour d'eux, cherchent un instant le bon endroit et s'asseyent à la table voisine.

Le peintre essaie de comprendre de quoi ils parlent. Ils parlent français, puis allemand à nouveau. Son yiddish lui suffit parfois pour comprendre quelques mots. Un plaisantin n'a-t-il pas dit un jour à Vilna qu'en fait c'est l'allemand qui vient du yiddish ? L'un d'eux est manifestement français, les deux autres viennent peut-être de l'Empire austro-hongrois défait, de Galicie, de Bucovine ?

Les serveurs volètent de-ci de-là comme des papillons, font tinter verres et tasses, lancent par-dessus les têtes leurs commandes impérieuses que l'homme derrière le comptoir reçoit sans mot dire, obéissant. Le peintre n'a d'oreilles que pour la conversation de la table voisine dans laquelle il saisit un mot récurrent : « couleurs ». Il en va d'un lien entre couleurs et douleur. L'homme à l'accent français s'exclame : Merveilleux ! En français couleur et douleur sont si proches. Et il fait rouler plusieurs fois en bouche sa trouvaille.

Écoutez seulement : *couleur* et *douleur*.

Il est question d'une lettre visiblement écrite en allemand, et qu'il doit traduire en français. Une lettre d'un exilé ou d'un homme rentré d'exil. Il y est manifestement question d'un peintre précis et il aurait bien aimé savoir lequel. Les peintres sont des êtres curieux et jaloux, car pour eux, il n'en existe qu'un par génération. On peut s'incliner devant les Anciens, on peut vénérer Rembrandt, Courbet ou Chardin, mais dès lors qu'il s'agit des vivants, chaque mot prononcé à propos d'un autre est un mot de trop.

Il n'arrive à identifier ni l'auteur de la lettre – il y a juste un « tal » dedans, qui revient et le nargue – ni le peintre, dont le nom n'a peut-être pas même été prononcé. L'un de ceux qui parlent allemand lit une phrase.

Warum sollten nicht die Farben Brüder der Schmerzen sein, da diese wie jene uns ins Ewige ziehen ?

L'homme à l'accent français suggère de transformer les frères en sœurs :

Et pourquoi les couleurs ne seraient-elles pas les sœurs des douleurs, puisque l'une et l'autre nous attirent dans l'éternel ?

Un verre tombe alors avec fracas et se brise au sol, un juron puissant traverse le silence qui s'installe soudain pendant plusieurs secondes, le fil de la conversation est un instant interrompu et le peintre doit se concentrer pour saisir encore quelques bribes de paroles devenues moins audibles. Mais parlez donc plus fort ! aimerait crier Soutine aujourd'hui encore, dans ses draps blancs, mais sa langue n'est pas dans sa bouche.

Si en français couleur et douleur sont si proches, objecte l'un des trois, que dites-vous de l'étrange parenté de Farben et Narben, couleurs et cicatrices, en allemand ? Si les blessures colorées sont douloureusement manifestes et présentes dans l'une des langues, si elles battent à travers la peau et les tissus langagiers, dans l'autre en revanche elles témoignent de blessures antérieures, de plaies fermées, d'une remémoration tardive de la douleur.

Le peintre tressaille. Car dans sa langue, les couleurs riment avec un autre mot encore.

Vi an ofene vund… Loz mikh nit azoy fil mol shtarbn vi der harbst in toyznt farbn.

Soutine marmonne quelque chose, on dirait un bruit de lèvres sur le bord d'une tasse. Comme une blessure ouverte… Ne me fais pas tant de fois mourir comme l'automne avec ses mille couleurs. Il écoute et converse en silence avec lui-même. Le silence est café au lait. Il apaise les ulcères. Il a à peine compris la moitié. Mais couleur et douleur, il saisit aussitôt, comme si c'étaient des signaux qui n'étaient là que pour lui. Couleurs et douleurs sont sœurs, oui, certainement. Elles sont incurables, même si les couleurs finissent par devenir cicatrices.

Non, la couleur devait incarner les deux à la fois, la douleur palpitante et la cicatrice persistante. Et enfin la mort. Tout laisse des cicatrices, comprenez-vous, des traces visibles. Tout. Un corps indemne, cela existe peut-être dans la statuaire grecque, dans l'Égypte ancienne ou chez Modigliani. Pour Soutine il n'y a pas de corps indemne, rien que des corps abîmés, noueux, malmenés. Rien dans la vie n'est resté intact, rien n'est réparable. Ce sont les seuls principes qu'il veuille accepter. Il veut que les couleurs se frottent, se griffent, se révèrent, se maudissent, s'injurient, s'élèvent et s'écrasent jusqu'à livrer, balbutiantes, leur bonheur cicatriciel.

Le peintre maintenant, contrariant son habitude de silence opiniâtre, veut se tourner vers la droite et s'adresser aux trois hommes en une apostrophe étonnée, mais il est déjà trop tard. La conversation soudain s'est défaite, on range la lettre de l'homme rentré d'exil, les trois hommes se lèvent et mettent leurs chapeaux.

Où peuvent-ils bien être maintenant ? Il n'en a aucune idée. Comment pourrait-il le savoir. Douloureusement, lentement, il repose la tête dans le prolongement de la nuque, croit un instant être encore dans le fourgon mortuaire, en mouvement, et veut lancer aux deux chauffeurs :

Ne pouvez-vous pas rappeler ces trois-là ? Ne peuvent-ils pas se rasseoir ? Je n'ai pas même compris la moitié. Trop de bruit ici, trop de cliquetis de verres.

Mais sa langue n'est pas à sa place, impossible de la soulever, de la baisser. Si tant est qu'il y ait encore une langue. Plus un murmure ici ne filtre depuis le centre du monde. Montparnasse s'est tu. Et même sur le bord, il n'est que mutisme et silence, et l'on roule vers Paris pour l'opération.

Soutine marmonne et se parle à lui-même. Il était à l'instant au beau milieu du monde. Allongé sous son drap blanc il ne voit pas qu'on l'observe. Il y a un trou dans la porte blanche, et un clapet que l'on peut soulever de l'extérieur. Une paire d'yeux attend, l'observe depuis un long moment déjà. Doucement on repose le clapet, et l'ouverture dans la porte se ferme. Il est à nouveau seul, seul dans son paradis blanc.

Lors d'un de ses voyages dans la capitale, alors que ses pieds presque automatiquement l'emmènent au carrefour du boulevard Raspail et du boulevard Montparnasse, juste en face de la Rotonde, quelqu'un vient à sa rencontre, le reconnaît et lui susurre :

A mentsh on glik iz a toyter mentsh ! Un homme sans bonheur est un homme mort !

Soutine, qu'est-ce que tu fais là ? Tu es devenu fou ? Disparais, la Gestapo a déjà coffré des dizaines de peintres. Ça grouille de mouchards ici. Comment peux-tu venir encore ?

A glik oyf dir ! Bonne chance à toi !

Et il crache sur le trottoir, comme un salut crypté. Et Soutine tourne les talons, s'en va sans presser le pas, son grand chapeau bleu sombre enfoncé plus profondément encore sur le visage, la tête rentrée dans les épaules. Ne prendre que les petites rues.

Les chapeaux de Barclay ! Soutine les aime depuis qu'avec ses dollars le pharmacien Barnes les a guéris de la faim, Zbo et lui. L'élégant chapeau bleu lui sert de camouflage, il est persuadé qu'il le rend invisible. Avant, tout était différent. Lorsque Zbo a conseillé au peintre dépenaillé de porter un chapeau pour avoir l'air plus sérieux auprès des clients, il a grogné :

Je ne vais pas me trimballer tous les jours habillé comme le tsar !

Il sait qu'il est invisible lors de ces dangereux voyages à Paris. Il va droit chez le médecin, serre ses faux papiers dans la poche de son manteau et rejoint son asile secret. Il continue par superstition à éviter les grands carrefours où l'occupant a planté ses grands poteaux couverts d'indications, couvrant la ville entière de monstruosités lexicales allemandes pour imposer sa langue sur tout le territoire de la capitale. Les panneaux répandent partout la phonétique impérieuse d'un pouvoir consonantique, une malédiction noire, inquiétante.

Et il fait un détour pour éviter le 16e arrondissement ; l'occupant y a réquisitionné de nombreux bâtiments, l'hôtel Majestic avenue Kléber, siège du haut commandement militaire, et les somptueuses citadelles haussmanniennes de l'avenue Foch où sont installés SIPO et SD, et puis la Gestapo, rue Lauriston. Les Parisiens repèrent vite qui s'est installé où. Avenue Foch, les chefs SS, Oberg, le boucher de Paris, en charge de l'exécution des otages et des déportations, Lischka, SS-Obersturmbannführer et commandeur SIPO-SD, et le docteur Knochen. Docteur Knochen ? Oui. Haut Commandant du Service de sécurité et de la Police de sûreté. Docteur Knochen ? Oui, en charge de…

Il ne va plus chez les Laloë pour ne pas les mettre en danger. Dans ses rêves, le concierge méfiant continue à le dévisager sans façon. Le chapeau est désormais nécessaire. Il va chez le père de Marie-Berthe dans le 6e arrondissement, rue Littré, une rue adjacente à la rue de Rennes, mais en faisant des détours, sans s'approcher des cafés où quelqu'un pourrait le reconnaître, le trahir en l'apostrophant.

Le vieil Aurenche, percepteur à la retraite, est moins repérable que les peintres. Il ouvre doucement la porte, ne dit rien, hoche la tête et, l'air maussade, lui indique le canapé.

Ils n'échangent pas un mot. Il a toujours trouvé suspectes les connaissances de sa fille. À peine l'invisible a-t-il effectué sa visite au médecin qu'il file le lendemain matin à la gare Montparnasse, et reprend le train direction Tours. Paris n'est que visites chez le médecin et réapprovisionnement en papavérine et poudre de bismuth.

Depuis le 20 octobre 40, il est aussi recensé comme juif dans le fichier Tulard. Il porte le numéro 35702. Lorsqu'il sort avec sa carte de la sous-préfecture de son arrondissement, il s'amuse du tampon qui a bavé sur sa photo et déclare à Chana Orloff :

Ils m'ont abîmé mon Juif.

L'étoile jaune, il ne la porte jamais. À moins que son étoile soit invisible elle aussi ? À compter du 7 juin 42, il faut porter la marque, solidement cousue et bien visible ; quiconque omet de le faire est passible d'être incarcéré. Pour l'obtenir, il faut donner un point de sa carte de vêtements. Dans le Reich, les Juifs n'avaient pas à dépenser de point pour leur étoile. Ils n'avaient pas de carte de vêtements. Et bientôt commence le ramassage des étoiles, les rafles s'enchaînent à intervalles de plus en plus courts. Puis le transfert à Drancy ou Pithiviers, Compiègne ou Beaune-la-Rolande, les camps de transit des environs de Paris. Il est interdit de fixer l'étoile avec une épingle de sûreté ou un bouton-pression. Coudre, qu'on ne puisse pas arracher, coudre jusque dans la peau si possible.

Dès le début il était résolu à ne pas la porter. Le peintre Chaïm Soutine est invisible pour toujours sous son chapeau. Et son étoile aussi.

Un jour il prend peur, lorsqu'une femme titubante sort en courant d'une porte cochère, son visage pressé dans un grand mouchoir blanc. Ce doit être après juillet 1942, dans le flot des déportations massives, d'abord celles des « étrangers »; un peu plus tard, on déporte aussi leurs enfants. Il s'arrête brusquement sur le trottoir, la femme est debout devant lui, au beau milieu de la rue. Il se fige, terrifié, lorsqu'elle se retourne et s'adresse à lui en l'appelant « Monsieur Epstein ».

Elle sanglote, son débit est haché, elle ne cesse de presser ses yeux dans son mouchoir blanc. Elle est si manifestement désespérée qu'elle ne sait plus à qui elle parle, à moins que de douleur elle soit devenue folle. Elle n'a pas même regardé sa poitrine, côté gauche, là où rien n'est cousu, elle s'est adressée à lui, simplement. Elle ne peut pas se retenir, les mots se déversent.

Monsieur Epstein... Que vont-ils faire des enfants? S'ils déportent les gens pour qu'ils travaillent, pourquoi prendre les petits? Je vous en prie, Monsieur Epstein, répondez-moi... C'est une aberration terrible, que vont faire des enfants de deux ou cinq ans dans un camp de travail? N'est-ce pas une folie, pour un pays en guerre, de faire quelque chose comme ça? À quoi ça sert? Tout est si absurde, à quoi bon arrêter femmes et enfants... C'est incompréhensible, Monsieur Epstein, dites-moi... un engrenage atroce qui nous broiera tous, répondez-moi donc...

Et le peintre Chaïm Soutine, muet, est là comme figé, et regarde par-dessous son élégant chapeau bleu foncé le visage effaré de cette femme qui sanglote. Il ne profère pas le moindre mot, fait lentement un pas en arrière pour amorcer sa fuite.

Si la femme l'a identifié comme l'un de ceux qui devraient porter le signe anguleux sur la poitrine, à gauche, comment peut-il donc passer inaperçu auprès de l'occupant? Cette femme soudain a remis en question son invisibilité. Il est sur le trottoir, devenu visible de façon impromptue, comme

Monsieur Epstein, certes, mais visible tout de même. Inquiétante visibilité.

Au bout de l'allée des cygnes, en remontant le fleuve sur la rive gauche de la Seine, où s'élevait le vélodrome d'hiver, sur le boulevard de Grenelle, non loin de la tour Eiffel. Il y avait assisté autrefois à des combats de boxe et de catch le dimanche. Depuis, le vaste bâtiment s'était mué en un enclos municipal pour les victimes des arrestations de masse, emportées indistinctement par un monstrueux tourbillon noir qui allait les rejeter, plus mortes que vives au sortir des wagons, dans une localité de Pologne au nom imprononçable. Lors de la rafle des 16 et 17 juillet 42, la police parisienne, sous les ordres de Leguay, par délégation de Bousquet, chef de la police vichyssoise, avait regroupé les Juifs arrêtés comme du bétail.

Le peintre ne peut s'empêcher de repenser à l'exclamation enthousiaste de Kiko ; c'était en 1913, il venait juste d'arriver dans la ville de ses rêves :

Ici il n'y a pas de cosaques. Pas de meute de pillards. Un jour, les pogroms disparaîtront de nos cauchemars. Mais cette soirée, elle nous appartiendra pour toujours. Jamais dans cette ville il n'y aura de pogroms, tu comprends…

Cette fois les cosaques parlaient français. La circulaire N° 173-43 de la Préfecture de police ordonnait l'arrestation des Juifs étrangers. Plus de treize mille personnes rien qu'à Paris. La moitié est aussitôt acheminée jusqu'au camp de Drancy au nord de Paris, dans des bus municipaux réquisitionnés ; les autres sont parqués au vel' d'hiv. Beaucoup sont restés introuvables lors de la grande rafle. Parmi eux un peintre invisible. Depuis que Mademoiselle Garde y est partie deux ans plus tôt pour ne plus jamais revenir, il ne veut plus suivre aucune injonction, ni renouveler son enregistrement d'octobre 40. Dans ce stade au nom hivernal, on disparaît dans le néant, dans un hiver éternel. De l'enclos une route mène tout droit à la mort.

Disparaître, râle-t-il dans le fourgon mortuaire, trouver un trou où se cacher. Disparaître, maintenant, tout de suite. Les Cent-Noirs sont en route, entendez-vous, les enfants, dans la forêt, vite, ne rien emporter, cachez-vous, laissez tout, ils arrivent de Minsk sur leurs voitures à chevaux… courrez aussi vite que vous le pouvez… Kiko… les cosaques… tu entends…

Il ne sait plus quand il a vu le vélodrome pour la dernière fois. Est-il réellement retourné sur le pont de Grenelle après le 17 juillet 42, a-t-il regardé le bâtiment et l'allée des Cygnes, l'île comme une aiguille dans la Seine ? Où s'est-il contenté d'y envoyer son œil, son âme ? Les rumeurs se répandent à une vitesse folle à travers la ville. Et il se déteste de ne pas pouvoir se représenter ce qui s'est passé d'atroce dans le vélodrome d'hiver. Jamais il ne pourrait le peindre. Cela dépassait ses forces.

Sept mille personnes parquées dans les gradins du vélodrome, criant, errant, beaucoup, prises de panique, frappant indistinctement autour d'elles, d'autres apathiques à force de faim et de soif. En bas, au milieu du vélodrome, une tente de la Croix-Rouge, un seul médecin et deux infirmières. Des femmes qui accouchent, des mourants, des gens pris de fièvre. Cinq jours sans nourriture, l'unique tuyau d'eau est assiégé. Les sanitaires sont bouchés et inutilisables, depuis les gradins les excréments et l'urine dégoulinent sur ceux qui sont couchés. Les ordres secs des gardiens, qui cette fois parlent français. Un vieillard tremblant se redresse, lance de ses dernières forces :

C'est un grand malentendu ! Vive la République !

Et s'effondre. Pas d'arrivée d'air, un endroit à étouffer, plein de paille, de peur et de gémissements. La chaleur de juillet, la sueur. Odeur mordante. Des cœurs soudain cessent de battre, on compte cent suicides avant le soir du 17 juillet. L'avenir devait leur donner raison – pour sortir de là il n'y a qu'un chemin. Oui, il se déteste de ne pas pouvoir se le représenter. Il avait entendu parler de familles qui s'étaient jetées par les fenêtres pour échapper à la déportation. Et une femme folle de douleur avait jeté ses quatre enfants par la fenêtre. À Smilovitchi il n'y a déjà plus âme qui vive.

Souvent, dans ses rêves, les séquestrés surgissaient devant lui, l'interrogeant du regard, semblant attendre quelque chose de lui. Pour eux il n'était pas invisible. Mais il est resté à l'extérieur, le tourbillon ne l'a pas avalé. Maintenant qu'il est dans le corbillard en route vers Paris, la morphine lui chuchote qu'en fait, il y était, oui, c'est sûr, il avait tout vu, il en jurerait.

Le pont semblait flotter, l'allée des Cygnes, tout était en mouvement. Des cygnes, on n'en voit plus dans la ville occupée, voilà longtemps qu'ils ont été capturés et mangés. Mais un jour, il y a vu des oiseaux noirs, carbonisés. Bruissement des ailes venues troubler le ciel occupé au-dessus de la Seine. Lorsqu'il les vit monter vers le ciel, le vélodrome explosa sous ses yeux. On l'avait construit quelques années seulement avant son arrivée, les ouvriers parisiens étaient fous de cyclisme, ils s'y rendaient en masse.

Et de ses yeux maintenant il le voyait se disloquer dans les airs, c'était dans l'avenir, longtemps après sa mort, réduit en poussière avec poutres et planches gorgées de sang et d'urine. Les débris tournoient dans l'air, les armatures de fer pointent comme le squelette déchiqueté d'un monstre gigantesque. Pulvérisé. À cet instant il aurait pu le peindre. Un paysage explosé.

Il a disparu, s'est caché avec Ma-Be. Il s'est rendu invisible. Il est à Champigny. Il est dans les Pyrénées avec son jus de pavot. Il est sous son chapeau bleu. À Framboiseville, non loin de Smilovitchi. Dans le Passage d'Enfer. À Kremenkikominsk.

A glik hot dir getrofn ! A lebn oyf dir ! Le bonheur t'a frappé ! Longue vie à toi !

À peine le jus de pavot se met-il à agir qu'il se sent gonfler, se dilater comme dans cet autoportrait grotesque de 1922 où il n'était que lèvres gigantesques, avec une oreille atrocement déformée et un bout d'épaule hypertrophié. Maintenant aussi il était invisible, sous son invisible chapeau bleu.

À l'ambassade d'Allemagne, rue de Lille, où réside Abetz, il y a eu entre-temps du nouveau. On a comparé l'identité des détenus avec le contenu du fichier Tulard. Le peintre Chaïm Soutine ne fait pas partie de la prise des 16 et 17 juillet 42. Deux semaines après les arrestations massives et l'enfer du vélodrome, il reste introuvable. Il est temps de passer à une opération spéciale, Monsieur Soutine. Un mandat d'arrêt quitte la rue de Lille.

Ambassade d'Allemagne à Paris. 30 juillet 42. N° 305 : 43 g. CONFIDENTIEL. À l'attention du haut commandant de la Police de sûreté et du SD, aux bons soins du Obersturmführer RÖTHKE, Paris, 72 avenue Foch. Objet : Dispositions

concernant l'artiste juif Soutine. Dans le cadre de l'affaire susmentionnée, je souhaiterais donner suite à notre conversation téléphonique de mardi 28. Comme vous le savez, les consignes émanent directement de l'adjudant personnel de Monsieur le Maréchal du Reich H. Göring. Premièrement, il convient d'aviser les autorités françaises – Commissaire aux questions juives et Préfet de police –, dont on sollicitera la collaboration pleine et entière. Cependant, afin de garantir la plus grande confidentialité, les détails ne seront pas abordés avec les autorités françaises. Deuxièmement, toutes les œuvres du Juif Soutine trouvées aux cours des investigations seront saisies et envoyées sans délai à Berlin. Je vous sais gré de mettre en œuvre ses instructions dans les plus brefs délais.
Signé par délégation : Achenbach.

Un uniforme argenté se penche par-dessus l'épaule du secrétaire et déclare sèchement : avec T, et pas D, je vous prie. Quelqu'un se souvient de ses cours de latin dans le Reich. Adiuvare. Adiuvo, adiuvi, adiutum. Bon sang, j'ai de beaux restes. Aider, soutenir, assister. Adiutor donc Adjutant. Et il bombe le torse.

Le secrétaire a tapé tant de circulaires spécifiques que les persécutés sournoisement viennent se glisser dans sa graphie : Effectivement, il a écrit « adjudant », avec le Juif, le « Jud », au milieu, entre « Ad » et « Ant ». Même la graphie, ils ne peuvent pas la laisser en paix, ils s'immiscent jusque dans les mots et les décomposent de l'intérieur. L'adjudant personnel surveille le maréchal du Reich Göring. Mais un appel téléphonique urgent intervient, et le D reste là où il est.

Et c'est justement ce Juif avec un D au milieu qui s'immisce dans les mots pour espionner, il a un informateur dans la police française. Appelons-le Armand Merle. Pourquoi pas ? Le merle est un oiseau, et il chante si bien. Car les autorités françaises se mettent à jouer aux devinettes. Expédier à Berlin… toutes les œuvres du Juif Soutine ? Le pilleur d'art en chef évoluerait-il soudain dans ses goûts ? Ou plutôt, en second… Hitler en personne a ordonné de gigantesques confiscations d'œuvres pour son Projet spécial Linz. Rosenberg contrôle le butin en provenance des zones d'occupation occidentales et orientales. Mais Göring tente de grappiller quelques pièces en collaborant avec lui. Car le pilleur d'art passionné prépare la « galerie d'Allemagne du Nord » à Carinhall, sa résidence de campagne dans la forêt de Schorfheide, près de Berlin.

La voix claire et agitée d'Eleni résonne dans le combiné. Comment a-t-elle mis la main sur la lettre de l'Ambassade allemande ? Quelles connexions a-t-elle ? Avec quelles archives ? Elle refuse de le dire.

Tu as tes secrets et moi les miens. Mais le document est là.

Elle fait la chasse aux énigmes, a assemblé les pièces du puzzle et est impatiente de montrer enfin au destinataire de son message, sidéré, l'image qui se forme. Elle a toujours une longueur d'avance sur lui.

Le préfet de police Leguay confie donc à un commissaire la tâche de mener les investigations et exige la constitution d'un dossier confidentiel sur le peintre recherché, peut-être pour élucider le mystérieux intérêt porté à Soutine par les Allemands. Pourquoi donc veulent-ils ses tableaux ? Pour quoi faire ?

Non, aucun risque. Il ne sera pas exposé dans la « galerie d'Allemagne du Nord » ; à Carinhall il n'y a pas de place pour l'art dégénéré. Les Maîtres anciens y seront accrochés.

Il les fait pendre ?

Eleni rit dans le combiné du téléphone. Pas plus que dans la collection d'Hitler à Linz. Pas de changement de goûts. Il veut vivre jusqu'à mille ans, entouré des mêmes tableaux.

Encerclé ?

Est-ce qu'ils veulent transporter les tableaux pour les brûler ensuite ? Faire concurrence au peintre dont on dit qu'il brûle ses propres tableaux ?

Il y a effectivement une note au verso de la Fillette en bleu : À BRÛLER. Et puis le cachet d'un musée allemand. Lisible, illisible ? À brûler. Est-ce que pour une fois les pilleurs d'œuvres ont le même projet que le peintre ? Un jour j'assassinerai mes tableaux… dit-il à cette femme venue le voir à la cité Falguière entre les murs aux papiers peints lacérés.

Le maréchal du Reich Göring profite de ses nombreux passages à Paris pour faire main basse sur des œuvres d'art. Mais les toiles dégénérées de Soutine ? Nul besoin.

Mais si, si, rétorque Eleni, pour se procurer des devises. À quoi bon brûler des tableaux qui peuvent rapporter grassement sur le marché américain ? Pourquoi les brûler quand la Wehrmacht avance dans les entrailles de la Russie, quand la moindre chenille de char est précieuse ? Avec la collection Barnes à Merion et l'exposition de 1935 au Chicago Arts Club, la valeur de Soutine sur le marché ne cesse de grimper, comprends-tu ? Si les Américains et ses coreligionnaires veulent l'acheter et faire progresser le front de l'Est, grand bien leur fasse. Le marché de l'art, c'est le marché de l'art, et en temps de guerre il se porte à merveille. N'oublie pas, fin juillet 1942, quand on émet le mandat d'arrêt pour le peintre, la 6e armée allemande marche sur Stalingrad. Pourquoi chauffer la lune avec des tableaux sans valeur quand ils peuvent alimenter le feu de l'artillerie ? Combustible – oui.

Mais tout pour la guerre. Et donc, direction Berlin pour ses toiles torturées.

J'aimais la voix d'Eleni, j'aurais pu l'écouter des heures durant. Lis-moi l'annuaire, je serai tout oreille. Il y a des voix qui ont un pouvoir sur les osselets de l'ouïe. L'étrier, qui se met à jubiler, l'enclume, le marteau. Ton labyrinthe, ton organe sentimental de l'équilibre. Avec sa délicate petite cochlée. Elle était sur la trace des secrets, et ses sombres yeux méditerranéens avaient vu des choses qu'aucun de nous n'avait vu venir. C'était la fée des archives secrètes.

Dans l'avenir laiteux surgiront les limiers et les possédés invisibles avec leurs antennes, et ils utiliseront leurs propres voies pour passer à l'opération. Ils adresseront des requêtes polies et soumises aux archives pour mendier de menues informations. Ils rêvent de se faire enfermer des nuits entières dans les archives, dans les Bureaux des étrangers ou les Préfectures de police, de retourner deux fois la moindre petite note, d'user crayons et autres ustensiles d'écriture, de siroter du thé froid dans des caves et des dépôts. Oui, il y a même un musée de la police, le musée de la Préfecture de police de Paris, au n° 4 de la rue de la Montagne Sainte-Geneviève.

Des milliers de gestes seront inutiles, de nombreuses notes d'emblée inutilisables, mais à un moment ou un autre apparaîtra un bout de papier qui semblera n'avoir attendu qu'eux, s'être longtemps sournoisement caché. Ce peut être une lettre de mouchard, une autorisation de séjour, la trace proprement laissée d'une simple mesure bureaucratique. Ou un mandat d'arrêt émanant de l'Ambassade d'Allemagne, rue de Lille.

Soutine ne devine rien de tous ces agissements, mais le jus de pavot de Sertürner, lui, sait qui est Armand Merle.

Le peintre entend dire d'un voisin qu'il croise par hasard en descendant du train à la gare Montparnasse, que bien souvent des officiers français en civil avaient surgi villa Seurat.

Jeudi 10 décembre 1942, 16 h 30. Enquête sur la personne de Soutine Chaïm, artiste-peintre, domicilié au 18, rue villa Seurat, Paris 16e. Nous nous sommes rendus dans l'après-midi du 2 décembre à l'adresse ci-dessus. Au dire des voisins que nous avons interrogés, Monsieur Soutine n'a pas reparu à cette adresse depuis la fin du printemps ou l'été de l'année dernière. Les dépositions recueillies ne permettent pas d'apporter d'élément nouveau quant au lieu de résidence actuel de Monsieur Soutine.

Henry Miller n'avait laissé villa Seurat que quelques piles de papiers et quelques lettres. Que les nazis s'en torchent le cul si ça leur chante avait-il dit à son voisin Delteil avant de décamper juste avant que la guerre n'éclate.

Tous cherchent un peintre.

Audition de témoin dans les locaux de la Gestapo à Chartres, 21 avril 1943. Deuxième audition de Madeleine Castaing, demeurant à Lèves, près de Chartres, dans le cadre de l'instruction contre Chaïm Soutine. En présence du Hauptsturmführer SS Uwe Lorenz, commandant de la SIPO-SD de Chartres, de l'interprète Jean-Yves Meyer et de la dactylo Mme Ingrid Elster. Elle a été informée quant aux conséquences d'un faux témoignage.

Il continue d'habiter à la villa Seurat, mais en hiver, comme l'atelier est impossible à chauffer, il prend une petite chambre d'hôtel avenue d'Orléans, où il passe ses journées, les rideaux fermés, suant dans un pardessus, affalé sur son lit, les yeux fixés au plafond. Il ne met plus le nez dehors. Son ulcère ne le laisse plus dormir. Il s'exprime de façon saccadée, tordu de douleur…

Pouvez-vous nous donner le nom de l'hôtel, l'adresse exacte ?

Oh non, il y en a tant, des petits hôtels, vous savez.

Il s'est mis à changer constamment de domicile. Ses amis lui conseillaient de passer en zone libre, mais il refusa. Il a habité pendant quelque temps chez des amis et puis il a quitté Paris vers juin 41. Je ne l'ai plus revu depuis.

Même pas chez vous ?

Ma demeure a été réquisitionnée par la Wehrmacht. Comment voulez-vous que j'accueille des hôtes ?

Clos à 13 h 30. SS-Hauptsturmführer Uwe Lorenz.

Lu, approuvé et signé : Madeleine Castaing

Elle mentait et devait mentir. Un peintre se rend invisible, ils peuvent bien le chercher aussi longtemps qu'ils veulent, ils ne le trouveront pas. Ni l'occupant, ni ses sbires. Ils font interroger voisins et connaissances, le commissaire Merle recueille les dépositions comme autant de minuscules miettes, rien d'exploitable là-dedans. Soutine s'est dissous dans l'air, il est devenu définitivement invisible. Pour arriver à le voir maintenant, il faut avoir de bons yeux.

Soutine fait route vers Paris, caché dans le corbillard, sa vie entière l'y mène, toujours. De Minsk et Vilna vers Paris. De Céret et des Pyrénées. De Cagnes et de Vence – toujours revenir à Paris, comme si la ville était l'aimant éternel qui irrémédiablement l'attire. Sur les tableaux de Cagnes, un signe caractéristique, un minuscule petit homme à pied, à peine identifiable, qui marche en titubant vers son malheur sur des chemins contournés, grimpant toujours vers sa destination, sur une route éternellement ascendante menant là où attendent le néant ou Dieu et le paradis blanc. L'escalier rouge à Cagnes ! Lui aussi mène déjà *là-haut*.

Il roule vers Paris dans un fourgon mortuaire noir de marque Citroën, modèle Corbillard. S'en va-t-il mourir ? Non, le jus de pavot chasse ces pensées. Il s'en va au pays du lait. Il s'en va vers l'avenir qui ne viendra jamais. Il s'en va au paradis blanc. Il ne faut pas qu'il se réveille encore, tant que se poursuit l'écriture opiacée inventée par Sertürner, le jus de pavot de la littérature… Il doit rester anesthésié, ne pas ressentir de douleur.

Bing ! La première exposition qui lui est exclusivement consacrée, en juin 1927, surgit en un éclair devant ses yeux, il voit les tableaux accrochés dans la galerie Bing. Oui, chez Bing. La première. Depuis l'apparition de Barnes en 1923, depuis que le pharmacien, comme pris d'une ivresse, a ramassé les tableaux et semé les dollars dans l'atelier, Montparnasse alias le monde sait ce que veut dire le nom de Soutine. C'est un homme fait, arrivé, irrévocablement. Quel triomphe ! Arrivé, enfin.

Arrivé… où ? Les gens dans la galerie deviennent fébriles. Le peintre est invisible. Un homme sautille à travers la foule qui, sidérée, le suit du regard. Il sort sur le trottoir, regarde dans toutes les directions, désespéré.

Où est Soutine ? Le vernissage va commencer et il n'est pas là ? Les gens sont agglutinés, presque impossible de jeter un œil aux tableaux. Et il ne vient pas ? Il se cache quelque part. Ou traîne dans le quartier, regardant de loin les petits groupes qui affluent et entrent chez Bing ? Quelqu'un part en courant, paniqué, voir dans son atelier, descend jusqu'au parc Montsouris, près des limites de la ville.

Aucune trace de Soutine. Il n'est pas là. Il ne vient pas. Il est invisible.

Maintenant non plus le peintre recroquevillé sur sa couche ne veut pas se montrer. La mort organise son vernissage, le peintre est attendu. Mais Soutine refuse de paraître. Bing reste là, les mains vides. Faire l'école buissonnière à sa propre mort, la boycotter. La teinture de morphine le lui susurre : Tu restes caché, tu continues à rouler, incognito. Ne pas se réveiller. Que l'anesthésie dure éternellement. Que la mort regarde seule ses propres tableaux. Vernissage ou pas – un peintre disparaît. Et veut rester invisible.

Il est couché à l'hôtel, 25, avenue d'Orléans. Les rideaux fanés sont tirés. Il est couché sur le lit, suant dans son pardessus qu'il n'enlève plus. Il porte son chapeau bleu. Est couché sur le lit et fixe le plafond. Des jours entiers. La villa Seurat est devenue trop dangereuse. Il ne met plus le pied dehors. Disparaître. Il est couché dans cette chambre d'hôtel sombre avenue d'Orléans. Il s'en va incognito dans le fourgon mortuaire se faire opérer à Paris. Il est allongé sur un brancard blanc dans la clinique du docteur Bog. Il est de retour au paradis blanc.

LE DOCTEUR BOG

Est-ce que des jours ont passé ? Des heures, des minutes ? Des journées-secondes ? Des minutes-semaines ? Cela fait longtemps déjà que le temps ne joue plus aucun rôle. Il est allongé là, tout calme, il respire régulièrement, les mains posées sur le drap blanc. La lumière dans la pièce est d'un blanc aveuglant, depuis son arrivée il n'a pas perçu de changement entre le jour et la nuit. On soulève doucement le clapet de la porte blanche, à nouveau une paire d'yeux l'observe attentivement. Un visage rond, impassible. Mais ensuite on appuie doucement sur la poignée et un homme trapu vêtu de blanc entre dans la pièce.

Le peintre a les yeux fermés mais il a l'impression de voir le visage à travers ses paupières, comme auparavant, à travers la tôle noire de la Citroën, il voyait les paysages au nord de la Loire. Son regard s'était évadé et avait glissé dehors. Comme autrefois, sur le pont de Grenelle, quand il regardait le vélodrome d'hiver et l'avait vu partir en fumée sous ses yeux dans l'avenir.

C'est certainement un médecin, habillé de blanc comme ça. C'est sûrement le chef. Bien nourri, rondouillard en ces temps de guerre. Il ajuste la monture de métal blanc de ses lunettes, se présente d'une voix basse, presque aimable, et un tressaillement mélancolique et solitaire agite les commissures de ses lèvres :

Bog. Mon nom est Bog, Docteur Bog. Mon cher Soubine, vous permettez que je vous appelle ainsi ?

Je m'appelle Soutine, Chaïm… non, Charles. Voici mes papiers, où sont-ils… là… voilà…

Et il commence à bouger les mains des deux côtés de son corps sous le drap blanc, cherche les faux papiers que Fernand Moulin, vétérinaire et maire de Richelieu, a fait tamponner à la préfecture de Tours. Ils sont introuvables, et pour la première fois le peintre est troublé.

Nous n'allons pas nous arrêter à une minuscule petite lettre. En ce lieu les noms n'ont pas d'importance. Nous n'avons ici que des cas. Moi-même, je n'en ai pas, même si au besoin vous m'appelez Docteur Bog. Allons, mon cher Soutinkheim. Restez allongé bien tranquillement dans ce lit. Détendez-vous. Bien tranquille…

Le peintre irrité balbutie quelque chose à propos des papiers perdus et regarde les oreilles de ce dieu en blanc au sourire satisfait.

Vous n'avez plus besoin de vos papiers. Nous avons un dossier sur vous.

Soudain, lorsque le peintre lève les yeux, il y a derrière le médecin rondouillard une toile blanche comme neige, montée sur des pieds blancs et destinée aux explications médicales. Le peintre Soutinkheim réfléchit, se demande comment il aurait peint le dieu blanc sur cette toile, sa face de lune, sa calvitie, ses lèvres charnues, ses yeux globuleux derrières ses lunettes blanches surdimensionnées, et les nœuds de ses mains. Il se souvient du portrait de Charles VII par Fouquet, qu'il est allé voir si souvent au Louvre, se souvient du jour où il avait fièrement rapporté chez lui la reproduction de ce tableau tant aimé, trophée du dimanche. Voilà comment il aurait peint le docteur Bog, mais bien sûr tout en blanc, rien que du blanc. Où sommes-nous donc ici ?

Le médecin s'assied sur une chaise et braque son regard modeste droit sur le patient.

Savez-vous, il n'y a pas en ce lieu d'opérations ratées. Nous avons dans la maison quelqu'un qui nous rend d'inestimables services : le docteur Kno.

Le peintre tressaille en entendant prononcer les deux consonnes initiales. Ce monosyllabe à la raideur toute militaire lui rappelle un autre nom. Kno. Il a déjà rencontré cette funeste association du K, du N et du O. Où cela pouvait-il bien être ? Il ne sait plus. Bog et Kno étaient donc collègues, ou du moins chef et subordonné. Le docteur Bog poursuit son monologue jovial.

À vrai dire, nous n'opérons ici que dans de très rares cas. Dans le vôtre ce ne sera plus nécessaire. Considérez-vous en attendant comme guéri.

Et le dieu en blanc caresse rêveusement le grand bocal rond empli de liquide posé sur la table roulante à côté de lui.

Guéri, moi ? Sans opération ?

Sans la moindre, nous n'en avons plus besoin. Autrefois nous n'aurions pas laissé passer un estomac comme le vôtre. Savez-vous ce que j'ai là dans ce joli bocal ?

Non, répond le peintre.

Ce n'est pas votre estomac, Soutinkheim, lequel est toujours dans votre ventre, mais c'est un estomac. Et plus précisément, une jolie petite montagne de plis muqueux, incisée, de sorte que l'on puisse voir les nombreuses petites vallées brumeuses maintenues par un mantelet de tissus musculaires. La petite montagne de muqueuse gastrique vient de Chicago et va d'ailleurs y retourner. Vous savez bien : *The Arts Club of Chicago*, en 1935, votre première exposition sur le continent américain ?

Le peintre est sidéré, avec la meilleure volonté du monde, il ne voit pas ce qu'il devrait répondre.

Vous allez être surpris, Monsieur Soutinkheim. Il s'agit du premier estomac réséqué par Billroth, merveilleusement conservé depuis 1880 dans une solution aqueuse de formol parfumé. L'ablation partielle de l'estomac était un vrai coup de génie. La résection aux deux tiers, comprenez-vous ? Aujourd'hui encore les deux variantes de la résection d'après Billroth font partie des sujets d'examen les plus appréciés.

Et en quoi cet estomac concerne-t-il mon… ?

Savez-vous, cher Soutinkheim, et il lui adresse un clin d'œil mutin de l'œil droit, chaque estomac a quelque chose à voir avec tous les autres estomacs. Et ce que nous aimons particulièrement ici, c'est la médecine du futur.

Du futur… s'apprête à répéter le peintre, mais il se rappelle que par le passé rien de bon ne semblait lui venir de ce côté-là. Le mot l'effraie donc lui aussi.

Bien sûr, et maintenant regardez-moi ce bel appareil blanc. Il a l'air compliqué, n'est-ce pas ? C'est quelque chose de tout à fait spécial. Celui-ci est plutôt petit, mais ses dimensions sont tout de même celles d'un bureau de taille respectable. Patience, nous allons l'approcher de votre lit sur ses douces roulettes. C'est un micro… scope… électronique… à balayage… Épargnez-vous la question ! Il va vous dévoiler en un instant la forme hélicoïdale d'helicobacter pylori.

D'hélico… ?

C'est une magnifique bactérie en bâtonnet microaérophile gram-négatif, par souci de commodité nous conviendrons de la nommer un peu familièrement votre helicobacter. Car son lieu de colonisation de prédilection, si vous voulez, était votre muqueuse gastrique. Il s'agit d'un germe à la structure en spirale qui se déplace à l'aide de flagelles.

De flagelles ?

Le peintre essaie de se représenter un bâtonnet se donnant le fouet pour se faire avancer, mais il n'y parvient pas. Il s'agite et se contorsionne dans son lit blanc, mais cette toile blanche derrière le dieu souriant ne lui laisse toujours pas de répit. Il finit par tendre le cou et fixe un étrange carré que l'appareil lui présente ; il a un mouvement de recul en le regardant. Du coude gauche, il renverse un pot entier de crayons blancs qui tombent par terre dans un chuintement réprobateur.

On a longtemps pensé, poursuit le docteur Bog, qu'aucune bactérie ne pouvait survivre dans l'acide gastrique – mille fois plus acide que l'acide citrique ! Or vous serez étonné : ce petit gars du ghetto a réussi. Une bactérie en forme de vis, à la structure hélicoïdale, de six millièmes de millimètre de long et un demi-millième de millimètre d'épaisseur, avec deux à sept flagelles à une extrémité. On suppose que la forme en spirale associée à la présence de flagelles facilite la survie de la bactérie qui peut se déplacer rapidement – représentez-vous une sorte de moteur de hors-bord – dans l'acide gastrique pourtant mortel pour elle. Elle peut ainsi s'installer dans la muqueuse de l'estomac et les cellules gastriques où elle sécrète l'enzyme uréase.

L'enzyme uréase ? Le peintre pense à ce russe étrange que parlaient les habitants du petit village tatare de la rive opposée de la Volma, en face de Smilovitchi. Les derniers descendants éparpillés de la Horde d'or.

L'enzyme a son tour catalyse la réaction de transformation de l'urée, libérant de l'ammoniaque, qui, contrairement à l'acide, est fortement basique. L'helicobacter s'entoure en quelque sorte d'un nuage basique qui le protège de la dissolution par l'acide. Plutôt raffiné, n'est-ce pas, Monsieur Soutinkheim ?

Déconcerté, le peintre a toujours devant les yeux un bâtonnet muni de fouets.

Dans le même temps, la bactérie sécrète une substance toxique qui combinée à l'ammoniaque endommage et transforme les cellules de l'estomac de sorte qu'elles se mettent à générer de plus en plus d'acidité. Ce surcroît d'acidité produit une inflammation de la muqueuse gastrique qui est donc encore plus exposée à l'agression. L'estomac produit donc lui-même quelque chose qui précipite sa perte. Exactement comme vos amis artistes de Montparnasse. C'est ainsi qu'est né votre fameux *ulcus ventriculi*, cher Monsieur le peintre. N'oubliez-pas : grâce à la forme hélicoïdale et aux flagelles !

Et, qu'en est-il… de mon… estomac… à moi ? voudrait demander timidement le peintre.

Rien de particulier, répond le docteur Bog, presque lassé déjà. Savez-vous, ici, nous préférons les maladies très rares, elles nous intéressent davantage, tout simplement. Epidermolysis bullosa, lupus érythémateux systémique, porphyria cutanea tarda, cardiomyopathie takotsubo – ces choses-là nous plongent dans l'extase. Cher Soutinkheim, vous n'avez jamais qu'un banal ulcère de l'estomac, rien de bien noble. Voilà soixante mille ans que notre helicobacter vit dans les estomacs des humains, et pourtant, il s'est longtemps caché. On ne l'a découvert qu'en 1983, figurez-vous. Les estomacs de la moitié de l'humanité donnent l'asile à la bactérie, la moitié de la fleur de la création est contaminée depuis longtemps ! Jusqu'à quatre-vingt-dix pour cent dans les pays aux conditions d'hygiènes insuffisantes ! Quatre-vingt-dix pour cent !

Le peintre est désorienté. Depuis soixante mille ans ? Et puis 1983 ? Une date insensée.

Les noms de Barry Marshall et John Robin Warren vous disent-ils quelque chose ?

Non, dit le patient, je connais Le Greco, le Tintoret, Rembrandt. Est-ce que ces deux-là aussi sont peintres ?

Le docteur Bog ignore la question.

Passons au mode de transmission, mon cher Soutinkheim. Nous ne savons pas bien. Fécal-oral, oral-oral, ou même gastro-oral.

Le dieu en blanc avec ses grandes orgues se délecte de ces enchaînements de sons, il ne s'en lasse pas, les répète une fois encore et agite son index dans trois directions différentes.

Donc par le biais des excréments, à la suite d'une réingestion à travers de l'eau ou de la nourriture souillées. Il est également concevable que la glaire produite par les muqueuses gastriques soit à l'origine de contaminations lors de vomissements – comprenez-vous ? On songe même aux mouches vertes.

Le peintre maintenant voit des nuées de mouches vertes et noires, l'Europe entière en est pleine, de Norvège jusqu'en Italie.

Vous aviez souvent un sentiment de trop-plein, comme après un repas trop copieux, quelle ironie du sort ! Nous savons bien que vous avez souvent souffert de la faim dans votre vie, cela apparaît dans votre dossier. Le sentiment de pesanteur dans la partie supérieure de l'abdomen, nausées, voire vomissements, manque d'appétit, perte de poids, remontées acides. Et puis bien entendu cette douleur lancinante et brûlante que vous connaissez certainement plus qu'assez, au milieu de votre abdomen. Combien de fois n'avez-vous pas enfoncé votre doigt au niveau du diaphragme pour la saluer et la maudire…

Le médecin discourt, songeur, content de lui et de sa médecine :

La douleur survient peu de temps après la prise de nourriture, parce que la paroi gastrique et donc l'ulcère se tendent et se dilatent. Outre ces symptômes abdominaux, vous deviez certainement présenter des signes de petites hémorragies répétées, et donc d'appauvrissement du sang, d'anémie, n'est-ce pas ?

Le peintre désormais est vraiment livide, tous ces événements inattendus dans son ventre lui donnent le vertige.

L'un des éléments permettant de conclure à l'existence de petites hémorragies est l'apparition de selles goudronneuses, noires et collantes, lorsque le sang entre en contact avec l'acide gastrique qui le corrompt. Je me trompe, ou cela vous fait penser aux odeurs de goudron de Smilovitchi ? Très cher Monsieur Soutinkheim, parlons donc plutôt un peu de couleurs, non ?

Les couleurs sont sœurs des douleurs, dit le peintre, et il veut parler au docteur Bog de cette conversation épiée autrefois à la Rotonde. Mais le médecin chef continue à discourir sans écouter.

Généralement, l'ulcus se manifeste à la gastroscopie comme un défaut rougeâtre dans la muqueuse, la plupart du temps agrémenté de filaments de fibrine blancs. Débris cellulaires, nécrose fibrinoïde. ROUGE dominant et BLANC en stries, cela devrait vous dire quelque chose ? Voilà pour l'ulcère fulgurant. Après guérison de l'ulcus subsiste dans un premier temps une cicatrice rouge vascularisée qui évolue ensuite en une cicatrice conjonctive blanche – comme si l'ulcère en voie de guérison avait choisi pour son portrait vos couleurs préférées, n'est-ce pas ? L'habit de l'enfant de chœur, la veste d'uniforme du groom, le mouchoir de votre petit pâtissier. Comme si l'ulcère gastrique en disparaissant avait voulu vous rendre hommage une dernière fois. Vous seriez certainement, Monsieur Soutinkheim, le peintre le plus à même de peindre l'ulcère gastrique. Et voilà enfin qu'arrive le blanc, comme c'est le cas en ce monde après toutes les choses importantes. C'est la couleur de l'ulcère gastrique guéri. Et, couronnement du processus – l'apparition d'un épithélium régénéré unistratifié !

Le peintre grimace, essuie de la manche une goutte sous son nez et inspire bruyamment.

Alors, tout le lait… que j'ai bu… dans ma vie… n'a servi à rien ?

Le visage de Soutine exprime le désarroi face à tout cette peine perdue.

Savez-vous, mon cher peintre, l'histoire des erreurs médicales nous amuse ici prodigieusement. Parfois nous en sommes à demi morts de rire, quand nous n'avons rien d'autre à faire. Vous avez bu du lait pendant des décennies, versé dans un verre vos petites poudres de bismuth, mélangé, espéré. Mais l'acidité continuait imperturbablement à couler, se déversait dans votre estomac, vous tordait de douleur. Ces brûlures atroces dans le haut de l'abdomen, les crises de vomissements, les selles goudronneuses – ah, nous savons comment vous vous sentiez. Les médecins ont tenu des discours sur vos nerfs éprouvés et votre mauvaise alimentation, ils vous ont prescrit de la papavérine, de la laristine, et de quelconques préparations à base de térébenthine, de sels de bismuth et autres remèdes antiacides, et puis ils vous ont renvoyé dans vos foyers. Vous-même avez vu dans votre ulcère gastrique le prix à payer pour vos beuveries avec vos amis peintres, vos manquements envers Dieu et votre enfance mal nourrie, les aliments souillés. Et savez-vous à qui était la faute ? À cette petite saucisse en spirale. *Helicobacter pylori.*

Alors tout ce lait n'a servi à rien ? demande à nouveau le peintre, timide et opiniâtre.

Ne sous-estimez donc pas nos vaches, répond le docteur Bog. Le lait modère l'acidité gastrique. Il atténuait vos souffrances. Vous pouvez remercier les vaches. Remerciez, remerciez, Soutinkheim. Sans elles… qu'aurait été votre vie ? Plus de douleur encore, comme si vous n'en aviez pas eu assez. Il n'y avait pour ainsi dire rien à faire pour vous. On ne peut rien faire pour personne. Mais maintenant nous nous occupons de vous.

Il y a donc une guérison ?

Oh oui, il y a toujours quelque chose comme une guérison. De tout. Quand bien même elle a nom *exitus*.

Le peintre prend peur en entendant ce mot pointu.

Rassurez-vous. Ici, vous ne passerez pas même sous notre bienheureux scalpel. Vous aurez droit à une triple thérapie. Mon assistant, le docteur Livorno, va arriver d'un moment à l'autre pour vous poser quelques questions. Tenez : lui-même avait la tuberculose, le bacille de Koch fortement contagieux, et, à son époque, incurable. Il se porte comme un charme aujourd'hui. Cela vous amusera peut-être de savoir que le lait porteur de bactéries était une cause de l'infection. Et quand a-t-on utilisé le BCG pour la première fois ? Cela aussi vous étonnera. Un an exactement après le décès de Livorno !

Le peintre sidéré regarde le docteur Bog. Décès ? Et aujourd'hui il se porte comme un charme ? Et pourtant… Ici, ces choses-là ne sont pas incompatibles.

Le docteur Livorno entre dans la chambre, timide et maladroit, mais il détourne le visage et se contente de demander brièvement :

Triple ?

Oui, *French Triple*: l'association d'un inhibiteur de pompe à protons et de deux antibiotiques. Il n'y a rien de plus beau. Pantoprazol, clarithromycine, amoxicilline.

Le peintre voudrait répondre à ces orages de mots mais la seule chose qui lui vient à l'esprit c'est le nom des terribles pogroms qui ont hanté les nuits de son enfance. Kichiniev, Gomel, Jitomir, Berditchev, Nicolaïev, Odessa. Il se retient et répond au docteur Bog qui esquisse un sourire légèrement méprisant.

Terre de Sienne, vert Véronèse, carmin, incarnat.

Le docteur Bog s'éloigne sur la pointe des pieds, quitte la pièce, et voilà l'assistant du docteur Bog qui déjà s'approche, un doux sourire aux lèvres ; ses cheveux noirs autrefois, aujourd'hui entièrement blancs, marqué par le lait du temps, il s'avance vers lui et brandit une feuille de papier blanche comme neige.

Le peintre n'en croit pas ses yeux. Ce visage, ces yeux, les lèvres… c'est impossible.

Modi, toi, ici ? Que fais-tu dans cette clinique ?

Le docteur Livorno fait mine d'ignorer charitablement la question. L'assistant vêtu de blanc qui ressemble trait pour trait à Modigliani mais qui fait preuve d'une apathie totalement inimaginable chez le peintre italien, ne pose pas de questions ; il met de côté le papier blanc et commence à réciter en psalmodiant d'une voix étrangement extatique :

Les bœufs labouraient et les ânesses paissaient à côté d'eux… le feu de Dieu est tombé du ciel ; il a brûlé les brebis et les serviteurs et les a consumés…

Le peintre recommence à s'agiter sur son drap blanc. Son ventre est dur comme du bois. Seule la douleur n'est plus là, la douleur a disparu. Ce n'est pas qu'il la regrette, mais l'absence de douleur est toujours une chose inhabituelle. Cette douleur présente depuis des décennies, les crampes, les soubresauts, les brûlures, les vomissements. Ces ravages en lui, ce poing de douleur qui le saisit, et qui vrille en lui.

Il regarde droit dans les yeux ce Modi devenu pieux qui prend une expression solennelle et s'apprête à réciter à nouveau quelque chose quand le peintre vivement l'interrompt :

Est-ce du Lautréamont, que tu as toujours aimé ? Te souviens-tu du passage sur le pou ?

Mais son interlocuteur ignore la deuxième partie de la question et répond brusquement :

Concentrez-vous. Pas de distraction petit jeune homme, *Yungermantshik !*

Et ce terne Modi se remet à psalmodier, pas comme à l'époque, quand il déclamait son Dante, mais d'une voix cotonneuse, atténuée par la sourdine de médicaments à base de bromure :

Des Chaldéens, formés en trois bandes… se sont précipités sur les chameaux… les ont enlevés… et ont passé les serviteurs au fil de l'épée…

Le visage du docteur Livorno se fait interrogateur, comme s'il voulait savoir si le patient reconnaît tout, si cela éveille en lui des échos.

Tes fils et tes filles mangeaient… et buvaient du vin… dans la maison de leur frère aîné… et voici qu'un grand vent est venu… de l'autre côté du désert… et a battu les quatre coins de la maison… elle s'est écroulée sur les jeunes gens…

Vous devez bien vous souvenir, dit Livorno avec une grimace réprobatrice.

Rien, non, rien.

Il se contente maintenant de sourire à ce pseudo Modi et lui demande :

Tu veux que je te chante le petit veau ?

Mais le docteur Livorno ne se laisse pas distraire et continue à psalmodier.

Nu je suis sorti du ventre de ma mère… et nu j'y retournerai… il se rit de l'épreuve des innocents… il y a insouciance dans les tentes des pillards… sécurité pour ceux qui offensent Dieu… car leur poing est leur dieu.

Le peintre ferme les yeux et feint de dormir. Il ne sait pas combien de temps a passé. L'opération aurait réussi ou n'est pas nécessaire, a dit le docteur Bog. Il n'a plus de douleur. Il s'étonne de ce que rien ne laisse de douleur. Ni de couture. Pas de cicatrice. Comment avaient-ils pu pénétrer en lui sans laisser de traces ? Il se sent léger. Le dieu en blanc n'a-t-il pas dit : Considérez-vous en attendant comme guéri ? Guéri ! Un étrange état. Un sentiment indolore de légèreté sidérante. Doute, hésitation, paradisiaque.

Autrefois la douleur avait été comme un second pouls, il la cherchait de la main, la contrôlait des doigts, la maudissait. La douleur faisait partie de lui comme sa respiration, sa transpiration, les humeurs de son corps. Dire qu'elle lui manque ne serait pas adéquat.

Elle ne lui manque pas, comment le pourrait-elle, mais quelque chose n'est plus là qui faisait partie de lui comme un organe, un membre, une sensation aiguë. Il se sent amputé, amputé de la douleur. Mais cela lui paraît si absurde qu'il s'interdit d'y réfléchir. Un bref moment il croit qu'elle est encore là, mais c'est une illusion. Il n'y avait plus rien. Indolore absence de son estomac. Et il repense à la visite étrange du docteur Livorno et à ses récitations apathiques, si différentes de celles d'autrefois où Modigliani, comme possédé, déclamait à son collègue peintre Chaïm Soutine l'épisode du pou de Lautréamont et la forêt des suicidés de Dante. Il s'était montré cette fois si étrangement pondéré.

Puis il frappa Job d'un ulcère malin… depuis la plante du pied… jusqu'au sommet de la tête… et Job prit un tesson… pour se gratter… et s'assit dans la cendre…

Le peintre a fermé les yeux et continue obstinément à feindre de dormir. Mais dans ses oreilles le docteur Livorno ne veut plus s'arrêter. Il psalmodie d'une voix calme et songeuse et s'enfonce dans le blanc.

Que les étoiles de son crépuscule s'obscurcissent… qu'elle espère la lumière… sans qu'elle vienne… Et qu'elle ne voie plus jamais… les traits de l'aurore!

MODI ET LA FEMME VOLANTE

Non, ne sautez pas ! Ne sautez pas ! Ne sautez pas !

Le peintre essaie de crier, de se redresser sur sa couche mais Marie-Berthe le repousse doucement de la main et retourne le linge blanc sur son front.

Calme-toi, personne ne veut sauter de la voiture en marche…

Pas la voiture, la fenêtre, la femme, là-haut, il faut que tu la retiennes…

Ma-Be reconnaît le rêve dont il lui a parlé si souvent. Et chaque fois, elle s'étonne :

Mais pourquoi vois-tu toujours des femmes sauter par les fenêtres ?

Pas des femmes, une femme… Jeanne.

Soudain, le fourgon mortuaire franchit une ornière sur l'une de ces routes de campagne sans fin, un cahot secoue la voiture et Soutine voit une jeune femme se jeter de la fenêtre du cinquième étage. C'est rue Amyot, il le sait très bien, et pourtant ce n'est pas là. C'est ailleurs, mais le mouvement, lui, est toujours le même. Elle monte sur le rebord de la fenêtre, dos à la rue, puis fait un pas en arrière. C'est ce pas qu'il voit et revoit, et ni son regard terrifié vers le haut ni son cri ne parviennent à le réveiller. Le messie de la morphine s'arrêtera sur le trottoir de la rue Amyot pour crier :

Non ! Ne sautez pas ! Ne sautez pas !

Mais il peut tendre la main autant qu'il voudra, il ne peut retenir cette femme, et elle vient s'écraser sur le pavé avec un bruit sec. Personne n'entend ses os se briser, personne ne voit le sang couler de sa bouche. Il n'y a plus personne. La rue Amyot est entièrement déserte.

Pourquoi fait-elle ça, murmure le peintre, et Ma-Be ne comprend pas.

Oui, il avait un ami, le plus invraisemblable de toute cette horde extravagante. Amedeo ! Pendant la guerre, en 1915. Amedeo. Un Italien chéri des dieux : à onze ans ils lui avaient envoyé une pleurésie, à quatorze, un typhus et un délire fébrile de plus d'un mois qui l'avait fait osciller entre la vie et la mort, et à seize, la tuberculose et des quintes de toux mêlées de sang. Avec un nom pareil ! Aimé des dieux ? Dieux cyniques pour Modi le Maudit. Soutine ne lui pardonnera pas de l'avoir entraîné dans ses ivresses. Maudit alcool qui aiguisait encore l'acidité mortelle de sa membrane gastrique.

Qui l'aurait imaginé ? Modi et Chaïm. Entre deux ivresses et une grande colère, le séducteur du monde entier, le flambeur, l'aristocrate déguisé prend sous son aile le timide taiseux bredouillant. Monsieur Montparnasse secoue la tête. Le fils de négociants en bois ruinés de Livourne, et le fils du ravaudeur de Smilovitchi – le couple d'amis le plus bizarre qu'il ait jamais vu. Il n'en revient pas. L'un rit fort, déclame son Dante à tout bout de champ, ou plutôt le projette dans l'air, dans son italien qui roule, éclatant de plaisir sonore. Soutine, assis dans un coin, ne dit mot, se prend la tête entre les mains, se passe la langue sur les lèvres et reste bouche bée devant le spectacle.

Modi, éternellement ivre d'absinthe et de gnôle, une vie – une beuverie. Il fume du haschich et de l'opium et prétend que ce sont les seuls remèdes à sa tuberculose. Mais toujours lavé de frais, et net. Pas un jour sans passage par la vieille baignoire cabossée. Il se fait propre pour partir à la chasse dans les cafés de Montparnasse. Il peut… tout ; jette les formes sur le papier d'un geste du poignet, il faut que ça aille vite, aussi vite que la vie, pas une esquisse qui lui prenne plus de quelques minutes. Dans les cafés, il est à l'affût du client de hasard qui lui offrira un gin pour un portrait au crayon. Il paie avec son carnet. Cette facilité indécente avec laquelle il jette sur le papier quelques traits, une tête, des yeux, un nez, une bouche fière…

Pour son étrange ami de Smilovitchi, le moindre tableau est une torture épuisante qui le plus souvent débouche sur la destruction. La propreté n'est pas une solution pour frayer avec le dehors. Soutine, lui, bâtit un épais mur d'odeurs corporelles entre lui et le monde. Pas question qu'il renonce à son rempart. Quiconque s'approche trop de lui tourne vite les talons. Son odeur forte est une arme contre le monde importun.

Modi l'ingénieux lui montre même comment venir à bout des poux et des punaises, comment tenir à distance ces hôtes intempestifs. À la cité Falguière, il traîne l'un à côté de l'autre les deux matelas défoncés et fait un mur de cendres autour de l'île. Mais il prétend ensuite que les insectes retors ont grimpé jusqu'au plafond de l'atelier et se sont laissé tomber sur les habitants couchés là, une bougie à côté d'eux et un livre entre les mains. Malignes, ces bêtes-là, tellement plus rusées que nous.

Soutine n'entend plus rien. Foujita, le guide d'aveugles, qui vit comme eux cité Falguière, l'amène à l'hôpital Laënnec. Qu'avons-nous donc là ? Beaucoup de petits œufs de punaises. Le médecin très étonné extirpe de l'oreille du peintre tout un nid de punaises.

Soutine entend à nouveau. Et maintenant encore, dans le fourgon mortuaire, il entend la voix de Modigliani. Elle est là, à son oreille gauche posée dans la paume de sa main au bout de son bras replié. Soutine tend l'oreille. Elle est là.

Il existe un insecte... que les hommes nourrissent à leurs frais... Celui-ci, qui n'aime pas le vin... mais qui préfère le sang..., serait capable... par un pouvoir occulte... de devenir aussi gros qu'un éléphant... d'écraser les hommes comme des épis... on lui donne la tête pour trône... voici sa famille innombrable, qui s'avance... dont il vous a libéralement gratifié... afin que votre désespoir fût moins amer...

Quoi, tu ne sais pas qui est Lautréamont ? crie-t-on maintenant à l'oreille de Soutine. Vous ne lisiez donc que le Talmud dans votre fichu village ?

Où était-ce donc que Modi en roulant les R lui croassait aux oreilles l'amer éloge du pou de Lautréamont ? À la Ruche ? À la cité Falguière ? Modi est en transe, extatique quand il récite les *Chants de Maldoror*, c'est son évangile, sa Bonne Nouvelle quotidienne, sa litanie démoniaque. Il ne sort jamais sans avoir dans la poche de sa veste de velours maculée le petit livre usé jusqu'à la corde. Il déambule dans son atelier en jetant à son auditeur des regards plein d'éclairs, lui-même devient l'ange déchu de Lautréamont, le séducteur satanique qui se venge et veut punir Dieu d'avoir créé cette piètre espèce humaine. Soutine entend encore Modigliani qui dans un râle déclame les phrases de Maldoror, il l'entend tousser, siffler, grincer. Un dibbouk a pris possession de lui. C'est sa tuberculose qui parle à travers la langue de Lautréamont.

Ô pou à la prunelle recroquevillée… tant que l'humanité déchirera ses propres flancs… par des guerres funestes… tant que la justice divine… précipitera ses foudres vengeresses sur ce globe égoïste… tant que l'homme méconnaîtra son créateur… et se narguera de lui, non sans raison… ton règne sera assuré sur l'univers…

Il baigne dans les flots noirs de Maldoror, dans ce chant au sarcasme lancinant qu'il éructe de ses lèvres enchantées et dégoûtées à la fois. La bouche de Modigliani est pleine de Maldoror. Il ne cesse de reprocher à Soutine tout ce qu'il n'a pas lu, il le contraint à lire.

Comme Modi est libre quand il déclame ! Délivré de toute douleur quand il n'est plus que sa voix. Sa langue vient lécher l'éternel dôme de sel. Opium et poésie. Baudelaire pendant quelques minutes guérit sa tuberculose. Comme il est détaché de tout, grandiose dans sa douleur incarnée ! Chaïm, fasciné par ses grimaces grinçantes, assis par terre sur le matelas, lève les yeux vers Modi déchaîné qui hurle l'éloge du pou.

Ô fils de la saleté !… Saleté, reine des empires… conserve aux yeux de ma haine le spectacle… de ta progéniture affamée…

Il reste là comme cloué sur place. Il comprend à peine, mais ce qu'il comprend lui fait peur. D'où vient cette liberté, comment Modi peut-il railler les textes sacrés de ses origines dans ces litanies venimeuses ? Torah et Talmud, tout le poids de ces livres des pères ? Les chants de Maldoror, c'était sa Bible, il s'en servait pour effrayer les rabbins italiens barbus, pareils à de vieux chênes, à Livourne et dans sa propre tribu. Ils se bouchent les oreilles.

Encore maintenant, dans le fourgon mortuaire qui l'emmènera au paradis blanc, Soutine se sent coupable, maudit pour avoir prêté l'oreille à ce prédicateur aviné de Livourne. Modi ne sait plus qui il est. Il l'incite à boire, il lui ordonne de s'enivrer, lui ordonne de lire enfin des livres.

Enivrez-vous ! lui crie Baudelaire aux oreilles. Et il lui fallait obéir, répercuter ce cri.

Il déclame Dante en gesticulant sur le boulevard du Montparnasse, et les passants effrayés s'écartent ; les lèvres déformées, il crache Baudelaire comme un agrume. La mort des amants ! Nous aurons des lits pleins d'odeurs légères, des divans profonds comme des tombeaux.

Mais quand il dit l'Enfer de Dante, avec les cris de douleurs des damnés, il est plus venimeux, plus convaincant encore. Le treizième chant ! Quand ils ont passé le fleuve de sang et arrivent dans la forêt des suicidés transformés en buissons d'épines, traqués par les harpies, il râle et geint à en faire frémir qui l'écoute :

Pourquoi me mutiles-tu ? gémit Modigliani à travers la cité Falguière.

Le voyageur de l'au-delà casse une branche dont coule du sang, et une voix s'élève du buisson, l'âme blessée de Pier della Vigna hurle :

Pourquoi me brises-tu ? N'as-tu aucun sentiment de pitié ? Nous fûmes hommes, maintenant nous sommes buissons.

Et Modi croasse, se tord dans sa douleur tuberculeuse à demi feinte seulement. Des mots et du sang coulent de la branche brisée. Modi lui-même est ce rameau cassé, il est la voix torturée du suicidé. Il est le poumon sanglant de Dante. Il est la tuberculose de l'univers. Et Soutine mord dans sa manche, les yeux écarquillés, assis sur son matelas assiégé de punaises. Dante adresse son croassement sauvage à sa membrane gastrique douloureuse. Modi est son propre roi, le roi de Livourne. Il n'a pas besoin de roi, mais il veut celui-là.

Cette impudence de Modi ! Il peint en public comme il aime en public. Quand il a bu, il se déshabille et exhibe son corps divin aux ladys anglaises outrées qui se détournent. Avec quelle impudence il peint ses déesses nues offrant leurs seins à ceux qui les regardent, leurs cuisses, leur sombre triangle rétif. Ces timides vendeuses et ces provinciales montées pour tenter leur chance à la capitale… dans une routine éprouvée, il les traînait jusqu'à son atelier pour les déshabiller. Antonia, Adrienne, Rosa, Louise, Victoria, Marguerite, Almaisa, Lolotte – rien ne reste d'elles, rien que leur pose sur ses toiles, que leur joli visage et leurs corps nus sur des divans et des sofas. Leurs seins éclatants, leurs bosquets noirs, leurs sexes implorants.

Tout le monde se souvenait de la première exposition de Modi et du scandale déclenché par ses tableaux. Il vivait chez Zbo et Hanka depuis sa rupture avec Béatrice Hastings. Il peint dans le salon, Zbo lui procure couleurs, pinceaux, alcool et modèles. Laisse-le faire, qu'il s'abandonne à l'ivresse. En 1917, les nus se succèdent en une série fiévreuse. La chair ferme se tend, s'arrondit, exulte dans son impudente nudité rose. Zbo organise l'exposition à la Galerie Berthe Weill en décembre 1917. Le premier jour, le commissaire d'arrondissement, qui a son bureau en face, rue Taitbout, veut fermer l'exposition. Il a observé l'attroupement devant les vitrines de la galerie. Les gens s'arrêtent, regardent les nus, leurs poils pubiens outrageusement exhibés, leur sexe triomphant. Secouent la tête et ne parviennent pas à s'arracher à la contemplation. Il y a du tumulte dans l'air.

Nous sommes en guerre, et cette bande de Montparnasse expose ses cochonneries.

L'impudence paradisiaque de Modi, l'irrémédiable, l'irrévocable pudeur de Chaïm. Le modèle nu le plonge dans une peur panique et le paralyse. Il n'existe qu'un nu, de 1933, intitulé Ève. Ne pas peindre sa nudité, non, mais son dénuement vite dissimulé. Pas le triangle noir que Modigliani célèbre, mais la pudeur blessée qui se marque sur le visage. Ève chassée du paradis.

Toute légèreté est fardeau pour celui de Smilovitchi. Ils sont à table chez Zborowski, 3, rue Joseph-Bara, Kisling aussi est là, ils mangent un minestrone préparé par Lunia Czechowska. Modi est repu, il s'essuie la bouche du revers de la manche et se lève d'un bond.

Chaïm, je vais faire ton portrait.

Il s'empare d'une palette, va droit à la porte du salon et, dans son exaltation, se met à peindre le portrait de Soutine à même la porte : Chaïm sous son chapeau cabossé. Pour le plaisir, pour digérer. Tous s'extasient, se pourlèchent. Et Hanka Sierpowska, la compagne de Zbo, que ce peintre crasseux insupporte, l'a désormais sous les yeux tous les matins sur la porte. Une des plaisanteries de Modi. Impudentes, impétueuses, indigestes. Soutine désormais s'affiche sur la porte, les yeux braqués sur l'assiette du moindre convive. Lorsque Hanka proteste, Modi répond qu'un jour, la porte vaudra de l'or, dans un avenir lointain. Et Hanka :

En attendant il va falloir vivre avec.

Modi peint au moins quatre portraits de Chaïm, qui lui n'en fait aucun de son ami. C'est Eleni qui le dit un soir au téléphone, bien après minuit, rue de la Tombe-Issoire, en retenant son souffle :

Regarde sa main droite !

Elle pensait à un portrait bien précis, dans une collection privée. Annulaire et petit doigt accolés, tous deux séparés des deux autres, également collés : index et majeur. Elle a déjà vu des mains ainsi écartées par le milieu, sur des pierres tombales. À Prague ou Cracovie, elle ne se souvient plus bien. La main des *kohanim* dispensant la bénédiction, ces prêtres disséminés dans le monde entier après la destruction du second temple.

Tu comprends, Modi fait de Chaïm un prêtre, la main du *kohen* donnant la bénédiction. Un kohen peintre, un paradoxe éclatant, car jamais un prêtre du temple ne transgresserait l'interdit de représentation.

Mais pourquoi Soutine s'est-il refusé à peindre un portrait de Modigliani ?

Parce qu'il ne pouvait se le représenter vieilli. Lorsque Soutine peignait, ses modèles devant lui vieillissaient à vue d'œil. Ils passaient quelques heures assis en face de lui, et dans l'intervalle devenaient des vieillards. Sur leurs visages, toutes les années avaient déjà fait leur œuvre, elles s'imprimaient profondément en plis et en rides, déformaient les bouches égarées, les joues s'affaissaient, le nez devenait envahissant, l'oreille, elle, avait toujours été ancestrale. Et la mort familière, s'annonce sur ces visages, en étouffant le bruit de ses pas. La jeune Paulette Jourdain, l'employée de Zborowski, posait souvent pour lui. Elle avait dix-huit ans, et il la peignait comme une femme très âgée, profondément marquée par la vie.

Paulette, ne bouge pas, reste comme ça, plus un geste.

Cela durait des heures, le peintre était ailleurs, perpétuellement insatisfait, il creusait profond dans les couleurs, malmenait la toile. Et le modèle… figé, perclus. Même les enfants semblent des vieillards, même les poupées entre leurs mains – de vieux jouets, sortis des décombres. Les enfants sont des fœtus fripés trop tôt projetés dans le monde. Vieillards morts-nés. Momies recroquevillées, collées par la sueur de la couleur. Pourquoi Soutine déforme-t-il les corps de ses modèles ? s'enquiert un curieux. Et Modigliani répond : Mais ce n'est pas ça, le modèle pendant la séance devient ce qu'il voit, l'invisible derrière l'apparence. L'homme maltraité par la vie, depuis longtemps marqué par le trépas. La révélation de notre état ultime, final.

Soutine redoute de peindre ce portrait parce qu'il sait que sous ses yeux le modèle se met à vieillir à une vitesse effarante, dès qu'il a touché le pinceau. Il a peur de sa propre machine à vieillir. Son œil sombre voit déjà dans celui qui lui fait face la décomposition du corps, les mains nouées dans la panique, les visages de vieillards effarés, honteux d'être toujours de ce monde.

Tu as vu ça ? demande Eleni. Dans tous les portraits de Modigliani, il ne se trouve pas un seul vieux, rien que des déesses fermes et juvéniles, des hommes solides, sans l'ombre d'une ride.

Et tu sais quoi ? Soutine n'a jamais peint Modi parce que sous sa main il aurait vieilli à une vitesse folle. Modigliani savait lui-même qu'il mourrait jeune, et Soutine savait que ce n'était pas à lui de voir dans ce visage le vieillard qu'il ne serait jamais. Il y en avait donc un qu'il n'osait pas peindre, ce dieu italien juvénile de Livourne qui ne voulait pas devenir vieux, qui savait que sa tuberculose aurait raison de lui, et avec elle l'ivresse continuelle. Chaïm regardait Modi de côté et savait qu'il n'y aurait pas de vieillard, c'était inconcevable, c'était invisible. Soutine en était ébranlé : pour chacun, longtemps avant l'heure déjà, il voyait le visage raviné du vieillard, il n'y a qu'avec Modigliani qu'il n'y parvenait pas. Il ne reconnaissait rien. Ce visage n'existe pas dans la grande galerie des vieillards qui depuis des temps immémoriaux veillent sur nous. Il en resta donc là.

Le Prince Modi ! Pourquoi était-il parti si tôt, en 1920 ? Soutine n'était pas à Paris, il était à Vence où Modi l'avait attiré en 1918. Et c'est aussi là-bas, dans le Midi, qu'il avait appris le suicide de Jeanne qui s'était jetée par la fenêtre, enceinte de huit mois. Aux couleurs lumineuses du Sud s'étaient soudain mêlées des cendres.

Il était arrivé au but très tôt, à trente-cinq ans. Vivre brièvement, rapidement, brièvement, rapidement. Pas d'interminable errance en corbillard à travers toutes les provinces de France. Pas de vieillissement, pas de maturation engourdie, rien que de l'absinthe, de l'éther, du haschich. La tuberculose se chargeait du mélange. Il n'était pas à Paris, s'est tout fait raconter par Kisling, le moindre détail. Aucune mort ne l'a autant bouleversé. Il ne veut plus boire une goutte parce que la moindre goutte lui rappelle Modi et les plus terribles orgies de boisson jamais infligées à son ulcère. Des années durant il en voudra à l'éternel enivré.

Modi ne buvait pas de lait. Tout ce qui lui passait sous la main, l'absinthe, la fée verte, à base de thuyone, d'anis, de fenouil. Et puis la *mominette*, la gnôle de patate. Il buvait pour tout accélérer, s'accélérer lui-même. Quand il a bu, le prince doux, charmant et fin se mue en furie, cherche querelle, devient brutal. La fée verte lui envoie des hallucinations, de terribles délires. Un matin, il est réveillé par quelqu'un qui lui tire doucement le bras. Il essaie de bouger, n'y parvient pas. Sent son genou contre son menton… il dormait recroquevillé dans une poubelle, sur le trottoir, deux balayeurs des rues l'ont réveillé en riant. Un dieu dans une poubelle ! En tas, froissé, un dieu à la gueule de bois.

Soutine retient le moindre détail du récit de Kisling. Et aujourd'hui, dans son corbillard, il a sous les yeux l'enterrement de Modi, toute la troupe de Montparnasse s'est réunie pour accompagner Modi une dernière fois. Kisling envoie des pneumatiques à tous les copains. Rendez-vous le 27 janvier à 14 h 30 à la Charité, où il est mort, enterrement au cimetière du Père-Lachaise. Emanuele, le frère de Modi, a télégraphié :

Enterrez-le comme un prince, que rien ne manque, s'il vous plaît, un vrai cortège funéraire italien, avec des fleurs, des chevaux, des larmes, des chants.

Le cortège passe devant la Rotonde comme devant un temple, une immense masse humaine sur les trottoirs, se hissant sur la pointe des pieds pour apercevoir la voiture et l'Italien que tous aimaient et dont pourtant personne ne veut les tableaux. À chaque carrefour, des policiers au garde à vous qui font le salut militaire. Sans doute un député, un sénateur.

La mort avec son flair de limier a tôt fait de le débusquer. Reniflant le corps comme une truffe de chien, cherchant l'entrée, un organe qui lui permette de faire son œuvre. Cœur, poumon, cerveau, estomac, je vous prie. Elle aime les variantes. Halète un jour tant elle est pressée, feint l'indolence le lendemain. Elle joue volontiers, accélère, fouette ou ralentit. Elle est difficile et aime la variété. Seule la mort est Dieu. Elle se cherche un peintre de Livourne, choisit la tuberculose. Le peintre l'aide bien dans son travail, il boit plus qu'il ne faut, inhale de l'éther, fume de l'opium. Ou alors elle trouve un gars de Smilovitchi, choisit un ulcère gastrique comme porte d'entrée. Vas-y. Laissons-nous trois décennies.

Attendons encore l'occupant. Et profitons de l'intervalle pour commander un fourgon mortuaire.

Ces fausses funérailles nationales auraient plu à Modi. Soutine serait arrivé trop tard. Et l'autre, de toute façon, ne viendra pas à son enterrement secret. Pas de funérailles nationales cette fois.

Et sa petite madone ? Il l'a rencontrée à l'Académie Colarossi, rue de la Grande-Chaumière, où elle était étudiante. Dans un bal masqué, au printemps 1917. Elle a dix-neuf ans. Doux visage, bouche et nez larges, petite icône byzantine, deux yeux clairs en amande, myosotis. Deux tresses, à gauche et à droite, mêlées de roux cuivré, sombres escargots symétriques. Un pâle visage de cire qui tranche avec ses cheveux sombres. Robe bleu canard, bandeau vert Véronèse.

Modi la voit sortir tout droit des tableaux de ses Italiens pour partager le naufrage de sa vie. Cela fait quatre cents ans qu'il rêve d'elle. Depuis l'enfer avec l'imprévisible, l'extravagante Beatrice Hastings, il cherche d'autres femmes, soumises, paisibles, douces, des passives qui ne font pas de scènes. Une statue gracile et mouvante au regard indiciblement triste. Elle ne rit pas, semble rêver, elle est absente, timide, pas d'ici.

Elle rappelle cette fille de l'enfance de Rimbaud.

Modi avait passé les *Illuminations* à Chaïm. Prends ça, lis-le enfin, Lis l'enfance, lis Enfance. C'est la fille à lèvre d'orange que Rimbaud voyait à la lisière de la forêt. Il y repense soudain dans le fourgon mortuaire, l'oreille aux aguets dans la paume de sa main. Tout ce passage. Les genoux croisés dans le clair déluge qui sourd des prés. À la lisière de la forêt, oui, les fleurs de rêve tintent, éclatent, éclairent. Et sa nudité qu'ombrent, traversent et habillent les arcs-en-ciel, la flore, la mer. Oui, c'est la fille à lèvre d'orange que Rimbaud avait vue à la lisière de la forêt. La petite morte derrière les rosiers.

Jeanne, la petite madone, court derrière son prince Modi, le ramène chez lui quand il est ivre. Ses parents effarés font des efforts pour se contenir, mais dans le Nord, dans les tranchées, son frère André ne décolère pas : sa sœur si fragile entre les mains de cet embobineur de femmes. Elle disparaît un jour sans laisser un mot, quitte sa famille pour vivre avec lui. Ce débris tuberculeux, toxicomane, étranger par-dessus le marché, Juif enfui d'Italie. Et sa douce Jeannette qui ne veut que lui et aucun autre.

La famille ne sait pas où elle est passée. Dès juillet 1917 elle vit avec lui dans cet espace en L, sous les toits, rue de la Grande-Chaumière. Un lit, une commode, l'atelier confiné. Zbo espère que la vie de Modi va se faire plus paisible. Mais Modi est incapable d'en finir avec les ivresses, les éruptions de rage destructrice. L'été, on étouffe, sous le zinc et le goudron du toit ; l'hiver, il manque de charbon pour chauffer ce royaume glacé. En novembre 1918, Jeanne met au monde une fille. Giovanna. Elle veut qu'il l'épouse, il la déteste pour ça, ne veut pas d'entraves familiales autour de ses mains libres. La main doit peindre, tu comprends ? Elle renonce à tout, jusqu'à elle-même, pour qu'il reste. Elle pose pour lui, nettoie ses vomissures, le vénère dans une soumission muette. Elle observe ses modèles, jalouse. Et voilà qu'apparaît sur les tableaux Thora Klinckowström, la belle Suédoise. Ou Lunia Czechowska dont il ignore complètement le mari Casimir. Il l'aime l'été 19, lorsque Jeanne reste à Nice avec son bébé. Pour Modi, sa proie est toujours seule. Elle l'attend.

Il est une épave vivante, mais l'instinct du chasseur ne l'abandonne pas. Plus facile d'échapper à la grippe espagnole.

Il perd peu à peu ses dents, un tourbillon noir le tire vers le fond. Quand il peint, c'est l'ultime excitation désespérée, bondir sur le modèle, un bond ultime, le sauter, une dernière fois. Il ne se sent plus en vie que lorsqu'il boit ou peint, ou les deux à la fois. Il sait qu'il a déjà commencé à mourir. Mais quand ? Des minutes ou des années plus tôt ?

Il est vivant, et pourtant déjà mort deux fois. Un ressuscité en sursis. À seize ans, tous le croient perdu quand la tuberculose se déclenche. Personne n'a survécu si longtemps. En 1900 déjà les médecins abandonnent tout espoir. Il est déjà mort. Et il vit deux décennies de plus, saint buveur cracheur de sang. Ô Calmette, ô Guérin, ô BCG, le vaccin voit le jour un an après sa mort, ah… ces navires en retard !

Il délire maintenant, parle d'un paquebot qui l'emmènera dans un beau pays. Et il ne cesse de le confondre avec l'Italie, où attend sa mère, et la guérison follement espérée. Rentrer, repartir, devant lui plus rien qui ressemble à une guérison. Sa bouche est pleine d'écume, ses cris et ses malédictions déchirent la toile restante.

Et Jeanne guette et observe. Un chat. Du coin de l'œil elle voit tout ce qui tourne autour du Seul qui lui importe. Modi crache du sang et boit pour endormir la douleur. Les sucs amers font flamber sa tuberculose. Il boit tout ce qui lui tombe sous la main. Sa tuberculose se sent encouragée par la faim et le froid. Et il souffle à Zbo :

Ne serait-ce pas grandiose, de pouvoir contempler son propre cadavre ? Je laisse la boue derrière moi. Je sais tout ce qu'il faut savoir.

Il est devenu un fou au souffle court, nourri de sa haine tuberculeuse. Oui, les bacilles de la haine et la tuberculose se coalisent. Il hait la soumission de Jeanne, sa dévotion, sa passivité muette, sa complicité avec son autodestruction. Et il hait son ventre deux fois arrondi. Dans les derniers portraits qu'il fait d'elle, elle est hideuse, informe, triste.

Rue de la Grande-Chaumière, elle regarde mourir son bien-aimé sans appeler le médecin. On est en janvier. La tuberculose a pris possession de son cerveau, les bacilles font leur chemin. Le poêle reste vide, plus de charbon. Des gouttelettes se forment sur les murs, se rejoignent, dégoulinent. Les étroites fenêtres sont embuées, le navire en L n'a plus de gouvernail, il dérive au-dessus des toits de Paris. Il faut aller chercher de l'eau dans la cour, mais Jeanne ne descend plus pour ne pas quitter des yeux une seconde son bien-aimé. Il reste des bouts de chandelles, des lampes à huile. Elle s'est réservé la mort de Modi, qui n'appartient qu'à elle. Modi ne partira plus. Il lui appartiendra pour toujours.

Ils sont entièrement seuls. Ortiz est parti pour la semaine. Zbo est au lit avec la grippe espagnole. Jeanne est assise, prostrée sur le matelas à côté de lui, elle cueille chaque seconde de ce spectacle. Appeler le médecin, pourquoi ? Il est là, près d'elle. Elle regarde son prince longtemps, muette. C'est donc ainsi que l'on meurt. Elle veut s'envoler avec lui dans le ciel, loin de cette crasse, comme convenu. Ils avaient un pacte.

Lorsque Ortiz revient, il trouve Jeanne assise toujours dans la même position, claquant des dents de froid, dans un appartement d'une saleté inconcevable. Bouteilles vides, boîtes de sardines ouvertes sur lesquelles s'est formée une couche de glace. Métal à fond d'huile mouvant. Sur les deux matelas rapprochés, des traînées huileuses. Depuis huit jours ils n'ont mangé que des sardines à l'huile, saisissant à la main les poissons visqueux pour les enfourner dans leurs bouches engourdies. Pas de repas chaud.

Chaïm s'est fait rapporter ses derniers mots par Ortiz, et il ne cesse de les entendre pendant ce trajet en fourgon mortuaire. *Cara Italia*, a-t-il dit en serrant fort la main de Jeanne. *Cara Italia*. Elle était sa madone à la souffrance muette, elle était sa petite mère rabougrie, elle était Livourne et les hirondelles et la Méditerranée. Oui, elle était devenue de plus en plus petite, jusqu'à ressembler à sa mère. Et toujours et encore : *Cara Italia*. Lui seul en était capable, ce satané amour éternel pour un pays fantasmé. *Italia*. Pourquoi donc n'était-il pas resté au paradis s'il lui manquait autant ? Reste donc où tu es.

Maintenant que Soutine entend clairement résonner à ses oreilles ce *Cara Italia* bredouillé par Modi, il sait qu'il n'a, lui, jamais cessé de maudire son village. Aujourd'hui encore, sur sa couche, il a envie de cracher, il ne veut jamais le revoir, plutôt les Pyrénées encore, où il courait de colline en colline, malheureux, avec son chevalet, mais plus jamais ce village puant avec ses cabanes de planches pourries, ce village dont le nom, Smilovitchi, le poursuivait jusque dans ses cauchemars, le rouait de coups. Mais Modi… C'est cela qu'il a balbutié quand Jeanne s'est couchée près de lui sur le matelas. *Cara Italia*.

C'est un soir de janvier 1920, il quitte la Rotonde, il pleut à seaux, sans discontinuer, l'atelier est tout proche, pourquoi n'y va-t-il pas ? Il continue à marcher, muet et aveugle, arrive rue de la Tombe-Issoire (mon Dieu, comme je tremble lorsque j'écris ce nom), remonte jusqu'à la place Denfert-Rochereau, s'assied aux pieds du lion de Belfort, et une quinte de toux le secoue, le transperce dans cette nuit de pluie oblique.

Il tousse et se plie en deux, crache son sang dans les pattes du lion. Puis il se met en route en titubant vers la rue de la Grande-Chaumière, monte l'escalier raide jusqu'à l'atelier, se jette sur le lit à côté de Jeanne enceinte de huit mois.

Et crache encore du sang, encore, et encore. Personne n'a autant de sang.

Hirondelles jacassant et riant au-dessus de la Méditerranée. Ô Livorno ! Je t'offre cette couronne de cris et de piaillements, à toi, poète à la tête de bouc ! Le 22 janvier, au petit matin, Ortiz toque à plusieurs reprises, prend son élan et se jette contre la porte jusqu'à la faire céder. Le Chilien nous a raconté. Amedeo sur le lit. Dans les bras de Jeanne. Il râle doucement, l'appelle *Cara Italia*. Ortiz appelle un médecin qui le fait transporter tout de suite à la Charité, l'hôpital des pauvres, où les clochards vont faire un dernier petit tour avant le grand départ. Quand il arrive au coin de la rue Jacob et de la rue des Saints-Pères, il est inconscient, jamais plus il n'émergera de sa Méditerranée. Deux jours plus tard, le 24 janvier 1920, c'est fini. Samedi. Méningite tuberculeuse. Il est 20 h 45.

Quelle heure est-il, Ma-Be ?

Calme-toi, ça n'a pas d'importance, ferme les yeux, nous sommes bientôt arrivés.

Combien de fois l'a-t-elle murmuré déjà : Nous sommes bientôt arrivés. La teinture de morphine se charge du temps. Elle s'occupe du reste. Le fourgon mortuaire roule vers Paris, passe à côté de Paris, dépasse Paris, comme si l'entrée du paradis était désormais introuvable. Il y a une clinique quelque part, qui semble les attendre et se soustrait aux yeux de l'occupant. Il ne sait qu'une chose : ce n'est pas la Charité. Soutine cesse de se demander quelle heure il est, si c'est le jour ou la nuit, ou le crépuscule. Ils roulent sans fin, avec une lenteur sans fin, c'est le jour le plus long de sa vie.

Et deux jours plus tard encore. Une ombre marche sur les trottoirs, une ombre blanche, minuscule, maigre, éteinte.

Jeanne Hébuterne. Elle a vingt-trois ans. Elle l'a connu trois ans à peine. Elle n'a vécu que trois ans. Elle est allée avec lui à Nice et Vence. Zbo l'a envoyé dans le Sud, éclaircir sa palette au contact du soleil aux rayons triomphants. Il fallait échapper à la grippe espagnole qui faisait rage à Paris, et à la canonnade. Il y a dans chaque vie tant de raisons de fuir. À compter du 23 mars 1918, un jour de printemps splendide, Paris est sous le feu de la Grosse Bertha, jusque très avant dans le mois de mai. Vingt et une salves ce jour-là, tirées à cent vingt kilomètres de distance, depuis la forêt de Saint-Gobain, seize kilomètres en deçà du front.

Et en janvier 1920 Jeanne à nouveau porte son ventre rond dans ses deux mains. Elle marche comme marchent les femmes enceintes jusqu'au cou. On l'accompagne dans les couloirs de la morgue, à travers un labyrinthe souterrain, jusqu'à Amedeo dont plus personne ne sait de quels dieux il était censé être aimé. Lorsqu'elle voit son corps, elle ne crie qu'une fois, fort, comme un animal fou, folle de chagrin. Elle reste auprès de lui longtemps, sans dire un mot. Elle reste debout non loin de la porte, ne l'embrasse pas, le regarde seulement longtemps pour comprendre l'énigme morte qui a fait intrusion dans sa vie. Coupe une boucle de ses cheveux, la lui pose dans la main. Puis elle marche à reculons jusqu'à la porte, sans quitter des yeux son bien-aimé.

Montparnasse sait tout. Nulle part une rumeur n'est plus rapide qu'ici. Il y a un pacte, elle s'y conformera. Elle n'a pas d'autre choix. Elle passe la nuit dans un hôtel bon marché, Paulette Jourdain reste auprès d'elle. La femme de chambre trouve un couteau sous l'oreiller. Un jour elle avait fait un dessin d'elle se plongeant un couteau dans la poitrine. Oh, cette force dans le poignet. Les petites madones ont une force infinie. À l'époque on pense que seule une de ses peintures a été conservée : une vue d'une cour, tout en bas, avec un arbre sombre et décharné qui végète, le tout vu de très haut, depuis le toit. Un jour ou l'autre, d'autres tableaux surgiront, des décennies plus tard, au beau milieu d'affaires négligemment abandonnées par son frère. Personne ne s'y était attendu, les petites madones ne sont pas censées peindre. Mais la fille à la lèvre d'orange de Rimbaud était une artiste étonnante.

Jeanne est calme, elle l'a vu mourir, il n'y a rien de plus à voir. Rien de plus à savoir. Le lendemain, c'est le vingt-cinq, ses parents et son frère viennent la chercher dans l'appartement de Zbo, ils l'emmènent de la rue Joseph-Bara à la rue Amyot où elle a grandi. Ils ne disent pas un mot. Le reproche est muet et amer. Ils le savaient bien… Jeanne est profondément emmurée dans le silence qu'elle a construit autour d'elle et en elle depuis des années.

À trois heures du matin, elle se lève. Son frère, qui devait veiller sur elle, s'est endormi, épuisé. Elle marche sur des semelles de cendre, personne ne peut faire si peu de bruit, traverse l'appartement comme une somnambule, va dans le salon, elle ne se cogne pas aux meubles, ouvre la fenêtre, monte sur le rebord. Se retourne, tourne le visage vers l'intérieur de la pièce pour ne pas voir la rue et s'envole à reculons du cinquième étage, emmenant en elle son deuxième enfant. *Cara Italia*. Nous l'aurons avec nous là-bas. Elle voit les fenêtres défiler devant elle, qui aurait pensé qu'il y en avait autant ? Elle tombe sans fin, les fenêtres s'en vont vers le ciel, elle ne voit pas la rue que vient heurter son crâne. Pavés grossiers. Un bruit sourd, et un craquement aussi, comme quand on ouvre une noix sombre et filandreuse. Elle est là, sur le pavé, poupée aux membres disloqués. De son crâne, un mince filet de sang coule sur son visage.

Combien de temps reste-t-elle couchée là ? Deux, trois heures ? Au matin, en commençant son travail, un balayeur des rues avec son balai et sa brouette la découvre. Il la soulève délicatement, la prend dans ses bras, lève les yeux vers la maison, sonne partout. Le père Hébuterne ouvre. Il ne veut pas du corps de sa fille, n'en veut pas dans sa maison, de la poupée brisée. Qu'elle aille retrouver son Italien, il est encore à la morgue. Le père ordonne au balayeur d'emmener sa fille rue de la Grande-Chaumière, dans l'atelier où elle a vécu avec Modigliani. L'homme dépose précautionneusement la jeune femme sur sa brouette. Il pose le balai en travers de son corps.

Soutine dans son fourgon mortuaire essaie de se rappeler le chemin, quelles rues ont vu passer le délicat cadavre. Le trajet est long, tous les chemins qui mènent à l'opération sont longs. Il oblique rue Lhomond, remonte direction Claude Bernard, continue vers le sud jusqu'au boulevard de Port-Royal, puis à droite, et tout droit boulevard du Montparnasse. L'homme est fort, coutumier des lourdes charges ; à la porte de l'immeuble, le type revêche lui a donné quelques billets, il a une tâche à accomplir. Soutine voit passer les rues, combien de fois a-t-il parcouru ces ravines, la nuit, quand il ne trouvait pas le sommeil. Dans son rêve morphinique il court derrière le balayeur des rues, derrière le corps léger de Jeanne. Enfin, la rue de la Grande-Chaumière. Mais la concierge du n° 8 ne le laisse pas entrer, il faut un papier de la police, rue Delambre en face, il traverse à nouveau le boulevard du Montparnasse. Là-haut, sous les toits. Ortiz lui ouvre, le balayeur pose la jeune femme sur le lit. Il est là, tout gêné, serre sa casquette entre ses mains, contemple ce corps et les ruisseaux sur le visage. Ortiz lui donne une pièce, il disparaît.

Il fait encore un froid glacial, on est en janvier. Jeanne peut se passer de morgue.

Le lendemain c'est l'enterrement de Modi, elle reste seule allongée sur le lit. La famille veut l'enterrer seule au cimetière de Bagneux, sans ses amis peintres pouilleux. Personne n'est autorisé à venir. Elle leur appartient désormais à nouveau. La petite madone est enterrée dans la banlieue sud. Personne n'est là pour lui souffler *Cara Italia*. Tout s'est tu. L'enterrement lui aussi est muet. Dix ans plus tard elle prend son fourbi, se transforme en douce colombe et s'envole pour le cimetière du Père-Lachaise, en ville, dans la tombe de son prince. La pierre tombale parle italien.

Le peintre souvent se glisse encore jusqu'à la rue Amyot, il ne veut pas qu'on le voie. Personne ne saura jamais qu'il est venu là, personne ne l'observera. Lui seul sait ce qu'il fait sur le trottoir d'en face. Il lève les yeux vers la fenêtre d'où Jeanne s'est envolée une nuit, il la voit clairement sauter, il ralentit sa chute du regard, observe la rue sur laquelle elle a dû s'écraser, tâche de trouver l'endroit exact. Mais les pavés se taisent, depuis longtemps déjà la pluie parisienne a lavé le sang qui coula de son crâne. Un jour, dans l'immeuble juste à côté, une jeune femme monte sur le rebord de la fenêtre. Il crie :

Non ! Ne sautez pas ! Ne sautez pas !

Alors seulement il voit le chiffon dans la main, elle s'apprête à nettoyer la fenêtre, à l'intérieur de l'appartement une collègue la tient pour qu'elle ne perde pas l'équilibre. Les deux femmes en l'entendant crier le regardent et se mettent à rire gaiement, il comprend trop bien leurs plaisanteries polonaises. La fausse candidate à la défenestration remonte son tablier et lentement, doucement dévoile sa jambe et le bas d'un jupon. Le peintre rougit, enfonce son chapeau sur son visage et s'en va sans attendre.

Il n'envie pas Modi, ni l'envol de Jeanne, la dernière pirouette effectuée pour lui sur la glace des flaques de janvier, cet envol à reculons d'un corps céleste solitaire, dans le ciel cruellement bleu de son amour. Mais cet envol ne quittera plus jamais son rêve. Il le racontera à Mademoiselle Garde et gardera pour toujours en mémoire son visage effaré. Jeanne s'envole par la fenêtre de la rue Amyot, le long d'étages sans fin, et le peintre se confond avec son propre rêve, sur sa couche, dans ce fourgon mortuaire où il repose allongé sur le côté gauche, recroquevillé, embryon aux ongles maculés de peinture.

UN PHARMACIEN DE PHILADELPHIE

Le docteur Bog entre dans la chambre blanche et déclare un peu brusquement au peintre paisiblement allongé dans son lit de fleurs :

Vous êtes guéri, Monsieur Soutinkheim. Vous n'avez plus besoin d'opération. Tout va bien. Le *French Triple* a été un succès. La Sainte Trinité constituée de l'inhibiteur de pompe à neutrons et de deux antibiotiques. Helicobacter pylori ne vous importunera plus. Votre ulcère gastrique vous a quitté, ne le pleurez pas. Songez au beau lait blanc, vénérez les vaches, repensez avec nostalgie à la poudre de bismuth. Profitez de cette blanche absence de douleur. Vous pouvez rester ici aussi longtemps que vous voulez. Je le répète : vous êtes guéri ! Guéri ! Vous pouvez conserver vos souvenirs et en disposer à votre convenance. Libre à vous de vous en repaître, d'exagérer les épisodes qui vous importent, de les modifier légèrement comme il vous plaît, ou de les effacer rageusement, tout cela vous est permis. Conservez ce qui vous semble mériter de l'être, et détruisez les images que vous voulez faire disparaître. Reposez-vous. N'est-ce pas merveilleux, de séjourner dans cet endroit blanc ? Vous êtes arrivé à destination. Vous avez même le droit d'être ici. Il n'y a qu'une chose qu'il faut encore que je vous dise. Une seule chose vous est interdite : ici, vous n'avez pas le droit de peindre. Comprenez-vous ? Plus jamais. Les conséquences pour vous seraient terribles. Je laisse le soin au docteur Kno de rédiger le procès-verbal.

Modi l'a soufflé à l'oreille de son marchand Zbo peu avant de sombrer dans le dernier sommeil :

Ne sois pas triste. Je te laisse un peintre génial !

Zbo le regarde, incrédule. Personne ne prend au sérieux la prédiction du prophète de Livourne. Il est certainement déjà dans son délire, ses déesses nues aux yeux langoureusement clos lui souhaitent déjà la bienvenue dans un splendide pays méditerranéen. *Cara Italia*, ô douce origine !

Et c'est aussi Modi qui l'a affirmé à Soutine à la cité Falguière :

Ce qu'il te faut, c'est un marchand, Chaïm.

C'est lui qui en 1916 lui a présenté Leopold Zborowski, fils de propriétaire terrien et étudiant poète, arrivé à Paris de Cracovie en 1914, un mois avant le déclenchement de la guerre, débordant de soif de vivre, et qui avait tôt fait d'oublier la Sorbonne. Un original, un noceur, vivant perpétuellement à crédit mais au cœur fragile. Il a commencé par acheter chez les bouquinistes des livres rares qu'il revendait, puis sont venues les premières toiles, qu'il empile dans son salon. Kisling, son voisin rue Joseph-Bara, l'introduit dans le milieu des peintres de Montparnasse. En mars 1916 il devient le marchand de Modigliani. Contrat : 15 francs par jour, plus la peinture, les toiles, les modèles... L'Italien peint dans le salon de Zborowski tous les jours entre deux et six. Et un jour, il amène Soutine et le présente à Zbo.

Un peintre de première catégorie, tu vas voir.

Zbo fronce le nez. Il aime Modigliani, et face à ses toiles, il balbutie, ravi : Quelle poésie ! Il sort une bougie d'un tiroir et montre ses trésors à son hôte, les extirpe d'un tas, les caresse passionnément de la main et des yeux, balançant la tête, enchanté par les beautés nues de Modigliani. Quelle poésie, regardez-moi ça !

Et il aime Utrillo, mais pas ce balourd affreux et malodorant venu de Biélorussie. Ses tableaux lui font dresser les cheveux sur la tête. Où est donc la poésie ? Rien que la faim, des objets de guingois, des visages déformés, rien que la misère, pas de régal pour les yeux. De petits personnages terrifiés, les yeux braqués sur la désolation sans bornes de la vie.

Mais Chaïm est toujours fourré avec Modi, ils viennent de plus en plus souvent à deux, deux moitiés inséparables dans leur misère affamée. Le bel Italien de bonne famille et le malappris empoté qui renifle, mange bruyamment et s'essuie la bouche du revers de la manche. Hanka Sierpowska, la compagne de Zbo, ne supporte pas ce rustre. Il est trop susceptible, se vexe pour un rien ; sa timidité n'est qu'une carapace fragile et à chaque instant elle peut se muer en éruption de colère.

Qu'est-ce que tu as à me ramener tout le temps ton youpin mal lavé ? grince Hanka d'un ton plein de reproche.

Modigliani dit que c'est un peintre au talent extraordinaire. Et qu'il nous réserve bien des miracles.

Hanka se contente de faire la moue, et elle lève les yeux au plafond chaque fois que Zbo répète sa phrase.

Pff, nous ne risquons pas d'assister au miracle ! Ses tableaux sont aussi répugnants et sales que lui.

Et Hanka martèle le parquet de son délicat petit pied aristocratique.

Zbo veut s'en débarrasser au plus vite, il l'envoie passer trois ans dans les Pyrénées, de 1919 à 1922, pour ne plus l'avoir sous les yeux et avoir la paix avec Hanka. Fin 1919, il signe un contrat avec Soutine. Cinq francs par jour. Et c'est parti pour Céret et ses cerises. Céret est célèbre pour ses cerises !

Deux ans plus tard, Zbo n'a toujours pas reçu le moindre tableau. Il se rend lui-même sur place, trouve Soutine abattu, prêt à brûler tous ses tableaux. La cour de l'hôtel Garreta a déjà vu trop de fumée noire. Zbo parvient à lui en arracher l'essentiel. Et repart à Paris dans une camionnette de location avec deux cents tableaux.

De son côté, Soutine aussi hait Zbo qui l'humilie, diffère ou oublie ses versements, vend des tableaux sans associer le peintre aux transactions. Le marchand le lui fait sentir : tu n'es pas Modigliani ! Et il l'envoie sur la Côte d'Azur, à Cagnes et à Vence, le plus loin possible. Et puis le miracle se produit. Car les miracles n'oublient que rarement leur terre, ils gardent les adresses.

Trois ans après la mort de Modigliani, un météore tombe sur Montparnasse. En décembre 1922 débarque à Paris le docteur Barnes, ce milliardaire américain dont on murmure qu'il a commencé comme livreur de journaux et qu'il est le *self-made-man* incarné dont a toujours rêvé l'Amérique. Un fils de boucher de la banlieue ouvrière de Philadelphie qui, après un cursus accéléré, a obtenu le titre de docteur en médecine à l'âge de vingt ans. Il a inventé un remède à la conjonctivite universelle : l'Argyrol, sérum qu'il instille jusque dans les yeux des nouveau-nés. Les yeux du monde le remercieront. L'antiseptique Argyrol lui a rapporté une fortune et il s'est bâti un empire pharmaceutique. *God bless America !*

Puis vient la seconde illumination, lorsqu'il découvre que le monde ne se résume pas à des yeux irrités et à son médicament miracle. Et que les empires pharmaceutiques sont aussi éphémères que les empereurs chinois. Il s'invente une mission, la recherche de l'éternité colorée, et part pour la capitale de la peinture. Il avait déjà fait un voyage en Europe peu avant la Première Guerre mondiale pour acheter des dizaines de Renoir, de Cézanne mais aussi des tableaux de Matisse et de Picasso. En 1922, il fait construire à Merion, près de Philadelphie, un musée qui abritera ses trésors et apprendra aux employés de l'usine Argyrol à s'émerveiller, leur ouvrira les yeux à la beauté de l'art. Qu'ils soient blancs ou noirs, les ouvriers sont les bienvenus, Barnes est un entrepreneur libéral à qui le bien-être de ses employés tient à cœur. Il aime l'art africain : sa mère l'emmenait aux offices des méthodistes et il a fréquenté très tôt des enfants à la peau noire. L'antiseptique n'est pas la fin ultime de la sagesse. Levez donc vos yeux désinfectés et vous verrez des tableaux accrochés sur plusieurs niveaux. Mais le bâtiment aux trésors est déjà presque plein et, du coup, l'instinct de chasseur du pharmacien se réveille.

Ô illumination des yeux ! Le revoilà donc en décembre 1922, et la rumeur le précède : des milliers de dollars qui pleuvent sur les petites rues menant du boulevard Saint-Germain à la Seine. Il écume les galeries. Flanqué de Paul Guillaume, collectionneur et galeriste spécialisé en art africain, le Napoléon américain déambule dans la rue Bonaparte. Regard austère derrière les lunettes, puis ouvert et jovial, éclats de rire soudain. Des yeux du pharmacien, le premier est sévère et scrutateur, l'autre, celui du fou de peinture, enthousiaste et ému. L'humanité tout entière vit du plaisir des yeux, de l'extraordinaire délectation de voir. Albert Coombs Barnes a cinquante ans. Il ne veut pas acheter de croûtes, il cherche des génies. Montmartre et Montparnasse sont électrisés par l'arrivée du Crésus américain. Les galeristes tendent l'oreille quand les dollars tintent sur le pavé. Sur qui cela tombera-t-il cette fois, qui sera le veinard ?

L'Amérique l'a inventé, et il veut la payer de retour, lui offrir un paradis pour les yeux, bourré de chefs-d'œuvre de la peinture moderne, ce qu'on peut avoir de mieux pour de bons dollars sonnants et trébuchants. Chez Guillaume, il tombe sur le petit pâtissier de Soutine et n'en croit pas ses yeux de pharmacien. Le petit apprenti est inouï, jamais dans la peinture il n'y en a eu de pareil. On n'avait pas encore prêté attention aux garçons-pâtissiers. Guillaume était tombé dessus en allant voir un Modigliani chez un peintre. Son regard se pose sur cet incroyable confiseur et se met à crier intérieurement : Chef-d'œuvre ! Et il feint d'y rester insensible pour ne pas faire grimper les prix.

Rouge, un festival débridé de rouge, vermillon, carmin, pourpre, amarante, cerise, garance, écarlate, rubis… C'est le petit pâtissier que Soutine a peint à Céret : Il s'appelait Rémy Zocchetto et avait dix-sept ans. Affublé d'une immense oreille décollée à droite et d'un mouchoir rouge lui recouvrant la main gauche comme un moignon. Une grande tache rouge sang sur le ventre, marquant l'endroit où se nichent les ulcères. Un tableau qui va changer la vie de Soutine. Oui, c'est sa conquête de l'Amérique. Barnes est transporté d'enthousiasme.

Wonderful, wonderful… Show me more !

Deux semaines durant, Guillaume doit le trimballer dans Paris au volant de son automobile rutilante, une Hispano-Suiza ; ils écument les galeries. L'instinct de chasseur est chaque jour renouvelé, éternellement insatiable. Là encore il veut tout de suite voir le marchand qui a vendu le garçon-pâtissier. Zborowski est dépassé, il ne comprend pas du tout que Barnes vienne pour cet horrible Soutine, il veut lui vendre des Modigliani qui depuis la mort de l'Italien rapportent des sommes rondelettes. Non, pas aujourd'hui.

Je veux voir des tableaux de ce Soutine, vous ne comprenez donc pas ?

Le pharmacien de Philadelphie s'impatiente. Et Zbo, interdit, s'agenouille et extirpe les unes après les autres les toiles de dessous le canapé éculé. Il regarde du coin de l'œil cet Américain fou, et Guillaume fait signe à Zbo d'un haussement de sourcils.

Mister Argyrol ne cesse de radoter : *wonderful... wonderful...*

Barnes est dans un état second, il achète plus de cinquante tableaux d'un coup ; à Montparnasse, certains parlent même de soixante-dix, et quelques-uns affirment qu'il y en avait cent. Le Montparnasse de la rumeur est un immense verre grossissant. Et il est là, debout au milieu du salon de Zborowski, et déclare de sa voix tonitruante de dieu pharmaceutique tout puissant :

This one, and this one, and this one..., comme si la semaine avait plus de sept jours. Il les achète à des prix dérisoires, comme on achèterait des bonbons : quinze, vingt, trente dollars le tableau maximum. Cinquante-deux Soutine rien que pour la première prise. Pour quelques boîtes d'Argyrol qui désinfecte les yeux. Mais les dieux pharmaciens créent des mythes, une nouvelle aura de désir et de concupiscence. Montparnasse a désormais son conte de fées américain, et on se le raconte avec fièvre. Tous commentent l'arrivée de l'Américain et la façon dont il a repêché Soutine dans l'étang des peintres avinés de Montparnasse, d'une seule main, l'autre étant pleine de dollars auxquels rien au monde ne saurait résister. Autrefois, on avait pitié du taiseux de Smilovitchi, de ce pauvre type qui à force d'avoir faim tenait à peine debout. Mais voilà qu'apparaissent jalousie et envie, fidèles compagnes du succès. Combien de génies méconnus ont passé leur vie à attendre un dieu pharmacien qui comme Barnes entrerait dans leurs trous et leurs ateliers crasseux, brandirait l'index en direction des toiles et trompetterait : *This one, and this one, and this one…*

Lorsque le docteur Bog est entré dans la chambre blanche, le peintre Soutinkheim a immédiatement pensé à l'arrivée dans sa vie du milliardaire américain. Le guérisseur de la conjonctivite générale ! Et le dieu-pharmacien fait embarquer au Havre son butin-Soutine. Il a désormais une première ambassade outre-Atlantique, dans la villa de Merion, près de Philadelphie. Dès 1923, les tableaux réussissent leur saut au-dessus de l'océan.

Et le peintre dans son état brumeux tente de se redresser sur sa couche, de murmurer aux deux conducteurs du fourgon mortuaire :

J'ai même eu un chauffeur, entendez-vous ? Et la luxueuse automobile de Zbo était toujours à ma disposition.

Mais sa voix ne parvient pas aux chauffeurs qui cherchent d'étroits chemins à travers de minuscules villages. Sa voix vient de très loin, il a plongé dans le fleuve de souvenirs cotonneux et mousseux que lui octroie la teinture de morphine de Sertürner.

Zborowski, le poète polonais mué en marchand d'art, amateur de complets blancs et de chaussures blanches, s'est enfin procuré une automobile, et il a engagé un chauffeur : Daneyrolles. La mort précoce de Modigliani a enfin rendu les collectionneurs avides de ses toiles, et depuis le passage de Barnes, les Américains viennent le voir et déposent sur la table du salon des liasses de dollars.

Daneyrolles ! Oui, Soutine derrière ses paupières closes le revoit très distinctement. Il se fait conduire jusqu'à Nice d'un seul trait, dort recroquevillé sur la banquette arrière, embryon de peintre dans une Lincoln modèle Le Baron ; quand il fait trop gris à Paris, Zbo l'envoie sur la Côte d'Azur.

Vence ou Cagnes, la lumière est magnifique, dit Zbo.

Il n'y a plus de grippe espagnole, c'est l'âge d'or des années vingt. Mais Soutine hait cette lumière aveuglante et fière, il est désespéré, comme dans les Pyrénées. Il efface tout ce qu'il a peint, détruit ses toiles, les lacère.

Je voudrais quitter Cagnes, ce paysage que je ne supporte pas. Il va falloir peindre quelques misérables natures mortes.

Il est seul. Il tourne en rond. Plus rien ne le retient. Il voudrait partir. Il hait le soleil. Il hait Cagnes. Et il se hait lui-même. Se hait de se haïr.

Il apparaît sur la moindre toile, petit piéton titubant sur la route jaune, presque incapable d'avancer. À moins qu'il ne soit allongé déjà sur la route ? Un ivrogne ? Un homme tombé à terre ? Abattu par la cruauté de la vie ? Sur la place du village à Vence il y a cet énorme platane, il ne peut s'empêcher de le peindre sans cesse, l'arbre le plus sombre qui soit, dominant l'univers, menaçante masse noire frangée. Soutine à Daneyrolles :

Cet arbre est une cathédrale !

Là encore on retrouvera le même misérable homoncule. Icône minuscule de la désolation. Mais Zborowski a confié au chauffeur Daneyrolles une autre mission secrète. Une mission de surveillance et de collecte, la filature du peintre. Une fois qu'il a déposé Soutine quelque part à la lisière de la forêt, ou dans une rue paisible de Vence, que le peintre a installé son chevalet à bonne distance et commencé à peindre, Daneyrolles va à la fontaine chercher de l'eau dans un petit seau et commence à laver le capot de sa Lincoln à l'éponge, puis il s'occupe avec soin des ailes, s'attaque sans hâte aux portières, en nettoie les poignées avec une lenteur presque ostentatoire. Et enfin frotte à n'en plus pouvoir l'automobile avec une chamoisine, jusqu'à ce qu'elle brille de tous ses feux.

Il polit la voiture pendant des heures, mais du coin de l'œil il surveille le peintre, épie le moindre de ses mouvements. Si un nouvel orage de désespoir éclate et que Soutine pris d'une rage folle se met à mutiler la toile, Daneyrolles doit distraire le peintre, l'apaiser, l'emmener boire un petit verre au troquet du coin. Puis le chauffeur discrètement s'éclipse, recueille précautionneusement les ruines, les range dans le coffre de la Lincoln pour les remettre à Zbo. Lui les emmènera chez le restaurateur. Il en faut de l'habileté chirurgicale pour reconstituer un tout à partir de ces lambeaux.

Zborowski accueille son invitée du futur dans son petit appartement de la rue Joseph-Bara.

Regardez-moi ce que Soutine s'est permis de faire !

Zbo désigne le portrait de la vieille comédienne. La toile est par terre, lacérée, comme s'il avait voulu détacher la chair du bras de son modèle jusqu'à n'en plus laisser que les os.

Je vais encore dépenser une fortune chez Jacques pour faire restaurer le tableau.

Quelques jours plus tôt, son vieil ami Miestchaninoff a dû lui arracher des mains son propre portrait parce que Soutine n'en était plus satisfait et voulait le détruire. Le jour où le peintre retrouve dans l'appartement de Zbo bon nombre de tableaux qu'il croyait détruits, il profite d'un moment d'inattention pour rassembler les toiles en quelques gestes rapides et les fourre dans la cheminée du salon. Les flammes s'élèvent, de la fumée partout, les voisins arrivent en courant, il faut appeler les pompiers, la police est là, dresse un procès-verbal.

Et Soutine fou de rage a depuis longtemps quitté les lieux.

Daneyrolles, le chauffeur : Il veut que je lise. Il me déclame du Rimbaud ! Nous parlons de combats de gladiateurs et de l'âme qui se mêle aux choses terrestres sans quitter le ciel, des lettres de Sénèque à Lucilius !

Et à l'été 28, Daneyrolles l'emmène jusqu'à Bordeaux chez le critique d'art Élie Faure qui écrit le premier ouvrage sérieux sur le peintre venu d'ailleurs, le décrit comme un peintre religieux, évoque sa religion de la couleur. Cela n'a rien à voir. Le peintre veut se lever pour le contredire. Et puis il y a la fille de Faure. Soutine tente d'en chasser le souvenir, non, il n'en veut pas, il ne veut pas se rappeler.

Dershtikt zolstu vern ! Que la peste t'étouffe !

Daneyrolles et sa Lincoln rutilante, oui ! Les trajets pour Nice, oui ! Mais pas Marie-Zéline. Il a saboté sa demande en mariage à force de timidité et de balourdise. Jamais il n'a su parler aux femmes. Modi les envoûtait de sa voix, il chantonnait, leur susurrait à l'oreille des vers qui leur donnaient des frissons dans le dos. Elles tressaillaient, fermaient les yeux, et déjà il avait une main posée sur leur bras ; après l'oreille, il prenait contact avec la peau. Qui s'occupait du reste. Il chasse de son esprit l'image de Modi avec ses murmures tendrement pressants qui augmentent encore sa gêne. Il attend que Marie-Zéline soit seule dans la pièce. Longtemps il ne dit rien, elle commence à se sentir mal à l'aise. Puis une première phrase au son rauque franchit ses lèvres.

Mademoiselle…

Oui, Monsieur Soutine.

Il scrute maintenant des yeux le tapis sous ses pieds, comme s'il avait perdu quelque chose, une pièce, un crayon, un bout de papier. Il cherche désespérément au sol ce qu'il n'a pas perdu. Il n'ose pas lever les yeux et la regarder. Mademoiselle Faure elle aussi décrit du regard le même cercle autour de ses jambes, mais avec la meilleure volonté du monde elle n'y trouve rien. La beauté le trouble, le punit. Dans les bordels bon marché Modi repérait et enlevait aussitôt les petits trésors qui le suivaient en pouffant dans leur chambre, mais Soutine, lui, les choisit laides, informes. Leurs traits qui disent l'alcool et les mauvais repas ; leur peau, une vie pleine de défaites.

Oui Monsieur Soutine, que désirez-vous ?

Mademoiselle Faure, quelqu'un... aimerait... veut... demander votre main.

Et elle part de ce rire clair et léger qui l'anéantit. Un rire comme venu d'une autre étoile, un tendre rire aérien qui signifie : la vie est bien trop légère.

Ah bon, qui donc ? Il y a trois jours un pilote m'a fait sa demande. Et je lui ai dit oui, comprenez-vous ?

Un jour ou l'autre il m'emmènera même en avion avec lui, m'emportera dans le ciel.

De honte, le peintre voudrait disparaître dans le tapis. Il se rue hors de la pièce. Rejeté. Face à un pilote il ne fait pas le poids, même s'il ne porte plus désormais son bleu de travail éclaboussé de peinture mais un costume de chez Barclay. La honte reste la même, elle ne veut pas être travestie. Peu de temps après, le pilote se tue dans un accident d'avion, et Soutine se brouille avec le meilleur connaisseur qui ait jamais posé un œil sur ses tableaux.

Es brent mir oyfn hartsn, Ça me brûle le cœur, essaie-t-il de balbutier dans le paradis blanc.

Et encore un pilote qui tombe. Depuis que Barnes lui a acheté les trésors du canapé, Zbo vit sur un grand pied. Il simule l'aisance véritable avec une vérité confondante, et dépense aux quatre vents ce qu'il encaisse. Sa galerie de la rue de Seine ouvre en 1926, mais le succès dure à peine deux ou trois ans, et l'ivresse prend fin. L'année 1929 arrive, et avec elle le krach boursier, la crise financière. Les Américains ne sont plus là, la demande de tableaux s'est éteinte. C'est sans succès aucun que Mister Argyrol lutte contre l'inflammation des yeux américains.

Zbo joue en bourse, mais c'est un spéculateur malheureux. Il meurt en mars 1932 à quarante-trois ans, isolé, ruiné et endetté. Son cœur fragile a eu raison de lui. L'argent n'est jamais que de l'argent, il est là pour partir en fumée, rien de plus. L'aisance n'est que poudre aux yeux, les châteaux de cartes sont faits pour s'effondrer. Quand il s'agit de dilapider argent et talent, Montparnasse est le centre du monde. Ses chaussures blanches de dandy n'ont plus de propriétaire. Sépulture collective anonyme. La vie n'est jamais qu'une aisance feinte. Elle vit sur un grand pied et puis trébuche.

Soutine habite désormais passage d'Enfer, il suffit de traverser le boulevard Raspail et l'on est au cimetière Mont-parnasse. Cette adresse lui fait peur : passage d'Enfer. Les noms le rendent superstitieux. Que les chemins sont courts ici, et qu'il semble long, infiniment long, ce voyage vers l'opération finale.

LA CARCASSE DE BŒUF ET LA LETTRE DU DOCTEUR BARDAMU

Le docteur Bog entre dans la chambre à pas feutrés, l'air pensif, vêtu de son somptueux costume blanc. Il s'approche du lit du peintre mais regarde à peine son visage et se met aussitôt à parler :

Le sang est un suc très particulier…

Et il murmure encore, songeur, légèrement réprobateur :

Heinrich… Heinrich…

Personne ne l'entend vraiment. Parfois la voix du docteur Bog se faisait geignarde lors de ses visites, lorsque plein d'onction il évoquait auprès du peintre les avancées de la médecine de par le vaste monde. La guerre, il n'en parlait jamais. Pourtant il semblait se lamenter dans son paradis blanc. Apparemment la clinique ne lui donnait que peu de raisons de se réjouir. Tout ne s'y passait manifestement pas comme il l'aurait souhaité. Une seule fois, quand il avait montré au peintre l'estomac réséqué de Billroth, un sourire avait passé sur son visage.

Le peintre Soutinkheim repose dans les draps propres de la clinique comme sur un lit de neige, et il se tait. Il a décidé de se taire, là aussi. Exactement comme il l'a fait tout au long de sa vie. Peser le moindre mot sur la balance de neige. Pas même un petit flocon de sa vie de peintre. Rien en dehors des tableaux. Le docteur Bog n'obtiendra plus rien de lui, pas plus qu'autrefois ce fou d'Henry Miller qui au début des années trente devait l'interviewer pour une quelconque feuille de chou d'Amérique. Un nuage de silence. Seulement, ici, il n'y avait plus de nuage de fumée de cigarette, il fallait faire sans. Le peintre en silence fixe devant lui la couverture blanche, les mains posées le long des cuisses comme couché au garde-à-vous. Mais il cache le bout de ses doigts dans le creux de sa main pour que le docteur Bog ne voie pas les traces de peintures sur le pourtour des ongles. On dirait qu'il serre les poings des deux côtés. Oui, il se tait.

Le docteur Bog continue imperturbablement à pérorer, il ne va pas se laisser démonter par le silence buté d'un peintre.

Le sang contient-il davantage de vie, ou de mort ? Bien sûr, poursuit tranquillement le docteur Bog, il pourvoit en nutriments et en oxygène cette risible enveloppe corporelle, tantôt lisse, tantôt plissée, l'inonde d'hormones et de substances magnifiques, régule l'harmonie cellulaire. Et pourtant, le sang c'est aussi la mort qui coule, qui circule. Car les vingt-cinq trillions de globules rouges qui y dérivent comme des radeaux égarés sont des cellules mortes, savez-vous ? Des cellules de perdants. Elles ont perdu leur matériel génétique, presque tous les organites cellulaires. Elles sont une mort rouge sombre. Le sang raconte une histoire sans fin, une histoire de mort, de pertes irréversibles.

Mais ne me dites pas que vous ne supportez pas la vue du sang, Monsieur Soutinkheim. Et cette carcasse de bœuf sanglante, les étalages des boucheries de Céret, le garçon-boucher scintillant de toutes les tonalités de rouge sang, le lièvre écorché posé sur la table, comme crucifié ? Chacun sait qu'il n'y avait pour vous meilleur divertissement le dimanche que les combats de catch au vélodrome d'hiver. Cette chair humaine que l'on saisit et étrangle, les arcades sourcilières éclatées, le sang sur les maillots des lutteurs, ces longs gémissements jaillissant de ces nœuds de chairs enchevêtrés. Où en étais-je ? Ah oui, le sang rouge.

Finalement le docteur Bog esquisse tout de même un sourire de satisfaction, lorsqu'il évoque pour le peintre cette mort étonnante dans la vie des rouges hématies. Les globules blancs, cela dit, le réjouissent davantage. Car ces cinquante milliards-là sont des cellules vivantes, pleinement vigoureuses. Ils défendent le corps contre les infections. Ils veillent dans les tissus comme de petits gardiens, ils attendent. En revanche, s'ils ont attendu trop longtemps dans la moelle osseuse, ils finissent par s'y suicider. Mais dans un paradis blanc, tous les globules devraient être blancs, car en un tel lieu il n'y a plus de mort, dit le docteur Bog. En vérité le sang rouge n'est rien d'autre que le domaine de la mort. Un gigantesque fleuve mort traversant l'homme vivant, vous figurez-vous pareille chose ?

Soutine, le peintre, se tait, et se tait encore. Il pense à la blessure sur le front de Ma-Be, le jour où la logeuse en colère lui avait envoyé la porte à la figure, à Champigny. Il pense au coq dégouttant de sang au-dessus du seuil de la maison le matin de Yom Kippour.

Morts déjà, mais se rendant utiles. Exactement comme les peintres, n'est-ce pas, Monsieur Soutinkheim ? Les globules rouges accomplissent leur tâche jusque bien après la mort. Cent vingt jours durant ils continuent inlassablement à transporter l'oxygène des poumons vers les tissus, jusqu'à ce que des cellules phagocytes les engloutissent dans la rate ou le foie. Deux cents milliards d'entre eux succombent chaque jour à ce massacre. Deux cents milliards, Monsieur.

Le docteur Bog se fige dans une pose théâtrale et s'enfonce avec le plus grand sérieux dans une perplexité patente. Puis il a un sursaut et reprend :

N'est-il pas étrange que les hommes sachent si peu de chose de ce suc qui coule en eux ? Qu'ils s'effraient à ce point lorsqu'il est versé ? Comme s'ils ne savaient pas qu'il les habite, ce fleuve de mort pure contenu seulement par les tissus et la peau. Même la couche supérieure de l'épiderme est faite de cellules mortes, notre enveloppe corporelle est un cimetière satiné. Le corps humain abrite d'ailleurs la mort en quantité étonnante, ne trouvez-vous pas ? Quant à votre muqueuse gastrique, je n'en dirai rien aujourd'hui.

Et le mot *perforation* prononcé avec tant d'insistance par le médecin de Chinon resurgit dans le cerveau du peintre qui écoute parce qu'il ne peut rien faire d'autre dans ses draps blancs. Mais il se tait.

Le docteur Bog parle encore longtemps de sang rouge, de sang mort. Il dit aussi : Ces cinq litres-là sont un petit monde où vie et mort travaillent main dans la main. La mort, fanatique de l'utilité, nage dans la vie fragile qui s'accroche à ses radeaux rouges chargés d'oxygène.

Le peintre se souvient avoir crié un jour avant de lacérer de nouvelles toiles :

Je ne veux pas me noyer dans mon propre sang !

Il laisse le docteur Bog poursuivre ses discours autosatisfaits. Il ne l'écoute plus. Une douce somnolence l'emmène loin de ses draps blancs. Lorsqu'il ouvre un œil, le docteur Bog n'est plus là. Il s'assoupit et s'échappe à nouveau mais est brusquement tiré de son sommeil par des coups vivement frappés à la porte et une voix énergique dans le couloir. On crie :

Service d'hygiène ! Service d'hygiène !

Le peintre prend peur. Ici aussi ? Mais il ne se passe rien. Personne ne surgit. A-t-il vraiment entendu cette voix ?

L'oreille aime à nous abuser. Avec des sifflements aigus, elle imite le bruit des locomotives au moment du départ. Elle nous met à la torture avec ses acouphènes et ses surdités subites. Non, quelqu'un a vraiment crié « service d'hygiène » à travers la porte. Il pense à la carcasse de bœuf. Elle s'achemine lentement vers la putréfaction. Il se l'était fait livrer des abattoirs de Vaugirard qu'il ne connaissait que trop bien depuis l'époque de la Ruche. Il avait fabriqué un support tout exprès dans l'atelier de la rue du Saint-Gothard, l'avait attachée avec des cordes, quel travail, il lui avait fallu l'aide du garçon-boucher. Il reste planté devant des jours entiers, en lutte avec la carcasse de bœuf, la viande commence à puer, perd sa fraîche couleur rouge, devient brunâtre, se racornit chaque heure un peu plus. Il faut la rafraîchir !

Paulette Jourdain, la patience personnifiée, femme à tout faire affectée par Zborowski au service du peintre, trimballe des seaux entiers de sang de bœuf jusqu'à l'atelier. Un dans chaque main. La paume large et douce de ses mains porte incrustées dans la peau les stries rouges des anses. Le peintre n'a que Rembrandt à la bouche, ne cesse de courir au Louvre comme un fou pour voir cette carcasse de bœuf. Une puanteur invraisemblable se répand et Paulette ne respire plus que par la bouche.

Monsieur Soutine, j'aimerais ne plus y aller.

Cette méfiance dans le regard des ouvriers équarrisseurs la met mal à l'aise. Elle devine sur leur front l'expression du soupçon. Pourquoi donc lui faut-il tant de sang, à cette petite ? Qu'en fait-elle ?

C'est pour un grand malade, avait-elle balbutié en manière d'excuse.

Le peintre attrape le seau, arrose de sang le cadavre brun, il jubile : la carcasse de bœuf brille à nouveau, la mort triomphe, régénérée par le sang frais qui dégouline en petits ruisseaux, traverse le parquet et filtre à l'étage inférieur jusqu'à ce que les habitants se mettent à crier et appellent la police. Ils pensent à un meurtre, à un assassinat. La puanteur est insupportable, cela pue jusqu'au ciel !

Soudain on toque à la porte, aujourd'hui encore, dans le paradis blanc, le peintre entend les coups.

Qui est là ?

Service d'hygiène ! Ouvrez immédiatement !

Le peintre prend peur, il est livide, on dirait un cadavre. Un homme entre dans la pièce, vêtu d'un tablier blanc, un bonnet blanc sur la tête. Il veut confisquer la carcasse de bœuf à la puanteur atroce. Des mouches vertes vrombissent dans l'atelier. Soutine est atterré, son tableau n'est pas terminé. Rembrandt dans un coin a un rire triomphant.

Paulette plaide la cause du peintre désespéré :

Vous voyez bien qu'il est en train de le peindre, il en a besoin pour finir son tableau, je vous en prie !

Les hommes du service d'hygiène ont pitié, ils sortent leurs seringues et injectent de l'ammoniaque dans cette pauvre chair de la carcasse. Ils lui montrent en quelques gestes comment conserver les animaux sans empester tout l'immeuble. Dès lors, reconnaissant, il ne se déplace plus dans le monde qu'avec du formol, de l'ammoniaque et un assortiment de grosses seringues pour conserver au triomphe de la mort toute sa fraîcheur rouge sang. Et les dindons, les lièvres, les faisans viennent s'ajouter à la liste. Il se fait livrer plusieurs carcasses de bœuf, et chaque fois fixe un nouvel aspect de cette mort juteuse : un amas de graisse jaune rance ou la torsion d'un membre, ou les caillots de sangs qui forment une surface mouvante.

On est en 1925, et pour la première fois il peut louer un vrai appartement, à quelques pas seulement du parc Montsouris, et puis, tout près, un grand atelier, rue du Saint-Gothard, où il peint les cadavres d'animaux. Boucherie Soutine, sifflent les voisins en colère.

Il continue à courir au Louvre à chaque instant, s'achète à la hâte un billet d'entrée. Il lui faut voir le bœuf écorché de Rembrandt… et les raies de Chardin, les paysages de Corot, la truite à moitié rouge de Courbet et l'enterrement à Ornans. L'un après l'autre, des heures durant. Ces visites secrètes sont un rituel. Tout voir. Comme les filles que l'on fait défiler légèrement vêtues ou à demi nues dans les maisons closes, l'une après l'autre et toutes ensemble. Il va toujours voir les mêmes tableaux, il ne s'en lasse pas, n'en a jamais assez, tremble de volupté et de révérence, ils le mettent au désespoir, ses yeux rongent les toiles. Il veut les engloutir, les emporter dans ses entrailles jusqu'à la rue du Saint-Gothard pour lutter avec eux.

Les gardiens le reconnaissent, échangent dans son dos des regards inquiets et se font des signes, ils redoutent un vol, tout le monde a encore en tête le vol de la Joconde. Ils craignent même qu'il s'en prenne aux œuvres, il y a bien assez de fous dans les musées, et la haine de l'art est plus répandue encore que la fièvre glandulaire. Ils ne savent pas qu'il ne détruit les tableaux que d'un seul et unique peintre… Mais pas ses dieux.

Service d'hygiène ! Le cri une fois encore résonne dans le couloir.

Il vit désormais dans un appartement, il a un atelier. Mais les crises prennent de l'ampleur. La douleur le tord en deux moitiés, le saisit brutalement, sans crier gare. Comme à

Clichy, rue d'Alsace, un jour des premiers mois de l'année 1928. Il s'est effondré dans la rue, un boucher l'a ramassé et porté comme un bœuf sanglant jusque chez le docteur Destouches. Destouches ? Louis-Ferdinand Destouches ? Le nom ne lui dit rien encore.

Comment peut-il entendre la voix de Destouches dans le fourgon mortuaire ? Les mourants sont-ils omniscients ? À la fin de toute l'opération et après tout ce sang perdu, il ne sait plus ce qu'il a vécu ou seulement entendu dans sa vie. Est-ce à lui que c'est arrivé ou à un autre ? Une vie, c'est toujours davantage que les souvenirs que l'on en a. Est-ce vraiment la sienne, ou la mémoire d'un autre se croise-t-elle avec la sienne ? Qui sépare ce qui nous est étranger de ce qui nous appartient ? Tout de même pas le docteur Bog ? Entend-il toutes les voix qui dans sa vie se sont adressées à lui ? Et où est donc le magnétophone ? Quelle est la capacité de son oreille ? Ou est-ce le jus de pavot de Sertürner qui mélange souvenirs et voix, sons étrangers et expérience vécue ? A-t-il de faux souvenirs qui le bernent ?

Non, le docteur Bog doit savoir.

Destouches écrit au commissaire Armand Merle, en charge du dossier, et à l'avenir, tout être rationnel tiendra cette lettre pour inventée. Mais le hasard n'est pas rationnel, dit Eleni, et il a de bonne raison de ne pas l'être. Le docteur Bog triomphant brandit le chiffon de papier, il a en main une preuve. Et la met doucement sous le nez du peintre.

Pourquoi pas. Le hasard n'est pas rationnel, et il a de bonnes raisons de ne pas l'être. Rien n'est vraiment rationnel, sauf peut-être le rêve. Destouches ? Déjà entendu ce nom-là. Lorsqu'en 1937 à la Coupole un copain lui fourre une photo sous le nez, il reconnaît tout de suite le médecin de Clichy et prend peur. Mais c'est un autre nom qu'il y a écrit dessous. Le docteur Destouches, docteur en médecine de la Faculté de Paris, ne porte comme doux pseudonyme féminin que le prénom de sa grand-mère : Céline. Il a fermé son cabinet moribond, montre les crocs et se catapulte en un grand bond bien loin de Clichy. En vol, il a le temps d'écrire un gros roman : *Voyage au bout de la nuit*.

Mais la nuit est encore loin d'être finie. En 1936, le docteur Bardamu rédige une nouvelle tranche de sa vie fielleuse : *Mort à crédit*. Oui, la mort vient à tempérament. Elle aime les détours. Le peintre aussitôt reconnaît le docteur Destouches. C'est lui, le même, mais avec un autre nom. Jamais il n'a oublié ce visage.

Il revoit souvent ce docteur Bardamu dans ses rêves ; il lui court après dans les rues de Clichy. Il s'est transformé en nain jurant et éructant, entre ses mains bruissent ces notes aigres dans lesquelles il qualifie le patient sanguinolent et ses semblables de vermine, de rebuts de l'humanité, de tortionnaires de l'Occident. Ce sont ses pamphlets fulminants : dans la main gauche, *Bagatelles pour un massacre*, dans la droite, l'*École des cadavres*. Le docteur crie, il s'égosille, ce n'est pas pour rien qu'il aime et vénère le grimaceur à la petite moustache : éliminer, empoisonner cette engeance de rats, écraser ces avortons. Qu'il n'en reste pas un. Pas un, entendez-vous… crie le docteur massacreur qui l'avait ramassé et soigné, lui, le peintre, à Clichy, autrefois.

Et le souhait du docteur Bardamu est exaucé, l'occupant arrive pour de bon, en mai 1940, prêt à accomplir cette œuvre purificatrice qu'il appelle de ses vœux. Et il s'étonne, l'occupant, de voir avec quelle avidité le poison l'attendait.

Bardamu compte bien rivaliser avec les plus déterminés, il fait honte à plus d'un, qu'il accuse de tiédeur, et ne meurt pas même à Sigmaringen, mais bien au chaud dans son lit à Meudon. Si l'on avait disséqué le docteur Bardamu, les pathologistes auraient été étonnés de la quantité de poison susceptible de couler d'un tel cadavre. Personne n'a autant de poison. Cela n'arrête plus. Plus tard, ses admirateurs aspireront goulûment le suc acide qui s'épanche des trous laissés par l'autopsie littéraire ; ils en feront leur saint malotru, se gargariseront de son obscène évangile de morve et de haine. Sa logorrhée de massacre a trouvé de beaux disciples.

Le peintre entend distinctement le docteur Bardamu courir après le corbillard noir, il halète, il court aussi vite que possible derrière le fourgon mortuaire qui n'avance que lentement. Il l'a presque rattrapé déjà, tambourine du poing sur la lunette arrière, presse son visage contre la vitre, et le peintre dans un frisson le reconnaît.

Vermine ! crie le docteur Bardamu. Rebut de l'humanité ! Rat !

Et il continue de frapper du poing sur la tôle noire. Fait-il partie de la troupe de Vikings ? De la meute dispersée de loups noirs qui avaient attaqué le peintre dans son corbillard ? Le patient voit distinctement le docteur loup derrière le fourgon, les portières arrière soudain se font transparentes et il sent bien l'haleine empoisonnée qui émane de la gorge du docteur haletant.

Service d'hygiène !

Le peintre est certain d'avoir entendu prononcer ces mots clairement et distinctement devant la porte. Il esquisse un mouvement, comme s'il lui fallait se redresser sur son brancard de métal, mais il retombe aussitôt, tourne les yeux vers l'extérieur, se recroqueville à nouveau, embryon perclus de douleurs. Dehors défilent de misérables champs de pommes de terre visités par des corbeaux zélés, et une main se pose sur son front.

Le peintre dans son cocon de draps immaculés a constaté que les bruits dans le couloir s'amplifient puis s'atténuent. Il n'y a dans sa chambre ni jour ni nuit ni fenêtre sur l'extérieur. Mais son oreille perçoit le flux et le reflux des sons, les enregistre avec une gratitude insensée, et ces cadences sonores donnent un rythme à ses jours, si l'on peut parler de jours.

Il est guéri, le docteur Bog en personne le lui a confirmé. Il se trouve dans un état d'absence de douleur illimité. Son ulcère a pris congé. Parler de béatitude ne rendrait pas compte de son état. Mais le pouls de la vie en lui a disparu ; sans sa douleur, il n'est plus celui qu'il était. Il est le peintre moins la douleur. Un cœur sans pouls. Il se souvient de deux vers d'un poète et ne sait plus de qui ils sont.

Lorsque tout autour il ne reste plus rien de tout ce qui a été, peu importe que l'on te prenne par encerclement ou éclair.

Et un sentiment s'installe qu'il ne qualifierait pas d'ennui et certainement pas de dégoût car ce n'est en tout cas pas de cela qu'il s'agit. La douleur ne lui manque pas, et il n'a pas l'intention de la tenir pour quelque chose de précieux. Mais ce n'est pas la béatitude. Dans le blanc paradis de l'absence de douleur, il n'y a plus rien à faire. Il se sent superflu. Tout a été réglé, l'opération a eu lieu ou bien n'a pas eu lieu, il est en tout cas le superbe produit d'une guérison définitive. Il ne comprend pas ce que signifie *French Triple*. Il marmonne :

C'est fini.

Et cette phrase lui fait peur. Si tout est fini, quelque chose doit se produire. Le peintre décide d'attendre l'extinction totale des bruits, mais comme malgré le reflux ils ne cessent pas tout à fait, il repousse délicatement le drap à la blancheur de glacier et se lève avec précaution. Il s'attendait à ce que ses genoux cèdent, mais rien de tel ne se produit. Il ne sait pas combien de temps s'est écoulé, ne sait plus quand il a marché pour la dernière fois. C'est la douleur qui réglait le rythme de ses pas, le faisait courir, le poussait à la fuite.

Il pose maintenant un pied devant l'autre et s'étonne que ce soit si facile, qu'il sente si peu ses jambes. Stupéfait, il s'éloigne de deux ou trois pas de son lit, debout et non tordu de douleur, puis il avance d'un pas décidé vers la porte et l'ouvre doucement. Il passe la tête à l'extérieur, la tourne vers la gauche, puis vers la droite. Les bruits sont toujours là. Par réflexe il prépare une excuse, mais il n'y a personne dans ce long couloir à qui la présenter. Les bruits qui simulaient un flux de bavardages ne proviennent pas de personnes visibles. On a dû les diffuser dans les couloirs avec des haut-parleurs, mais pourquoi ? Bruits de clinique, paisibles, sans drames.

Le peintre s'étonne, mais les bruits enregistrés ne provoquent pas d'inquiétude. Il est d'un calme inébranlable. Il tourne à nouveau la tête vers la gauche et la droite et part du côté gauche. Il avance lentement, prudemment, il se voit marcher, mais il n'y a plus la douleur devant laquelle il devait fuir.

Il avance jusqu'au bout du couloir sans traîner les pieds, sans ce bruit alangui des malades et des exténués. Personne ne vient à sa rencontre, à gauche comme à droite seules des portes blanches se suivent en enfilade, légèrement bombées comme de lourdes portes de réfrigérateurs flegmatiques. Au bout du couloir, enfin, une fenêtre. Il regarde dehors mais n'ose pas ouvrir la fenêtre. Et au même instant il sait que ce serait impossible. C'est une certitude, sans qu'il ait besoin de tendre la main pour vérifier.

Il fait manifestement nuit dehors, une nuit blanche. Projecteurs diffusant une lumière blanche, crue, braqués sur rien ; rien en tout cas qu'il puisse identifier comme ce que chercherait à débusquer la lumière. Les faisceaux lumineux se croisent, indifférents, s'enfoncent dans un absurde arrière-plan noir, pas un noir mat, un gris d'uniforme, oui, un gris d'uniforme sur l'horizon borné.

Une seule chose le sidère. Il neige, une neige légère et drue, les flocons blancs oscillent doucement dans la lumière des projecteurs sans les assombrir vraiment, ils tombent simplement, inlassablement au sol où s'est déjà formée une couche épaisse.

Il reste un moment à la fenêtre à regarder la neige tomber calmement, il souffle sur la vitre le mot « Minsk », essaie de suivre les flocons des yeux. Il se berce de leur mouvement paisible, dans un accès de plaisir absurde et neigeux, regarde les projecteurs et se souvient des phares du fourgon mortuaire braqués tard le soir sur la campagne déserte.

Où était-il parti au matin ? Était-ce toujours le même jour ? Il cherche à se rappeler le nom d'un endroit précis mais ne le retrouve pas. Il murmure château, château, plusieurs fois. Le nom de Jeanne d'Arc lui revient en mémoire. Que vient-il donc faire là ? Il sait simplement avec certitude que c'était l'été, le mois d'août, oui, c'est sûr, le mois d'août.

Il renonce à chercher des noms, prend sur la gauche et monte lentement l'escalier. L'enchaînement indolore des pas lui procure maintenant un certain plaisir, un léger émerveillement. Même monter ne lui fait pas mal. À l'étage du dessus il retrouve un couloir qui paraît sans fin, moins éclairé cependant que celui d'où il vient. De nouveau il se place devant la fenêtre, essaie de distinguer l'horizon au loin, une rangée de maisons, un immeuble, un élément quelconque indiquant peut-être la présence d'une ville. Mais le clair rideau de neige et la lumière des projecteurs barrent la vue. Pourtant c'était bien en août…

Soudain, un cliquetis derrière lui dans le couloir, mais à bonne distance encore. Il se cache dans la cage d'escalier, ses chaussettes blanches sans pantoufles brillent. Il reste un moment immobile, guettant encore ce bruit qui s'éloigne, redescend à l'étage inférieur et essaie de retrouver sa chambre. Il se rend compte pour la première fois qu'il n'y a pas de numéros sur les portes ; un peu décontenancé, il craint de ne plus jamais retrouver sa chambre. Son compteur de pas interne a mesuré à peu près la distance séparant la chambre de la fenêtre, il refait le trajet en sens inverse et s'arrête devant une porte. Ce pourrait être celle-ci.

Il ouvre la porte avec une prudence extrême pour ne pas risquer de déranger un patient ou d'attirer l'attention d'un membre du personnel sur son escapade illicite. Il ne parvient pas à distinguer quoi que soit dans la pièce, pas de bruit de respiration, pas de gémissement, pas de ronflement de malade causé par les calmants postopératoires. Il s'apprête déjà à refermer la porte lorsqu'une pointe de curiosité l'aiguillonne.

Il repère à tâtons un interrupteur, appuie dessus, s'effraie de cet éclair de lumière blanche mais aussi de ce qu'il a sous les yeux. La pièce est vide. Pas de lit, pas de table de toilette, pas de serviettes ni de draps. Le vide blanc absolu. Un cube dans le néant, un cube de néant. Son regard se porte sur le sol. Si, là, quelque chose, un petit quelque chose, par terre, au milieu de ce sol blanc, brillant comme un miroir. C'est une poupée d'enfant, et il sait aussitôt d'où elle vient. Il la regarde. Et il voit que les articulations de ses épaules sont démises, toutes les deux. Les bras sont entièrement retournés vers l'extérieur. Les articulations des hanches semblent en place dans les cotyles mais l'une des jambes s'arrête au niveau du genou.

Oui, les articulations, les délicates jointures de notre vulnérabilité.

L'une des jambes est détachée du corps, elle gît au sol à cinquante centimètres de là. Qui peut bien avoir infligé ces blessures à la poupée ? On dirait qu'elle a été torturée. Qui donc pourrait faire de telles choses dans cette clinique ? Dans un cube entièrement vide, blanc. Il s'apprête à se retirer doucement, il a déjà la main sur la poignée de la porte quand la poupée ouvre les yeux et le regarde. Elle ne supplie pas, ne pose pas de question, non, elle l'examine sévèrement. Et il remarque son visage de vieillarde toute ridée. Le peintre ne supporte pas le regard de la poupée, il se détourne et referme doucement la porte.

Il marche à reculons. La chambre voisine doit être la sienne, il pose la main sur la poignée blanche. Il s'est trompé. Cette chambre elle aussi est vide et sans fenêtre. Au sol, un vieux livre éculé, déchiré. Il s'en approche et l'ouvre au hasard, comme pour un oracle :

Indigne de bonté… incapable de gratitude… inapte à l'amour… troué jusqu'au fond des reins… palmier déchiré… vin aigri… image souillée… habit brûlé… cristal perdu… navire coulé… perle écrasée… pierre précieuse jetée aux flots… mandragore fanée… huile sur l'ordure… lait sur la cendre… je suis condamné à mort… parmi le troupeau des justes…

De quoi s'agit-il ? Il manque la page de titre, elle a été arrachée grossièrement, à la hâte. Cela lui rappelle quelque chose qu'avait claironné un jour à la Rotonde l'un des bavards qui tournaient comme des satellites autour de Montparnasse. Cela ressemblait beaucoup à ça, c'était d'un moine arménien plus que millénaire, le livre des lamentations ou quelque chose d'approchant. Mais il ne se rappelle plus le nom du moine, ni celui du bavard, il ne lui reste plus en tête qu'une abréviation, ils l'appelaient MGM.

La chambre qui suit est la sienne. Il retrouve sa couverture soigneusement repliée et ses pantoufles bien rangées sous le métal blanc du pied du lit. Son escapade lui suffit pour l'instant, il s'effondre dans son lit et s'endort presque sur le champ.

Combien de temps a-t-il dormi, il n'en sait rien. Il avait déjà remarqué qu'il n'y avait pas d'horloges dans la clinique, et lui-même n'a jamais porté de montre. Dans la lutte avec la toile, le poignet doit rester libre, pouvoir revenir vivement, trembler, gratter, griffer. Il soulève le drap, tâte son abdomen. Toujours pas de douleur. Autrefois elle revenait toujours, on pouvait compter sur elle, même si elle s'était tue un moment, si elle avait ses humeurs : elle revenait. Son absence désormais est presque tonitruante dans son ventre blanc.

Il a décidé de poursuivre ses promenades de reconnaissance, attend un nouveau reflux des sons artificiels dans le couloir, sort de sa chambre et se faufile jusqu'à l'étage du dessus. Il appuie sur une poignée de porte, avance doucement un pied et recule, effrayé. Dans cette chambre, on l'attend.

En cercle, sur des chaises basses siège une sorte de commission ou de comité, c'est là sa première pensée. Les visages se tournent tous aussitôt vers lui et ne le lâchent plus des yeux. Cette fois il ne peut pas reculer, il se sent pris sur le fait, il lui faut entrer dans la pièce. Ils sont tous là, il les reconnaît tout de suite.

Son petit troupeau de méconnus, de serviteurs, d'êtres blessés dans leur dignité, effrayés de leur propre présence. Il les avait peints comme des pharaons, des princes, des dignitaires, mais avec des regards chargés de tristesse, les mains nouées en une profonde gêne. Courbés, éprouvés, et droits pourtant.

Le petit pâtisser de Céret avec son oreille démesurée et son mouchoir rouge autour de la main gauche, rutilant comme un drapeau gorgé de sang. Son petit collègue à l'air malicieux et aux yeux de guingois, le chasseur de chez Maxim's, le garçon d'étage, le petit mitron, le garçon-boucher, la première communiante qui ressemblait à une petite fiancée. L'idiot du village, la petite paysanne, le garçon en bleu, l'enfant de chœur blanc, le servant de messe rouge, les enfants aux visages de vieillards, les petites filles portant entre leurs mains des poupées infirmes comme de délicats petits cadavres. Le petit Charlot au nez pointu, Marcel, l'écolier au tablier bleu et au regard humble, les deux pupilles de l'assistance avec leur crâne rasé, comme toujours main dans la main. Jamais il n'a rencontré d'autres patients lors de ses promenades dans les couloirs, et voilà soudain que la pièce entière est peuplée.

La première communiante relève de ses petites mains gantées sa robe blanche qui lui tombe jusqu'aux pieds, elle se lève et s'adresse à lui d'une voix de soprano flûtée mais ferme :

Entre je t'en prie. Nous sommes au courant que tu es ici dans cette clinique. Tu es guéri, nous le savons aussi. Et le docteur Bog t'a interdit de peindre, nous l'avons appris. Approche.

Le peintre hésite. Les enfants et les jeunes gens le mettent mal à l'aise, il craint qu'ils ne reconnaissent en lui l'un des leurs, ou quelqu'un dont il croit s'être éloigné depuis longtemps. L'enfant de Smilovitchi. Les enfants avaient ce regard sévère et scrutateur, c'était difficile de les faire poser longtemps, il fallait que ça aille vite, saisir rapidement le regard, les yeux obliques, les mains nouées, la position des épaules, torve et affirmée à la fois.

Comment sont-ils arrivés là ? Sont-ils malades, ont-ils été opérés, soignés, pris en charge ? Ils ont l'air étonnamment inchangés, incroyablement bien conservés, exactement tels qu'il les a peints à l'époque à Céret, Civry ou Champigny.

La sévérité des regards fait penser à une sorte de commission, qui aurait quelque chose de sérieux à lui dire.

À moins que ce ne soit un grand tribunal ? Veulent-ils l'accuser d'avoir cherché à saisir leur dignité blessée, la vérité de leur vie ? Les a-t-il fait poser trop longtemps, au point que leurs membres d'enfants leur font mal ? Leur a-t-il menti avec sa palette ? Le peintre ne dit mot, il attend. Le temps s'écoule, ils le regardent avec sévérité, comme pour l'éprouver, et il ne dit rien.

Puis une poupée de bois tombe par terre, l'assemblée enregistre le bruit sans même un regard pour la poupée inerte, personne ne baisse les yeux.

Nous connaissons le docteur Bog, dit soudain le petit pâtissier à la grande oreille et au mouchoir rouge. Il passe le mouchoir d'une main à l'autre, l'agite, le secoue un peu comme pour dissiper son embarras.

Ne te laisse pas impressionner par lui. Ses commandements ne sont pas gravés dans la pierre. Fais ce que tu dois faire quand tu ne peux pas faire autrement.

Le peintre s'étonne, car il se souvient de la voix du docteur Bog, déterminée, menaçante, quand il lui a défendu de peindre dans la clinique. Et il ne s'agissait pas de saleté ni de taches de peinture, de pinceaux maculés ou de stries huileuses sur les portes blanches. Il n'était pas question d'hygiène ni de propreté. Il ne devait plus jamais toucher une palette, jamais plus se saisir d'un pinceau. La toile était taboue. S'agit-il alors d'une conspiration contre le docteur Bog ? Les enfants seraient-ils en train de lui suggérer, à lui le peintre Chaïm Soutine, de ne pas observer l'interdit de la représentation ? Il part d'un rire intérieur, jamais il ne se serait figuré chose pareille. Mais ils le regardent avec sévérité. Puis le chasseur de chez Maxim's se lève, le prend par la main et le conduit jusqu'à la porte. Le petit groom rouge vif.

Il faut que tu partes, nous devons nous consulter. Nous nous signalerons si nécessaire.

Est-ce déjà fini ? Pas de reproches, pas d'interrogatoire ? Rien que cette apparition muette devant la commission, l'épreuve de leur regard, l'invitation explicite à ne pas respecter un interdit ?

Le peintre se tourne une dernière fois et observe le comité des conjurés, ce tribunal d'enfants. Puis il referme doucement la porte derrière lui. Mais une malicieuse curiosité l'aiguillonne soudain. Il veut écouter à la porte, entendre de quoi l'assemblée veut débattre. Et il presse l'oreille contre la porte blanche bombée.

Les voix sont difficiles à distinguer, elles s'enchevêtrent, se recouvrent, parlent en même temps, s'interrompent brusquement. Est-ce le garçon-pâtissier qui parle, le chasseur, l'un des deux pupilles de l'assistance, la première communiante ?

Impossible de dégager quoi que ce soit de cohérent de ce qui se dit. Il est question un moment de rails menant à des lieux aux noms polonais. Puis ils parlent à nouveau de la clinique, d'événements qui s'y produisent. Il entend des questions, suivies de secondes de silence.

Le docteur Bog est-il au courant ? Qu'en pensez-vous ?

Peut-on lui faire confiance ? Nous devrions nous méfier de lui.

Pourquoi fait-il une chose pareille ? Et puis fait-il seulement quelque chose ? Je ne l'ai plus vu depuis des semaines. Il se cache quelque part par ici.

Puis l'on identifie clairement la voix tremblante de Charlot, qui cette fois a des accents résolus et réprobateurs, mais la première phrase a sans doute échappé au peintre :

Une quantité si intolérable… de douleur et de souffrance ? S'il est omniscient, il sait aussi cela, il sait pour tous ceux qui connaissent la douleur, ceux qu'elle fait taire, ceux qu'elle fait crier. S'il est vraiment tout-puissant, alors il aurait aussi bien pu créer une vie sans douleur. Cela aurait été la meilleure option. Ce qu'il aurait fait s'il avait été bon. Mais il travaille pour le compte des tortionnaires, il leur a offert des possibilités infinies d'accomplir leur œuvre. Toutes ces muqueuses délicates, ces tympans, ces ongles, ces tétons, ces testicules soyeux, toute cette peau si sensible qui enveloppe l'homme. Rien que des portes d'entrée raffinées pour la douleur. Dans les caves de la rue Lauriston ils jubilent chaque jour de son soutien sans faille. Il s'est montré généreux avec la Gestapo. Il a fourni à Barbie les disques de Beethoven.

C'est maintenant l'un des deux pupilles en bleu que l'on entend. Peut-être s'est-il levé ? Le bruit de la chaise lui a servi de petite ouverture :

Le Créateur universel a certainement un brevet. S'il n'était pas lui-même l'inventeur de la douleur, pourquoi la tolérerait-il ? Et avez-vous songé à la souffrance des animaux, aux abattoirs, à cette soudaine exiguïté étouffante, à la peur atroce de la lame et du piston, aux os broyés, à la peau arrachée, aux pelages déchiquetés ? Il devrait s'effrayer de ce scandale infini, il devrait se mettre à crier, à vomir de dégoût. Ou au moins se taire, horrifié. Ce qu'il fait depuis une éternité. Peut-être par honte.

Le servant de messe rouge s'éclaircit la voix comme s'il allait entonner un chant de Noël :

Certains pensent qu'il nous faut une certaine quantité de souffrance pour pouvoir apprécier les moments où nous n'éprouvons pas de douleur… ou sommes même heureux…

Charlot rétorque :

Mais nous n'en avons pas besoin d'autant. Nous sommes parés pour la nuit des temps.

Un petit conspirateur frappe du poing sur la table :

Les éponges de bonheur ont-elles commencé leur tournée, passent-elles de salle en salle ? Elles font des piqûres miséricordieuses qui sont censées t'apaiser, elles te mettent dans les oreilles et le nez du coton qu'elles ont plongé dans un liquide, te clouent la bouche avec de doux arguments et des chants lénifiants. Elles te font ingurgiter la vie que tu devrais mener un jour après l'opération.

Le petit mitron a un geste de dénégation, le peintre a l'impression de le voir à travers la porte :

Il vaut beaucoup mieux partir du principe qu'il n'y a pas de docteur Bog. Et s'il y en a un, c'est un sacré bâcleur, un chirurgien écervelé qui a toujours manié le scalpel en dépit du bon sens et qui continue à le faire. Gigantesque ratage de l'opération subie par l'univers, les coups infligés aux étoiles, l'abîme des trous noirs. Il n'y a rien de plus beau, croyez-moi, que de lever les yeux vers le ciel et de mourir inconsolé. Quand il faut y aller, il faut y aller. Seul et sans consolation, perdu et abandonné. N'attendre ni grâce ni au-delà, c'est la liberté suprême. Se rendre compte qu'il n'y a pas de salut, c'est la seule façon de continuer à vivre. Il n'y a pas de pardon pour vous, Docteur Bog ? Ainsi soit-il. J'aime cette clinique blanche, elle est bien plus belle que tout ce dont j'aurais pu rêver. Un paradis désolé. Allons, aidons le peintre.

Soudain, le groom dans son uniforme rouge déclare :

Vous ne croyez tout de même pas que nous sortirons d'ici un jour ? Qu'est-ce que c'est que cet hôtel ? Pas d'ascenseurs, rien que des escaliers.

Mais le peintre est guéri, ou non ? objecte la première communiante, la douce petite chouette.

Le servant de messe reprend :

Connaissez-vous sa série de portraits de l'homme en prière ? Il les a peints à Céret, dans les Pyrénées, en 1920, l'année de la mort de Modigliani. Son modèle était un certain monsieur Racine. Certains l'ont qualifié de peintre religieux. Le peintre de la créature crucifiée. Et de sa rédemption. Mais de quoi, et pourquoi ? Il n'y a pas d'autre solution que la couleur. Les gens ont de ces idées…

Taisez-vous, il y a quelqu'un qui écoute à la porte. Je vais voir, dit le garçon-pâtissier à la grande oreille rouge.

Et il se lève, s'approche de la porte sur la pointe des pieds et l'ouvre brusquement. Il n'y a personne dehors. Personne. Le peintre dans ses pantoufles blanches a déjà filé jusqu'au bout du couloir sans faire le moindre bruit.

Mais le servant de messe affirme maintenant au comité de conspirateurs qu'il a vu l'homme en prière dans la clinique, l'a reconnu aussitôt. Et lui a même parlé. Et il fait le récit de la rencontre, du moment où il s'est adressé à l'homme au long visage et aux sourcils broussailleux :

Que faites-vous ici ?

Vous le voyez bien. Je prie.

Vous ne faites que prier ? Rien d'autre ?

Il n'y a rien de mieux à faire pour moi.

Parce que vous aimez Dieu ? Le Sauveur, celui qui est déjà venu, ou le Messie qui ne viendra que plus tard ?

L'homme en prière regarde le jeune garçon avec sévérité et lui dit calmement, comme s'il s'adressait à un homme depuis longtemps adulte :

Primo, aucun n'est déjà venu, deuxio, il n'en viendra aucun.

Pas de Rédempteur ?

Ni maintenant ni plus tard, et pas non plus dans très longtemps. Vous voulez être sauvés ? Qu'est-ce qu'il vous faut encore ? N'êtes-vous jamais contents ? On peut faire sans.

Alors vous ne vous réjouissez pas d'aller au paradis ? Ce sera merveilleux là-bas, nous chanterons et nous nous réjouirons en un immense chœur d'âmes ravies. Ce sera indescriptible, nos corps rayonneront et fleuriront ; et les miracles seront sans nombre. Et ce sera le règne de la béatitude.

Béatitude ? Paradis ? Tu te moques de moi. Et pourquoi ne l'a-t-il pas fait plus tôt ? Si cela arrivait, ce serait bien trop tard. Pourquoi cette terrible attente du salut, le retard lui-même est indécent. Et jamais il n'y aura de béatitude assez grande et profonde pour compenser toute la souffrance et toute la misère, pour guérir tout ce qui a été abîmé et foulé aux pieds. Il n'y aura pas de réparation, entends-tu, comment serait-ce possible, à quoi pourrait-elle ressembler ? Ce ne serait qu'une misérable aumône en compensation de toute la misère, de tout le malheur survenu au cours de milliards d'années. Un petit su-sucre ridicule. Il sait très bien lui-même qu'il restera toujours débiteur, qu'il ne pourra jamais réparer, c'est pour cela qu'il préfère ne pas venir. Pas de réparation pour Dieu. Jamais. Et l'occupant fera du monde ce qu'il veut. L'Europe entière, comprends-tu, pas seulement la France, non, l'Europe, pendue à la croix gammée, pour l'éternité, comprends-tu ? Pieds en l'air, articulations des épaules démises, rien que des crucifixions inversées.

Dieu ne le permettra pas, Monsieur.

Dieu permet tout, c'est bien là le problème. Tout et chaque chose, la moindre immonde cochonnerie, tu ne comprends donc pas ça dans ton cerveau rose de servant de messe ? Dieu a donné carte blanche pour tout cela.

Mais alors pourquoi priez-vous sans cesse ?

Eh bien pourquoi pas. Pour ça, justement. Il est mort, le fils de Dieu, plus mort que mort. Et tel père, tel fils. C'est tellement crédible… simplement parce que ça n'a ni rime ni raison. On l'a enterré, il est ressuscité, et le ressuscité est mort pour toujours. C'est parce que c'est impossible qu'on en est tellement sûr. Credo quia absurdum.

Je ne vous comprends plus.

Le servant de messe essaie de mettre fin à cette conversation qui le met mal à l'aise.

Mais l'homme rajoute encore :

In nomine patris et filii et spiritus sancti.

Un amen s'échappe des lèvres du servant de messe.

Et maintenant laisse-moi tranquille, j'ai à faire.

L'homme marmonne des propos incompréhensibles, balance son corps d'avant en arrière, il est inaccessible.

Le peintre a regagné doucement ses draps blancs. Il essaie d'oublier qu'il ne se souvient pas. Il roule vers Paris, vers l'opération, dans le fourgon mortuaire, et se souvient du paradis blanc. Il est allongé dans la clinique blanche et il se remémore un trajet en corbillard, de Chinon à la capitale de la douleur. Quand rêve-t-il de quoi ? Il secoue la tête dans son rêve. Les petits conspirateurs vivent donc comme lui dans la clinique blanche ? Cela lui semble si impensable qu'il se tourne vers la cloison blanche comme neige.

Et à nouveau il les revoit, la mère et l'enfant qu'il a peints en 1942, l'année des grandes déportations. C'est l'un de ses derniers tableaux, il l'a peint à Champigny-sur-Veude. Les deux têtes ne pourraient être plus proches, elles se mélangent presque, mais de cette proximité naît l'immense tension qui les déchire. Le regard de la mère glisse vers le sol brun sale. Ce qu'elle porte autour de ses yeux, ce ne sont pas les cernes de l'épuisement, c'est l'ultime absence de perspective. L'œil gauche surtout est souillé d'un sombre cercle d'infortune, il se noie dans la couleur du malheur.

Mais c'est le regard de la petite fille qui est au centre, si plein de vie, légèrement tourné vers le haut, s'échappant malicieusement du malheur, vers l'avenir sans doute, qui pour l'enfant de toute façon ne porte pas ce nom. Il n'y a que le maintenant et le désir presque tangible de vivre. Les yeux étincellent de joie, regarder est un pur ravissement. La fillette ne tiendra pas longtemps sur les genoux de sa mère. Le présent est de plomb ; seule l'une des épaules de la mère est visible, l'autre a déjà sombré, engloutie par la catastrophe. Mais les épaules de la fillette sont gonflées de bonheur, du plaisir jubilatoire que lui procure cette volonté de vivre sur la toile rêche de la misère.

Plus tard, la fillette si vivante aura la posture de sa mère accablée. Les deux visages incarnent deux phases de la vie dont l'une est sûre comme la mort et l'autre passagère. Les épais bas bruns de la mère dominent très visiblement le premier plan. A-t-on jamais vu des bas exprimer autant de misère que cette double détresse au brun de tourbe ? La vie même est une étroite paire de bas bruns. Le pied gauche de la chaise est si penché que ce couple inégal un instant réuni ne peut que basculer incessamment dans l'abîme. Pourquoi le mot *iama* lui revient-il en mémoire maintenant ? L'ombre noire, épaisse sur la gauche ne pourrait être plus infinie. Y a-t-il seulement des murs ici ? Guère : l'espace n'est que l'immense enclos vide de la misère.

Mais le bleu de ces deux robes ! Deux compartiments secrets de bleu céleste désassortis. Sur les deux peaux, un lambeau de promesse de bonheur clair. Chez la mère, le regard, la posture et les bas bruns tourbe en sont un déni immédiat. Le tout petit peu de dentelle blanche de sa combinaison renforce encore la dénégation. Chez la petite fille, le bleu du ciel est la peau du présent bondissant. Elle durera aussi longtemps que la fillette y croira. Un peu de ce bleu de promesse se love coquettement autour de ses yeux. Peut-être un jour la fillette bleu ciel verra-t-elle davantage de bonheur ? Mais ce n'est écrit nulle part.

Le peintre se cabre dans son drap blanc lumineux. Non, pas le bonheur. Pas ça, pas le bonheur dérisoire. Le bonheur, ce n'est pas le sujet. Parle plutôt de lait. La couleur de l'avenir est la couleur du lait.

MADEMOISELLE GARDE
ET LE BONHEUR DÉRISOIRE

Allongé dans son lit à la blancheur aveuglante, il pense en effet au mot bonheur, qui semble si incongru, si étranger à sa vie. Ce mot-là, vraiment ? Est-ce bien nécessaire ? Un synonyme peut-être, mais il n'en existe pas. Passer pour le plus malheureux des peintres de Montparnasse était un rempart bien commode. L'aura du malheur préserve l'homme des importunités du monde. On a la magnanimité de laisser en paix le malheureux. Il devient intouchable, comprenez-vous ? Ce fabuleux préjugé le protège comme une odeur corporelle trop forte. Le malheureux Soutine ! Tout Montparnasse soupire. Enfance atroce, pauvreté désolante, haine destructrice de ses propres tableaux, ulcères dévorants, timidité invétérée, désarroi absolu. Et voilà qu'il a l'occupant et ses sbires à ses trousses ! Caché dans un corbillard !

Ou alors il est, comme toujours, l'avant-dernier sur l'échelle de la misère : le dixième sur onze. Le peintre de l'humanité perdue, voilà ce qu'ils disaient, le peintre des humiliés et des outragés, qu'ils disaient, de la faim, qu'ils disaient, des animaux martyrisés. Les dindons crucifiés, les lièvres pendus, déjà écorchés ou en passe de l'être – autant d'images de lui-même, qu'ils disaient. Ils s'imaginaient sans doute aussi que c'était lui, la carcasse de bœuf arrosée de sang.

La mort aux couleurs moirées l'a convoqué, en a fait un témoin oculaire. La mort ne veut pas mourir invisible. La mort est triomphe, et son plumage est somptueux ! La poule au cou bleu, les marbrures sombres de la caille. La mort était exigeante, elle voulait qu'on la peigne en couleur. Le malheur, oui, mais dans l'exaltation enivrante, haletante de la rétine. Lui, ils ne l'ont pas vu. Il était invisible. Et voulait le rester.

Andrée, peintre-satellite de la planète Montparnasse, lui avait un jour posé la question de sa voix claire ; elle seule avait osé :

Vous avez été très malheureux, Soutine ?

La question l'avait sidéré ; au début, il n'avait pas compris. Mais dans le fourgon mortuaire et les draps clairs du paradis blanc, il se souvient encore de sa réponse :

Non ! J'ai toujours été un homme heureux !

Et elle affirme que son visage rayonnait de joie orgueilleuse.

Il cherche le vrai bonheur dans ses souvenirs. Vrai bonheur ou bonheur dérisoire – c'est du pareil au même. Mais il était là quoi qu'il en soit, avait laissé des traces. C'était l'essentiel. Le bonheur du départ de Smilovitchi, l'arrivée à Vilna dans la lumière nocturne des becs de gaz, le trajet jusque dans l'éblouissante capitale mondiale de la peinture. Dix ans de harengs, de choux flétris et de faim lancinante. Mais au bout du compte, l'entrée en scène de Barnes, le dieu-pharmacien. Qui l'aurait cru ? Cette aisance simulée, d'une vérité confondante, ce mélange unique et raffiné de vie de clochard et de vie de château, les chapeaux de chez Barclay, le chauffeur Daneyrolles, les mois d'été en villégiature au Blanc chez Zborowski, et à Lèves, chez les Castaing qui attendaient fébrilement le moindre de ses tableaux et le payaient royalement quand la crise de 1929 avait ruiné Zbo.

Ils étaient fous de ses tableaux, les accueillaient dans leur somptueuse demeure de Lèves, les traitaient comme leurs hôtes les plus éminents. Cette attente muette et servile des

Castaing le galvanisait. Le monde entier semblait attendre le prochain tableau. Un bonheur dérisoire. Et lui faisait semblant de douter pouvoir jamais en refaire un. C'était toujours le dernier coup de pinceau, la dernière fois. Il adorait cette comédie bourgeoise. L'été, il vivait comme un coq en pâte au sein de la bourgeoisie française la plus élégante, il l'observait avec curiosité, la trouvait charmante, avec ses tics et ses rituels. Le salon, la musique blanche d'Erik Satie, le tintement des flûtes à champagne. Le parapluie oublié par Satie en 1924 et toujours accroché au piano à queue.

Le dîner est servi !

Est-ce qu'il a vraiment entendu cette phrase dans le fourgon mortuaire ?

On l'invite poliment à venir dîner, il met un vrai costume, mais même dans son bleu de travail éclaboussé de peinture, il se sent respecté et bienvenu. Si seulement tout Smilovitchi pouvait assister au spectacle ! Seuls les domestiques le toisent d'un œil méfiant quand il veut les peindre. Et il leur porte un intérêt manifeste. La cuisinière, le majordome. Ici rien ne ressemble à son enfance, l'été français l'a effacée.

Henry Miller écrit : Soutine est moins sauvage maintenant ; il peint même des animaux vivants ! C'en est fini du sang, ne reste que la tristesse.

Et des femmes qui lisent, immergées dans l'herbe, captivées, les yeux écarquillés, rivés sur les pages. Et la cathédrale de Chartres, chancelante. Il est enfin arrivé, la lumière du paysage l'a pris dans ses bras et l'a chahuté doucement. L'éboulement de Céret a pris fin.

Mais pas une seconde il n'oublie où il est, il continue à se ruer sur les journaux pour comprendre quels livres l'on brûle dans un pays tout proche, quels tableaux sont qualifiés de dégénérés, quelle guerre s'annonce pour bientôt. La mort et ses couleurs ne sont pas derrière lui. Mais il peint même des animaux vivants. Et aussi Charlot, à qui il a offert sa palette. Enfants perdus de Civry et de Champigny, petits météorites éjectés de l'univers.

Et lorsque l'occupant arrive, c'est son bonheur dérisoire que de devenir invisible sous son chapeau bleu. De voir le tampon altérer sa photographie. Que personne ne puisse voir l'étoile sur sa poitrine, à gauche. Il n'est pas tombé dans le piège du vélodrome d'hiver. Ils le cherchent, il est introuvable. Le bonheur dérisoire de la disparition. Et le bonheur des faux papiers.

L'ulcère à l'estomac, lui, n'a pas disparu, la douleur cloue le bec au bonheur qui vient toujours sans crier gare. Il avait peur de devenir un autre, peur d'être devenu autre. La vieille blessure doit rester ouverte. Qu'elle disparaisse, et son talent s'éteindra. Pauvreté, faim et laideur offrent des possibilités merveilleuses. La beauté pure, elle, est repos, immobilité, elle lui fait tomber le pinceau des mains. Les beautés de Modigliani, il ne peut pas les voir. Elles illuminaient les corps, un peu comme des lanternes de papier. La beauté les éteint.

Il devient triste dès que l'on parle en sa présence d'un monde plus juste. Le peintre aime l'injustice, il voit en elle une chance. Pour lui, la justice est une déesse misérable qui cherche à rendre l'homme plus petit. Il lui préfère infiniment la chance, si minime soit-elle. Tout est injustement réparti, comprenez-vous ? Tout. La santé, la richesse, la beauté, le talent et la renommée. Seule l'inégalité inspire et donne des ailes. Le moindre combat de catch lui semble préférable à un monde meilleur. L'attente fruste, l'impatience amère, le désir sans espoir de satisfaction.

Il a peur de devenir un autre. Il se vautre dans les vieux draps des premières blessures, des pires vexations. C'est de là que ça vient. Tu es issu de la blessure. Elle est l'acte de naissance, le passeport pour la vie. Tu dois veiller sur elle, en prendre soin, ne pas la gaspiller. Maintenir la blessure ouverte de ton pouce maculé de peinture. Ne pas embellir la cicatrice. Ne rien désinfecter. De ce même pouce qu'il s'est démis un jour où il peignait. Ce pouce désespéré qu'il reconnaît jusque dans les tableaux de Rembrandt. Lui aussi parfois peignait avec le doigt.

Et puis il se produit quelque chose qu'il n'avait pas prévu.

Une main se pose sur son front. Il est étonné et pense d'abord à Marie-Berthe, mais ce n'est pas sa main. Chaque main a son langage, chacune a son propre poids, sa douceur précise dans la pression, chaque ligne en elle a sa propre température. Il lève les yeux, stupéfait. Il la reconnaît aussitôt.

Garde, que fais-tu là, dans ce fourgon ?

La main lui caresse le front, d'abord du bout des doigts, doux, rafraîchissant, puis de l'arrière des phalanges repliées, plus chaud, dans un sens, puis dans l'autre, tout doucement. Elle se penche vers lui, un sourire sur les lèvres.

Ne t'inquiète pas mon chéri, ne pose pas de questions, reste tranquille. Tu dois y aller ; on t'attend, les médecins sont au courant.

Mais, tu es pourtant à Gurs ? Comment as-tu pu sortir ? Comment es-tu arrivée ici ? Qui t'a appelée, qui t'a prévenue, qui t'a laissé entrer ?

Ne pose pas de questions, ça n'a plus d'importance. Je suis venue, cela suffit.

Il entend à peine la réponse, s'enfonce dans cette demeure cotonneuse où il vit désormais, où vivent ses douleurs assourdies.

Son ange gardien, il l'a rencontré au Dôme, un soir. Il ne s'était pas annoncé. C'était en octobre 1937. Elle s'était présentée avec un accent allemand à faire dresser les cheveux sur la tête : Gerda Groth-Michaelis. Elle était assise là, tout simplement. Comme elle est assise maintenant près de lui dans le fourgon mortuaire qui cherche son chemin vers Paris. Elle parle à voix basse en direction du pare-brise avant. Mais avec qui ?

Je m'appelle Gerda Michaelis. Je suis née à Magdebourg où mon père, qui était juif, tenait un commerce de fourrure et de cuir. Dans ces années-là, chez les étudiants allemands, on avait vite fait de devenir socialiste, aussi facilement qu'on devient surréaliste, c'était tout aussi excitant. Mais nous avons vite constaté qu'à côté de nous il y avait à Magdebourg une tout autre jeunesse. Les chemises brunes avançaient au pas cadencé dans l'Allemagne des chômeurs. Après la prise du pouvoir, les lois raciales sont vite arrivées. Lorsque le magasin de mon père a été confisqué et aryanisé, la peur a grandi dans la famille, je ne me sentais plus en sécurité, je voulais quitter mon pays. J'avais une amie, Charlotte, qui avait déjà fui l'Allemagne et vivait chez des paysans dans un village paisible de Normandie. Je suis partie avec une petite valise et presque pas d'argent. Là-bas, le temps est immobile, on sent son souffle tous les matins : Je suis ce que j'étais déjà hier. Au bout de trois mois, j'étais déprimée par cette vie et ses odeurs de paille et de lait, et j'ai décidé de partir pour Paris. Là-bas, il y aurait forcément une solution. Un soir, je suis montée dans le train sans rien dire à personne. Le lendemain déjà j'étais assise dans un de ces cafés de Montparnasse. On y trouvait beaucoup d'Allemands poussés hors de leur pays.

Mademoiselle Garde a commencé à parler dans le fourgon mortuaire, mais il se rend vite compte que ce n'est pas à lui qu'elle parle. Elle s'était pourtant adressée à lui, lui avait caressé le front, il en est sûr, mais ensuite, elle s'est mise à parler en direction du pare-brise avant. À l'avenir ? Il est sourd. Aux conducteurs ? Peu vraisemblable. Ils scrutaient la campagne, prêts à obliquer à chaque instant sur une route secondaire si des véhicules militaires surgissaient, ou à se ranger derrière une grange jusqu'à ce que le convoi soit passé. Prendre la tangente, surtout ne pas être arrêté, avancer sans prendre de risque. Ils se disaient : on n'arrête pas un fourgon mortuaire sur une route de campagne, il faut qu'il arrive à bon port, la mort ne souffre pas d'atermoiements. La mort, elle poursuivait son ouvrage, rien d'extraordinaire à cela. En pays occupé, on continuait à mourir comme avant, mais plus souvent. Les exécutions d'otages s'étaient multipliées depuis les attentats de l'été 41. L'occupant avait décrété que tous les détenus étaient des otages et procédé à des exécutions massives. Les yeux bandés, ils criaient : Vive la France ! avant d'être abattus. Guy Môquet était le plus jeune, dix-sept ans à peine, après l'attentat de Nantes, le 22 octobre 1941.

Les lettres d'Allemagne que je recevais de ma sœur Alice ne présageaient rien de bon. Alice est venue à Paris, elle avait mis dans ses bagages quelques bijoux de notre mère que nous pourrions vendre. Nous vivions au jour le jour, mais nous vivions. C'était une lutte quotidienne. Mais en 1935, nos parents nous manquaient tant que nous sommes parties pour Berlin où ils avaient échoué entre-temps. Tous ces drapeaux à croix gammées à Berlin m'ont bouleversée, mon père était vieux et malade, et l'avenir qui se profilait était sombre. Il se demandait s'il ne ferait pas mieux de chercher refuge au Japon. Ma visite a été interrompue brutalement. J'ai été dénoncée, convoquée par la Gestapo, et l'on m'a intimé l'ordre de quitter le territoire sur le champ. J'ai pris peur et suis montée seule dans le train pour Paris. Je n'ai jamais revu mes parents ni mes deux sœurs.

Garde ! C'est moi, Chaïm, parle-moi ! À qui donc parles-tu ? Tu ne m'entends plus ? Je ne suis pourtant pas mort. Tu viens juste de me parler. Quand tu es partie pour le vélodrome d'hiver et n'es pas revenue, j'ai été désespéré, comprends-tu ? Je t'ai écrit une lettre au camp de Gurs, je voulais t'envoyer de l'argent. Je n'ai pas eu de réponse, vous n'aviez sans doute pas le droit d'écrire. Je ne voulais pas renoncer à toi. À la villa Seurat, j'ai porté tes vêtements pour te faire revenir, je reniflais ton savon, j'ai trouvé un cheveu de toi, j'ai suivi ton odeur, partout, je t'ai cherchée dans l'armoire, j'ai porté ton écharpe autour du cou au beau milieu de l'été. Parfois, je prononçais simplement ton nom, le criais dans l'atelier vide, et cela me faisait déjà du bien de prononcer ton nom allemand que je n'ai jamais aimé. Gerda ! Et je me sentais mieux. Soudain il m'était devenu familier, c'était mon réfugié malheureux.

J'avais reçu de ma mère un paquet contenant des vêtements presque neufs. Ce jour-là, j'étais plutôt bien habillée. Je me suis avancée vers la table où étaient installés les Russes et les Polonais, et puis Carlos, ce gars du Costa Rica. On s'est présenté. Je n'avais encore jamais entendu le nom de Soutine, et ses compagnons de table me l'ont présenté en riant comme un « grand peintre ». Il a souri, et tout en lui m'a plu aussitôt, ses lèvres, le sourire ironique qui brillait dans son regard, à travers la fumée de cigarette. Il parlait français avec un accent slave, le café crème posé devant lui était étonnamment clair.

Garde, ensuite, je suis retourné dans les cafés de Montparnasse, j'ai demandé au Dôme et à la Rotonde si quelqu'un savait quelque chose sur Gurs, comment on y traitait les détenus, si vous aviez assez à manger. Personne n'a pu me dire quoi que ce soit de précis. Simplement qu'on y internait tous les Allemands, les étrangers ennemis. Je suis retourné à Civry, je repensais à notre été là-bas, quand j'avais peint les enfants sur la route de campagne, essayé de les peindre mais n'y arrivais pas. Le vélodrome d'hiver avait englouti mon ange gardien, il était dans les Pyrénées, et j'étais sans nouvelles.

La vie à Paris est devenue à nouveau plus difficile. J'essayais de ne pas désespérer, mais pour nous, les réfugiés allemands israélites, le Front populaire n'a pas amélioré la situation. Quand on voulait échanger des nouvelles, on allait dans les cafés de Montparnasse. On trouvait toujours quelqu'un pour aider, pour indiquer un petit boulot. Je lavais du linge chez les gens et faisais la vaisselle, et le soir, éreintée après douze heures de travail, je pleurais dans mon lit.

Garde ! Je ne t'avais pas remarquée tout de suite. Il y avait tant de passantes dans ce mitan du monde. Le Dôme était une vraie volière, on y parlait toutes les langues, on y entrait, on en sortait, on était présenté à l'un ou à l'autre et l'on se perdait de vue l'instant d'après. Fugitives petites colombes du hasard.

Nous avons à peine échangé dix phrases. Mais les jours suivants, je l'ai cherché, je suis retombée sur Carlos à qui j'ai dit que je voulais revoir ce peintre, vous savez bien qui ? et Carlos m'a emmenée chez Soutine à la villa Seurat. Mon Dieu ! Tout m'a semblé sale dans cet appartement. Les meubles étaient couverts de poussière et de taches, le sol jonché de mégots de cigarettes, l'atelier était un vrai cendrier géant. L'homme qui habitait là semblait vivre dans un rêve et ne rien percevoir de tout ça. Il vivait comme un chat abandonné. Tout était abîmé, misérable, usé jusqu'à la corde.

Garde ! L'Hendrickje de Rembrandt entrant dans l'eau du fleuve, remontant sa combinaison, dévoilant ses cuisses… Elle regarde l'eau. Modigliani n'a jamais rien peint d'aussi beau, Garde ! La toile n'était pas au Louvre, mais à Londres, je voulais y aller rien que pour voir ce tableau, cette femme entrant dans l'eau, j'en avais une reproduction que j'emmenais partout, que je fixais avec des punaises. Pas un jour sans que j'y jette un regard. Garde ! La femme entrant dans l'eau du fleuve !

Il s'est excusé de ne pas avoir d'apéritif à nous offrir. J'ai une maladie de l'estomac, a-t-il dit, je n'ai pas droit à l'alcool. Il avait un gramophone et a voulu nous passer un morceau de Bach, il en vantait la beauté. Il a ouvert son atelier mais je n'ai pas vu le moindre tableau, il était vide et pourtant en désordre. Cela m'était égal, ce n'était pas le peintre que j'étais venue voir. À l'époque, je vivais dans une petite chambre de l'hôtel de la Paix, boulevard Raspail, je l'ai invité à venir prendre le thé avec des amis le surlendemain, j'ai acheté des gâteaux et des fleurs. Il n'est pas venu. Il ne viendra pas, a dit l'un des invités. Tout le monde le sait, Soutine n'a pas de montre. Il oublie tous ses rendez-vous. Il commençait à faire nuit, la chambre flottait dans un nuage de fumée de cigarette. Et enfin, Soutine est arrivé, souriant. Il a pris un peu de thé dans une tasse, l'a remplie de lait. Ils étaient tous partis, il est resté le dernier. Il se rappelait qu'il y avait du catch ce soir-là au vélodrome d'hiver, nous avons pris un taxi pour y aller. Soutine nous a pris les meilleures places, tout contre le ring. Il était de bonne humeur et plaisantait. Le catch, je ne savais pas vraiment ce que c'était. Un très beau sport, a dit Soutine avec un sourire solennel. Les coups de pied au visage sont autorisés, les coups de tête dans le ventre aussi. Il riait d'un rire silencieux et a posé doucement le bout du majeur et le pouce à la commissure de ses lèvres.

Garde ! Notre dimanche avait un nom. Nous allions souvent au Louvre. J'étais convaincu que l'on ne voit bien que seul, je l'avais cru des décennies durant. Et voilà que chacun de nous avait quatre yeux. Et je voyais tout d'un regard neuf. Garde ! La plante des pieds de l'ange quittant Tobie ! Le bon Samaritain ! La façon dont il se retourne dans l'escalier vers le voyageur terrassé par les bandits. Bethsabée tenant la lettre de David ! Bethsabée ! Le petit servant de messe avec sa cuvette d'eau bénite et son aspersoir, dans l'Enterrement à Ornans de Courbet ! Tu te souviens du petit enfant de chœur ? De son regard ? Et la raie de Chardin, n'oublie pas la raie ! Pour nous, le Louvre, c'était le dimanche. Et le dimanche, c'était Bethsabée, un petit servant de messe, une raie.

Il s'est levé brusquement, avant même la fin du dernier combat, il ne se sentait pas bien. D'intolérables brûlures dans le ventre. Il a voulu rentrer tout de suite et m'a demandé de l'accompagner. Il était soudain plaintif et familier, comme s'il me connaissait depuis longtemps. Je vais vous aider, je prendrai soin de vous, lui ai-je dit. À la villa Seurat je lui ai préparé une bouillotte et lui ai donné un verre d'eau de Vichy tiède. Ses douleurs se sont calmées. Il a allumé une cigarette et commencé à bavarder, il parlait de sa maladie qui le faisait souffrir depuis quelques années déjà. Il disait que dans sa jeunesse la mauvaise alimentation et l'alcool lui avait ruiné l'estomac. De temps en temps il répétait d'une voix souffrante : Dites, vous n'allez pas m'abandonner ?

Garde ! Chez nous, il existe une croyance selon laquelle chaque homme a en lui un os minuscule qu'on appelle l'amande. Et tu sais où il se trouve, cet osselet-amande ? Tout près de la vertèbre Atlas. Il abrite l'âme de l'homme, son noyau le plus intime. Garde ! Cet osselet est indestructible. Même si le corps de l'homme est tout entier déchiqueté, brûlé et réduit à néant – l'osselet-amande est impérissable. C'est en lui que réside l'étincelle qui fait la spécificité de l'homme. Et selon cette croyance, c'est à partir de cet osselet que l'homme sera recréé lors de la résurrection. Je n'ai jamais cru à la résurrection, à Smilovitchi déjà, à l'époque, j'étais incapable d'y croire. Nous pouvons toujours attendre, le Messie nous aura oubliés. Mais cet osselet-amande, j'y crois, même aujourd'hui. Quand tu étais à Gurs, j'ai parlé à ton osselet-amande, je lui ai murmuré des choses.

Mais l'apaisement n'a pas duré bien longtemps, les douleurs sont revenues, plus terribles encore. Je lui ai préparé une nouvelle bouillotte et il s'est endormi. Je l'ai regardé dormir la moitié de la nuit, et je l'ai trouvé beau, allongé là dans sa terrible maigreur. À un moment donné, épuisée, je me suis écroulée à côté de lui. Je me suis levée à l'aube et je m'apprêtais à partir quand il s'est réveillé en sursaut: Gerda, vous n'allez pas partir? Il m'a attrapé le bras: Gerda, tu as veillé sur moi cette nuit, tu m'as tenu, avec tes mains, maintenant c'est à mon tour de te tenir! Il n'aimait pas mon nom allemand, j'ai donc été baptisée Garde, sa garde de nuit, celle qui veillait sur lui. Déjà je commençais à oublier mon nom, Gerda.

Garde! Une fois de plus, je roule vers Paris, comme à l'époque, en 1913. Je ne viens pas de Vilna cette fois, mais de la Loire, pas loin de la ligne de démarcation. Cela n'aurait aucun sens de la franchir aujourd'hui, j'ai attendu trop longtemps. Il faut que j'aille me faire opérer. Je pars pour un paradis blanc. Je pars pour le pays du lait.

Il était mystérieux, solitaire, plein de méfiance. Tout en lui était étrange, différent. J'ai vécu avec lui sans avoir idée du peintre qu'il était. Quand il travaillait dans son atelier, il ne tolérait pas qu'on le dérange. Il utilisait une quantité de pinceaux, et dans la fièvre de la composition, il les jetait au sol derrière lui, l'un après l'autre. Il y avait des tubes de peinture et des pinceaux partout, écrasés, éventrés. Parfois, il appliquait la couleur avec les mains, s'en mettait sur le bout des doigts. Il restait toujours de la peinture sous ses ongles, impossible à nettoyer. Une fois le travail achevé il rangeait le tableau face au mur pour que personne ne puisse le voir. Je n'avais en aucun cas le droit de regarder ses tableaux. Ils étaient stockés dans un placard. Mes regards n'étaient pas les bienvenus. Et je n'exigeais rien. Il me suffisait de vivre avec lui. Nous étions faits pour nous comprendre, je l'aimais. C'est tout.

Gerda ! Personne n'a jamais vu mes tableaux. Ils étaient invisibles, comme moi. J'avais peur de les regarder à nouveau, peur d'entendre la voix qui montait d'eux, qui m'ordonnait de les détruire, de lacérer la toile au couteau, de tout brûler. Je ne t'ai jamais peinte pour ne pas avoir à te brûler.

Les deux années qui ont précédé la guerre, Soutine et moi vivions au jour le jour, nous savourions chaque heure qui passait, la joie d'être ensemble, la douceur modeste d'un bonheur menacé. Nous avions volontairement aboli notre passé et fermions les yeux devant l'avenir.

Garde ! Qui sait ce qu'est l'avenir ? Une framboise. Il sera froid, et il n'y aura personne pour nous aimer comme nous nous aimons. C'est un désert. Vermouth, absence. Rien que des inconnus qui secouent la tête, ferment les yeux pour ne pas nous voir. Garde ! À Minsk et à Vilna j'avais hâte d'aller vers l'avenir, j'étais plein d'impatience, j'étais pressé. Paris, c'était déjà l'avenir, et je voulais y aller. Mais l'avenir nous détourne de l'image qui naît en nous. Arrêter le temps, à la Ruche, à l'époque, voilà ce que je voulais, et la toile grossière obéissait à contrecœur.

À l'hôtel de la Paix boulevard Raspail, j'avais fait la connaissance d'un couple d'Autrichiens qui comme moi avait fui la terreur hitlérienne. Ils étaient en transit à Paris, attendaient d'émigrer en Amérique. Je suis allée voir Madame Tennenbaum et je lui ai demandé si son mari voudrait bien examiner Soutine. Le docteur a suggéré de faire une radio de l'estomac, Chaïm a accepté pour me faire plaisir. Tennenbaum m'a dit que Soutine souffrait d'un ulcère très grave. Je crains qu'il ne soit trop avancé, et incurable. Son organisme est affaibli et usé. Je ne pense pas que cet homme ait plus de cinq ou six ans à vivre. N'y a-t-il aucun espoir ? lui ai-je demandé. Espérons qu'il se produise un miracle, a répondu le docteur Tennenbaum, et il a prescrit à Soutine du bismuth, de la papavérine, de la laristine. À l'époque, nous espérions tous que se produise un miracle. On a les pires pressentiments, la guerre se profile, j'entends tous ces aboiements à la radio, mais on continue à espérer que se produise un miracle, n'est-ce pas incroyable ?

N'avoir rien d'autre à l'esprit que les miracles, voilà notre erreur. La douleur est une erreur qui nous habite. Le paradis blanc est plein de ce lait qui m'attend. Je ne voulais pas me noyer dans mon propre sang. Garde ! Qui ne s'en va jamais ne revient jamais non plus.

Soutine a jeté les médicaments, a décrété que le médecin était un charlatan. Madeleine Castaing connaissait un grand spécialiste, le professeur Gosset. Son diagnostic a été exactement identique. Et cette fois Soutine voulait guérir, se nourrir correctement, ingurgiter tous les médicaments que lui prescrivaient les médecins. Cela faisait des années qu'il se nourrissait de pommes de terre bouillies, de nouilles fades juste cuites à l'eau, de soupes de légumes, de café au lait. Il avait beaucoup maigri, on lui voyait les côtes, rouge framboise. Il prenait désormais plaisir à manger, je lui achetais du jambon, lui préparais des biftecks, des poulets rôtis… Il riait en voyant arriver les plats sur la table, il plaisantait : Ne touche pas au poulet, tout est pour moi. Il trouvait cela agréable d'être à nouveau en vie.

Les personnages devaient ordonner au temps de se tenir tranquille. Seul l'ulcère se rappelait à moi comme une pulsation mauvaise, un rythme décalé le faisait avancer. Garde ! Tu ne vas quand même pas m'abandonner si je dois aller me faire opérer à Paris ? Combien de fois je t'ai appelée ces derniers temps ! J'ai l'impression de rouler vers l'avenir froid. Là-bas il y a un pays de lait, tout est blanc, les vaches sont blanches. Il faut que je traverse le blanc et je serai guéri, Garde !

De mois en mois je constatais une amélioration. Ses amis le congratulaient. Cela me faisait plaisir, c'était mon œuvre. Les amants émerveillés s'enivrent de leurs caresses. Il regardait parfois mon corps avec attention. Tu es belle, m'a-t-il dit un jour en riant, tu ressembles à un tableau de Modigliani ! Je sais que je me rends ridicule en racontant ça.

Garde ! Parle-moi, ne parle pas aux conducteurs du fourgon, pas à l'avenir, parle-moi. Regarde-moi, je suis allongé ici à côté de toi sur cette couche de métal. Tu connais mes couleurs préférées, rouge vermillon, blanc argenté, vert Véronèse. Parle-moi !

En août 1939, nous sommes partis à Civry, un village à proximité d'Auxerre. Le peintre lituanien Einsild en avait fait un éloge enflammé, paysage ravissant, calme absolu, loin de la fièvre de Montparnasse. On voyait émerger les clochers d'Auxerre. Civry, son unique épicerie, tabac, lait, charcuterie et fil à coudre. Café et apéritif dans le même magasin. La chambre chez Madame Galand, simple et propre, il fallait aller chercher l'eau à la pompe. La route d'Isle-sur-Serein, les peupliers et le soleil. Soutine l'a peinte à plusieurs reprises. Lièvres morts, enfants de paysans aux bouilles sales. Je leur distribuais des sucreries pour qu'ils se tiennent tranquilles.

Malgré l'angoisse, c'était notre dernier été, Soutine guettait avec méfiance l'arrivée du journal, essayait de comprendre ce qui se passait de l'autre côté des frontières. La Pologne le 1er septembre 1939, et deux jours plus tard, la déclaration de guerre de la France. Jusque-là nous n'étions que deux originaux de Montparnasse venus passer l'été, du jour au lendemain, on nous a soupçonnés d'être des espions. En tout cas, nous étions des « étrangers ennemis ». Que nous soyons nous-mêmes persécutés, cela n'intéressait personne. Une semaine avant, Molotov et Ribbentrop avaient signé le pacte de non-agression. Et le maire, Monsieur Sébillote, s'est mis à bomber le torse et à faire l'important. Il a interdit « jusqu'à nouvel ordre » aux deux étrangers si repérables, avec leurs accents slaves et allemands suspects, de quitter les lieux. Nous étions bloqués à Civry. L'idylle estivale s'était transformée en piège. Après bon nombre de va-et-vient administratifs, Soutine a obtenu l'autorisation de se rendre à Paris pour consulter des médecins. Il cherchait à m'apaiser de ses serments : Tu-es-ma-femme, aies-confiance, je-ne-te-quitterai-jamais, ne-te-laisse-pas-abattre.

J'ai cherché désespérément à obtenir un laissez-passer pour toi. Mon ulcère en a obtenu un, mais mon ange était forcée de rester coincée là.

L'automne qui a suivi a été froid, je suis restée toute seule. Tout ce qui avait été lumineux était désormais d'une tristesse mortelle dans ce village de cent âmes. Au bout de deux mois, Soutine a ramené un laissez-passer en règle pour moi et nous avons pleuré de bonheur en nous retrouvant. Il a pris avec émotion le pull-over bleu que j'avais tricoté pour lui, avec ses initiales, C. S. Le maire s'est rengorgé de plus belle et nous a informé qu'en temps de guerre, seul le maire était habilité à priver deux étrangers suspects de la liberté de circuler. Moi, Sébillotte, maire de Civry… Fin avril 40, nous avons décidé de passer outre l'interdiction, et une nuit, nous avons fait nos deux valises. Nous n'avons pris que le strict nécessaire et sommes allés à pied jusqu'à l'Isle-sur-Serein. Le village était profondément endormi. La route sombre que Soutine avait peinte si souvent nous a accueillis, cette fois c'étaient nous, les écoliers cherchant main dans la main à travers l'orage le chemin de la maison. À une heure du matin nous avons pris le train pour La Roche, et après un changement nous nous sommes lentement rapprochés de Paris. À la gare de Lyon, Soutine m'a prise dans ses bras et m'a murmuré à l'oreille :

Garde, tu es sauvée…

L'invasion a démarré une semaine plus tard, l'Europe était aux abois. La Belgique et la Hollande ont capitulé le 10 mai 1940. À l'approche des troupes allemandes, le gouvernement a donné l'ordre d'interner tous les ressortissants allemands, considérés comme étrangers ennemis. Une foule bigarrée d'émigrés juifs, de communistes, d'antifascistes, d'artistes et d'Allemands présents par hasard sur le sol français, tous ces gens mélangés en une masse hostile et internés dans des camps. Le 15 mai 1940 j'ai dû me rendre au vélodrome d'hiver. Nous avons traversé Paris en taxi. Nous n'avons pas dit un mot. Nous sommes descendus de voiture, nous sommes longtemps tenus enlacés. J'ai passé une porte de verre et j'ai disparu dans l'obscurité de l'intérieur. Je ne l'ai jamais revu.

Quand tu es partie, je me suis dit : C'est la fin. Mon ange gardien m'a quitté, ma Garde. Bientôt ils viendront me chercher moi aussi, et après, en route, tu sais pour où. S'ils viennent chercher les anges gardiens, que deviendrons-nous ? Ce sont pourtant les derniers qu'il faudrait arrêter. La nuit, villa Seurat, j'ai rêvé plusieurs fois de décharges noires fumantes, fourmillant d'anges gardiens blessés, empilés pêle-mêle, les ailes encore agitées de soubresauts. Il faisait nuit, ils avaient le visage barbouillé de charbon et d'huile et gémissaient dans le noir. La décharge crissait sous mes chaussures comme du verre brisé, comme des bouts de céramique ou de porcelaine cassée. J'avais peur de marcher sur les anges, je cherchais à me frayer un chemin entre eux. Et il fallait que je cherche mon ange gardien à moi. Je criais : Mademoiselle Garde ! j'ouvrais grand la bouche mais il n'en sortait pas un son. J'essayais à nouveau, criais plus fort, le plus fort possible, mais il ne se passait rien, pas de réponse, rien que cet atroce gémissement de rongeurs blessés. Et j'entendais, assourdissant, amplifié par des haut-parleurs, le battement de mon cœur. Le rêve m'a terrifié, j'ai sauté de mon lit et ai crié une dernière fois :

Mademoiselle Garde !

Le peintre regarde le plafond clair et lisse et attend que les bruits du couloir refluent. Ce doit être la nuit, ou quelque chose qui ressemble à la nuit au pays de la neige et du lait. Il essaie de se souvenir mais il ne reste pas grand-chose. Le matin à Chinon, les tilleuls, la Citroën noire, ces gens étranges qui s'adressaient à lui dans le fourgon mortuaire, un voyage interminable – mais pour où ? Les loups noirs sur leurs motos, les boucles de ceintures avec leur GOTT MIT UNS triomphant et sardonique, les side-cars, les manteaux de cuirs. Il se souvient que Marie-Berthe lui avait passé autour du cou une petite croix suspendue à une chaînette et lui avait murmuré que Dieu était mort pour lui. Il porte la main à son cou mais ne trouve plus rien, ni chaîne ni croix.

Le temps est long, mais elle arrivera bien à un moment ou à un autre. Viens, nuit. Mais la nuit ne vient pas. Rien que cette lueur blanche entre les lamelles des stores. Cette vibration devant les yeux, le mouvement de la neige qui tombe et l'emmène vers le sommeil. Mais qui donc neige autant pour qu'il puisse dormir ? Au reflux suivant, quand on n'entend plus qu'un léger gargouillis dans d'invisibles tuyaux, il ressort, avance dans le couloir en direction de la fenêtre, et ce n'est même plus une nuit blanche comme on en connaît dans les pays du nord, il avait entendu les Russes en parler à la Ruche. Non, pas de soleil de minuit. Rien qu'une lumière de neige à l'étrange rayonnement blanc.

Une fois de plus, pas âme qui vive dans le couloir. Il s'approche de la fenêtre, passe doucement l'index de la main gauche sur la peinture blanche du rebord, et de l'autre index trace machinalement les contours du bâtiment d'en face – puis il tressaille et s'interrompt. Comme si son doigt s'était souvenu des paroles du docteur Bog.

Il se prend sur le fait, ses index le prennent sur le fait. Ici il n'était pas autorisé à peindre. Il était guéri. Absence totale de douleur. Pas même quelques lignes esquissées de l'index sur la vitre ? Comme autrefois sous les pins dans le sol sableux de la Baltique, quand il dessinait les portraits les plus fous avec une pomme de pin pointue ? Ici ce n'était que la vitre, qui n'en gardait pas la moindre trace tant elle était exempte de saleté et de poussière.

Il s'éloigne de la fenêtre avec un sentiment de déception coupable, monte à l'étage par l'escalier étroit au bout du couloir. Impossible de déterminer la taille et la disposition de la clinique, les portes voûtées et les placards muraux se succèdent dans les couloirs, innombrables. Il s'étonne malgré le reflux des bruits de ne jamais rencontrer d'autre patient, ou de soignant sévère qui le renverrait dans sa chambre.

Il commence à s'enhardir, il entre dans plusieurs chambres à l'étage supérieur où il avait déjà exploré la chambre à la poupée de bois et épié le comité de conjurés autour du garçon-pâtissier. Pas âme qui vive, rien que des chambres vides. Lumière blanche éclatante. Puis il en ouvre encore une autre, s'attend à la trouver vide elle aussi, et a un mouvement de recul. Dans un cube à la blancheur aveuglante, alignées au cordeau les unes derrière les autres, encadrées ou pas, des toiles à même le sol. Des dizaines de toiles, la pièce en est presque remplie, seuls de petits sentiers ménagés entre les rangées permettent de passer. Elles ont été soigneusement disposées ici – mais par qui ? Dans une clinique où il est strictement interdit de peindre ?

Timidement, en se servant de deux doigts, il commence à dégager une toile des autres et regarde ce qu'elle représente. Le choc est terrible. Ce n'est pas possible ! Il croit devenir fou en reconnaissant ses propres tableaux, pas ceux qu'il a vendus à Guillaume, à Barnes ou aux Castaing, mais sans erreur possible ceux qu'il a détruits de ses propres mains tout au long de sa vie, lacérés, mû par la rage de l'insatisfaction, brûlés, en proie à l'indomptable fureur de la destruction. Et systématiquement, comme pour se moquer de lui, les voilà soigneusement rassemblés. Il reconnaît même les tout derniers, ceux qu'il a brûlés à Champigny, juste avant de partir pour la clinique de Chinon, la cheminée fumait, tirait mal dans la petite maison à l'entrée du Grand Parc, sur la route de Pouant.

Comment est-il possible que tous ces tableaux se retrouvent ici, quel est l'imbécile qui a collectionné toutes ces toiles victimes de sa rage destructrice ? Des cendres et des lambeaux de toiles peuvent-ils reprendre forme ? Il ne croit pas à la résurrection, et pas plus à celle des tableaux détruits. Pour eux non plus, pas d'espoir de voir venir le Messie. À moins que les tableaux aussi n'aient un osselet-amande, indestructible ? Ils étaient alignés là, bien proprement, registre exhaustif de ses méfaits destructeurs.

Toutes les hécatombes de l'époque de Céret, tout était là, préservé, intact ! Ce que Zborowski et son chauffeur Daneyrolles avaient recueilli dans son dos, ce que Jacques avait restauré à grand renfort de chirurgie fine et qu'il avait réussi à soustraire à nouveau à leurs manigances : tout était là ! Rien n'était perdu, rien du tout. Conservé jusque… jusqu'au Jugement dernier ? Il avance lentement de toile en toile et se rappelle la colère sans bornes qui leur avait valu ce sort-là. Qui donc pouvait accorder de l'intérêt à tous ces détritus et accidents, qui donc pouvait leur accorder de la valeur quand lui-même les avait depuis longtemps reniés ? Qui les avaient volés et cachés pour qu'il les retrouve là ? Qui pouvaient bien être ces voleurs célestes de la conservation, de l'intégrité ?

Il comprend de moins en moins ce lieu blanc où on lui a promis la guérison et la lui a effectivement assurée, où on l'a délivré de toute douleur mais lui a strictement défendu de peindre tout en conservant et collectionnant des tableaux qu'il avait depuis longtemps voués à la destruction.

Il s'attend à être pris d'un immense accès de rage, s'attend à courir, fou de colère, se plaindre au docteur Bog de cette reconstitution sacrilège, mais à son grand étonnement il reste calme, détendu. Lui ont-ils administré des sédatifs ? Pas moyen en tout cas de trouver le dieu en blanc avec tous ces couloirs. D'ailleurs, il n'avait pas reparu depuis son exposé sur ce suc si particulier qu'est le sang. Il n'était plus revenu auprès de son lit avec cette considération feinte que cultivent tous les médecins, ni en bombant le torse, ravi de cette guérison fabuleuse. Il ne revenait plus.

Désorienté, le peintre quitte la pièce et reprend l'escalier pour descendre dans les souterrains, il ouvre par hasard la porte d'une chaufferie, s'étonne d'y voir tant de tuyaux petits et gros, écoute la musique assourdie qui en émane, inhale l'odeur poussiéreuse et douceâtre. Des sons traversent mollement les lieux, accélèrent pour s'apaiser à nouveau, grondements, sifflements, claquements et roulements qui soudain s'apaisent d'eux-mêmes. Puis un grincement, et il sursaute, comme si le bruit le prenait sur le fait.

Le peintre s'égare dans cette jungle blanche, souterraine, des tuyaux de chauffage. Il ouvre sans y penser plusieurs placards clairs ménagés dans le mur, constate qu'ils sont vides, en ouvre encore un et recule, effrayé. Des détritus ont été fourrés là pêle-mêle, cela sent fort, son œil d'abord ne distingue que des teintes métalliques et des formes aplaties et tordues, puis il reconnaît ce qu'il doit reconnaître. Des tubes de couleur, tordus, écrasés, maltraités par la poigne impatiente d'un peintre, pinceaux et spatules collés, toiles abîmées. Une immense poubelle déversée n'importe comment par on ne sait qui dans le grand placard. Il ne sait pas s'il doit éprouver de la joie ou de la douleur, ne ressent d'abord rien d'autre que cette sidération rêveuse et cotonneuse.

Pourtant, presque comme un automate, il se met à extirper du placard cet amas de couleurs, tube après tube, comme un trésor récupéré dans le ventre d'un bateau englouti et pourrissant depuis des décennies, traversé de poissons indifférents, de raies, d'animaux sous-marins grisâtres. Il range les pinceaux collés, les tubes métalliques, avec leurs ventres compressés et leurs bandages colorés, les toiles et leurs ulcères, leurs tissus déchirés, leurs trous, leurs stries. Il les dispose sur le sol de la chaufferie, comme si tous ces détritus avaient attendu patiemment qu'il vienne leur donner un ordre. Absurde besogne dans ce cachot, dans ce paradis où il est interdit de peindre, où peindre est synonyme de matériel usagé, de détritus enlevés et confisqués puis stockés quelque part, avec leurs odeurs de térébenthine, remugles mêlés de moisissure, de marécage et de toile mouillée.

Soudain un bruit plus fort dans l'un des tuyaux, le peintre sursaute, il fourre à la va-vite dans le placard tout le matériel de peinture soigneusement trié, se relève vivement et regarde autour de lui. Personne. Personne ? Il sent une présence dans la pièce, mais il fait comme s'il sortait à l'instant, lentement, tranquillement du local de chauffage. Une fois revenu à l'escalier, il presse le pas, remonte et rejoint son couloir, le bon couloir. Il avance d'un pas décidé vers sa chambre. Son cerveau a déjà calculé les distances, il sait où retrouver son lit blanc comme neige.

Mais il y a quelque chose par terre devant la porte de sa chambre, un pot blanc. Il pense à un pot de chambre, mais en s'approchant s'aperçoit que c'est une boîte blanche posée sur une petite console étroite. Un trait fin situé juste au-dessous du haut de la boîte lui fait penser à un couvercle. Déconcerté, il soulève l'objet posé juste devant sa chambre, le porte jusqu'à sa hauteur et en dévisse lentement le couvercle.

Une urne ! Le mot traverse son esprit comme un éclair.

À l'intérieur, de la cendre blanche comme neige.

Il entend soudain venant du fond du couloir une voix de vieillard aiguë, légèrement nasillarde. Le peintre revisse le couvercle sur l'urne et la repose au sol à côté de la porte de sa chambre.

Le pauvre docteur Livorno ! s'exclame la voix.

Le peintre distingue une silhouette blanche mais ne voit pas les traits de son visage ; à cette distance, ce n'est qu'une surface ovale et blanche. Peut-être une blouse de médecin, peut-être aussi quelque chose qui brille, peut-être des lunettes. Lorsque le peintre baisse les yeux vers l'urne puis regarde à nouveau dans le couloir, l'apparition n'est plus là.

En revanche, il entend la même voix juste dans son dos, chaque mot s'accompagne d'un sifflement, d'un susurrement, d'une quantité excessive de S. De cette bouche ne sortent que chuintements et persiflages. Le peintre en a la chair de poule. Il y a là un homme âgé, il n'a pas de blouse de médecin mais un peignoir de bain blanc fermé sur un petit ventre rebondi, et de grosses pantoufles blanches aux pieds. Un petit homme au visage de bouc. Il pousse un soupir plein de componction et interpelle le peintre, lui adresse un sourire jovial et doucement vénéneux tout en désignant l'urne :

Ah, ce bon docteur Livorno ! Il était devenu sentimental sur ses vieux jours. Débitait au premier venu une histoire aberrante que personne ne voulait entendre. Une histoire de chameaux et de tessons. Cet ingrat s'ennuyait manifestement ici. Et en même temps, il semblait écrasé de travail. Nous l'avons malheureusement surpris en train de peindre dans l'un des souterrains, ce n'est vraiment pas tolérable, vous comprenez ? Il a tout bonnement enfreint l'interdiction et a voulu reprendre ici son ancienne vie. Et savez-vous quoi ? Il ne peignait que des femmes nues sur des lits et des divans. Répugnant ! Nous l'avons mis en garde, mais il ne s'est pas montré raisonnable et nous avons dû le liquider, comprenez-vous, Monsieur Soutinkheim ?

Le petit bouc vénéneux en peignoir blanc se penche et caresse l'urne blanche d'un air conciliant. Il émane de lui une odeur forte, un mélange de pétasite et d'urine.

Oui oui, le liquider. Ah, ce petit tas de cendres, tout léger. Et un homme si aimable avec ça ! Voilà qui ne peut pas vous arriver puisque vous êtes guéri. Ce pauvre docteur Livorno ! Ses sifflotements l'ont trahi. Nous trouvons la musique détestable quand elle ne vient pas de nous, et les sifflotements plus que tout. Ah, n'allez pas me parler de Bach ! Livorno a été imprudent, tout simplement. Nous apprécions le calme ici, une belle harmonie de cimetière, la tranquillité sereine des cimes. Et puis, ces enfants, cela commençait à faire trop, si jeunes et déjà prêts à la rébellion. Nous avons malheureusement dû nous en débarrasser.

Qui êtes-vous ? balbutie le peintre décontenancé.

Docteur Oreillard, pour vous servir.

Et le petit bouc à la voix chuintante s'éloigne en claudiquant drôlement, enveloppé dans son peignoir blanc quelque peu graisseux et un nuage de poison doucereux. Le peintre le suit des yeux, stupéfait. Il soulève précautionneusement l'urne pleine des cendres de Livorno, l'emmène dans sa chambre, la pose par terre à quelque distance de son lit et la regarde longuement, pensif.

Peu après, au cours d'une autre expédition, le peintre Chaïm Soutine retourne se placer devant la fenêtre d'où il avait contemplé cette chute de neige inouïe. Cette fois, il est témoin d'un spectacle cruel. Des gardiens sans visages coiffés de képis passent à tabac un homme entièrement nu. Leurs yeux ne sont pas visibles, ils prennent leur élan et le frappent au bas-ventre à coups de bottes jusqu'à ce que l'homme se mette à vomir du sang sur les dalles de pierre atrocement blanches. Puis ils le frappent à la tête avec d'étranges matraques, il n'en a jamais vu de pareilles. L'homme ainsi maltraité lève soudain ses yeux gonflés vers la fenêtre, et le peintre se met à hurler quand il le reconnaît : c'est son frère Gershen. Au même instant, ils font sortir une femme de la camionnette noire garée à côté. Elle se précipite sur l'homme couvert de sang. Oh mon Dieu, était-ce Tamara, la femme de Gershen ? Elle croit pouvoir interrompre le supplice mais c'est elle que l'on se met à frapper à coups de fouet, ses bourreaux lui arrachent ses vêtements et poussent son corps maigre derrière la camionnette. Ce qui se passe là, le peintre le voit aussi distinctement que s'il voyait à travers la paroi de la camionnette noire.

Il frappe des deux mains contre la fenêtre massive, impossible à ouvrir, il crie fort, mais les vitres sont trop épaisses et ne laissent pas passer le moindre son. Il se souvient soudain d'une rencontre qu'il avait faite dans une salle d'attente de médecin, c'était peut-être chez Gosset, il était allé le voir lors d'un de ses passages clandestins à Paris, en quête de nouveaux médicaments pour son ulcère. Un autre patient qui attendait aussi s'était subitement adressé à lui, presque sur le ton de la confidence. Il avait reconnu le peintre. Ils étaient soudain seuls dans la salle d'attente déserte.

L'homme chuchotait pourtant pour raconter ce qui s'était passé là-bas. En juillet 41, son frère Gershen, Tamara et leur fille avaient été assassinés à Bérésino par les Einsatzgruppen. Le peintre s'était mis à trembler et avait cherché à en savoir plus, mais cet étrange patient inconnu ne savait pas, ou faisait semblant de ne pas savoir si ses parents et ses autres frères et sœurs avaient pu échapper au bain de sang. Où sont Sarah et Solomon, Yankel, Ertl, Nahuma et les autres ? Il était tellement difficile d'apprendre quoi que ce soit des journaux français soumis à la censure. La radio de la BBC donnait bien des nouvelles des événements à l'Est, mais comment le peintre aurait-il pu se faire une idée à partir de ces bribes ? Son ouïe parcourait les nouvelles à tâtons, à la recherche de noms connus de lui : Bobrouïsk, Borissov, Bérésino, Baranovitchi, et puis Slonim, et Sloutsk. Des noms trop peu importants pour qu'on les repère au milieu des nouvelles de ce vaste monde. La Wehrmacht, c'était avéré, était entrée dans Minsk le 28 juin 41 à la suite d'importants bombardements. Le 25 juillet à midi, le Commissariat du Reich Ostland est constitué. La mort a vite fait de découper l'Est en morceaux. Dans le district général de Ruthénie blanche, il y a aussi une localité du nom de Smilovitchi. Où sont Sarah et Solomon, Yankel, Ertl, Nahuma et les autres ? Les Einsatzgruppen B sont ambitieux et insatiables, avant la fin 41, année sanglante, d'innombrables villages et shtetl sont anéantis.

L'homme dans la salle d'attente chuchote, il parle au peintre Chaïm Soutine du ghetto de Minsk, des camps de Drozdy et Toutchinka, de Maly Trostenets, des terribles massacres de juillet 1942 sur la place Ioubileïnaia. Le peintre n'en croit pas ses oreilles, secoue simplement lentement la tête, incrédule, quand le patient inconnu lui parle de camions noirs fermés rentrant dans le ghetto. Il les désigne par leur nom russe : *douchégoubki*. L'inconnu lui explique ce que sont ces wagons à gaz dans lesquels on a entassé des milliers de personnes. Et ce qu'était la *Iama*, la grande fosse aux portes de la ville. Ils les font sortir des maisons en hurlant et jurant, leur ordonnent de déposer leurs vêtements sur un tas, les frappent au bord de la *Iama*, une balle dans la nuque ou dans la cage thoracique, et un commando arrive en courant, déverse à la hâte, à grands coups de pelles, de la chaux et de la terre, on entend encore crier et gémir ceux qui n'ont pas réussi à mourir assez vite. D'où cet inconnu tenait-il tout ça ? Comment les nouvelles étaient-elles arrivées jusqu'à Paris ? Le peintre voudrait questionner cet étrange patient mais voilà qu'il se lève et disparaît dans le cabinet du médecin, et le peintre tremblant reste seul dans la salle d'attente. Où sont Sarah et Solomon, Yankel, Ertl, Nahuma et les autres ?

Soudain, d'un bond, le peintre s'éloigne de la fenêtre et court à l'étage supérieur, là où il avait épié la conjuration des garçons-pâtissiers ; pris de panique, il ouvre toutes les portes susceptibles d'être la bonne. Toutes les chambres sont vides. Ils ne sont plus là. Il se souvient de l'un de ses dangereux retours à Paris, de cette femme qui sanglotait dans la rue et l'avait appelé Monsieur Epstein, lui avait demandé : Que font-ils des enfants ? Pourquoi les déporte-t-on eux aussi ?

Le peintre tressaille, une idée lui traverse l'esprit : Et si le docteur Bog avait découvert la conspiration ? Et s'il avait fait déporter les enfants ? Mais non, on les avait envoyés rejoindre leurs parents dès août 42. Il connaissait les étapes qu'égrenait la rumeur : Drancy, Compiègne, ou encore Pithiviers, Beaune-la-Rolande, puis direction l'Est en passant par Laon, Reims et Neuburg, vers une localité de Pologne dont le nom revient constamment.

Toutes les chambres sont vides. Il se dépêche de revenir à la fenêtre d'où il avait vu Gershen et Tamara. Mais cette scène aussi a soudain disparu. Il n'y a plus dehors que les projecteurs indifférents et cette neige qui tombe sans fin. Non, il reste la camionnette noire abandonnée, dans le ruissellement des projecteurs, il n'a pas rêvé.

Le peintre veut crier, ouvrir la fenêtre et hurler comme un animal, mais le désert blanc repousse son cri jusque dans sa gorge, on n'entend pas le moindre son, il déglutit avec difficulté et s'éloigne en titubant. L'hypocrite paradis blanc s'est brisé, cette clinique à fabriquer du bonheur, résonnant des phrases creuses du docteur Bog, avec son invisible docteur Kno puis son docteur Oreillard et ses chuintements doucereux, celui qui avait liquidé Livorno. La clinique qui prétendait soigner et tolérait cette scène atroce au milieu de sa cour.

Au cours de cette même nuit au scintillement blanc, le peintre Chaïm Soutine redescend dans le local de chauffage, vide le placard moisi plein de restes de peinture, dispose à nouveau devant lui tous les tubes écrasés et regarde quelle quantité de pigments ils contiennent encore et ce qu'on peut en faire. Il lui faut être économe et prudent s'il ne veut pas être découvert. Mais son plan est clair : il veut recommencer à peindre, enfreindre l'interdiction du docteur Bog. Il en a plus qu'assez de cette prison blanche comme neige où il n'y a rien d'autre que ce refuge sale plein de détritus derrière la tuyauterie du chauffage.

Il a compris. Cette scène avec ces gens que l'on maltraitait et qui ressemblaient à Gershen et Tamara, le récit du patient inconnu sur le ghetto de Minsk et les *douchégoubki*, l'urne de Livorno avec ses cendres blanches, et le vide atroce de la pièce où les enfants et les garçons-pâtissiers s'étaient ligués contre le docteur Bog et voulaient l'inciter, lui, le peintre Chaïm Soutine, à recommencer à peindre – tout cela l'avait réveillé de cette monotonie sans douleur. Il hait désormais son paradis blanc brisé.

Et dans la cave, au milieu des tuyaux de chauffage, il renoue avec ses anciens rituels. Hésitant et tâtonnant d'abord, puis impétueux, et enfin, peu à peu, avec la même frénésie obsessionnelle et douloureuse qu'autrefois. Oui, la douleur semblait ressurgir en lui, et il était prêt à lui répondre. Elle le tordait à nouveau, le faisait tressaillir, se contorsionner sous l'effet de ce poing douloureux. Il était guéri de l'absence de douleur.

C'est un nouveau départ. Il ne peint pas de grooms ni d'apprentis cuisiniers, pas Charlot et pas la première communiante, pas les enfants perdus et leurs mères, pas non plus les collines vacillantes de Céret ni les rues de Cagnes prenant leur envol, pas la cathédrale de Chartres toute de guingois. Il ne peint pas non plus le dieu en blanc sur fond de toile claire comme la neige, pas le docteur Kno dissimulé à l'arrière-plan, ni le docteur Oreillard et ses airs de bouc dans son peignoir blanc. Un jour quelqu'un dira en les voyant : il n'y a rien là-dessus, rien à voir. Le pur vide blanc.

Il se peint maintenant lui-même, tel qu'il est, allongé dans ses draps blancs lumineux, les jambes recouvertes et les mains réunies sur la couverture, les doigts bien imbriqués les uns dans les autres, croisés en un geste de piété apparente, avec leurs ongles bordés de peinture. Sur la couverture, il y a des glaïeuls. Les glaïeuls rouges flamboyants dont il avait découvert les convulsions à Céret en 1919. Comme des blessures en flammes, un tressaillement de chair florale. Des fleurs sanglantes, comme des ulcères éclatés.

Il se peint plusieurs fois au lit avec les fleurs. Non, ce ne doit pas être son lit de mort, mais son lit au paradis blanc où les glaïeuls rouges comme la braise sont enfin tolérés. Ce n'est plus le pays du lait, mais le libre pays des couleurs. Mais il doit faire avec les rares restes de peintures qu'il parvient à extirper des vieux tubes pressés, abandonnés là. Il n'en reste plus grand-chose. Il se peint rageusement, comme autrefois, jette les pinceaux derrière lui chaque fois qu'il a appliqué la couleur, se traîne à quatre pattes au milieu des tuyaux de chauffage pour les récupérer. Il a la fièvre et il jure, maudit la toile – et retrouve enfin le chemin de sa vraie vie, de la couleur, de l'application de la matière, de la vraie blessure, de la seule croyance qu'il lui reste encore. La couleur est intraitable. La couleur est le témoignage ultime de l'absence de salut. Elle est rébellion pure contre le docteur Bog.

Quel sens aurait l'interdiction de peindre dans cet atroce désert blanc, dans cette clinique sans douleur ? Que cherchait donc le docteur Bog ? Il aurait aussi bien pu lui interdire de respirer. Non, le peintre ne veut plus rester allongé là, guéri, dans ce lit d'hôpital, il ne veut plus caresser les couvertures de son lit de ses mains apaisées. Il veut vivre à nouveau, donc peindre – même dans la cave, dans le sous-sol de la vie, comme autrefois, en marge du monde de Montparnasse. À la lueur de mauvaises ampoules aveuglantes, les yeux plissés, sans vraie lumière du jour. C'était douloureux de respirer à nouveau ces odeurs de térébenthine. C'était l'ultime triomphe qui lui restait.

Peu à peu la douleur et le désir ressurgissent, il cherche, il trépigne à la recherche du rouge dans ses tubes écrasés, tordus. Quelle avidité ! Il ne veut plus de paradis blanc. Rouge écarlate, voilà comment il doit être ! Le paradis écarlate ! Et lorsqu'il ne reste plus de rouge, ce sont des glaïeuls jaunes posés sur les draps blancs comme des âmes tordues.

Chaque nuit, il redescend dans son royaume du péché où il fait ce qui est interdit, avec les couleurs proscrites. Il n'émet pas un son, il ne siffle pas comme l'infortuné Livorno que le docteur Oreillard a fait liquider. Il ne traîne pas les pieds, il marche à pas de loup, il ne trottine pas, il glisse à travers couloirs et escaliers. Il est devenu plus léger dans ce silence. Tout le jour, il reste bien sagement allongé dans son lit blanc d'hôpital et il attend le docteur Bog, ce docteur fatigué qui ne vient pas, il tend l'oreille, guette les flux et reflux des bruits dans le couloir toujours désert. Comme il aimerait maintenant entendre les chants cruels de Maldoror, déclamés de la voix criarde, rauque, grinçante de Modigliani.

Puis il se lève doucement et descend dans son monde souterrain de tuyaux de chauffage. Et il peint et peint encore, comme ivre. La douleur est là à nouveau, et la couleur aussi. Les couleurs sont des douleurs. Et il se rappelle la conversation qu'il avait écoutée dans un des cafés de Montparnasse. Les couleurs sont des cicatrices et redeviennent des blessures, et *farbn* et *shtarbn*, « couleur » et « mourir » riment encore et toujours dans sa première langue. Depuis longtemps déjà les couleurs avaient anticipé la mort. Cela devrait lui suffire. Et ce qui reste dans les tubes.

L'ÉCLAT DE LA TRAHISON LUIT DANS LES YEUX DE DEBORAH

Et puis il se produit quelque chose d'imprévu. N'a-t-il pas été assez prudent ? A-t-il laissé transparaître combien il était avide de ces nuits dans la cave de la clinique, de la jungle blanche des tuyaux de chauffage et de ses reliquats de peinture abandonnés qu'il choyait et rangeait bien proprement dans le placard après chaque escapade, en compagnie des toiles déchirées, grattées et repeintes ? Quelqu'un l'avait-il suivi en cachette ? Non, quelqu'un est déjà là qui l'attend dans l'obscurité.

Il s'est précipité dans la chaufferie, a sorti du placard palette et pinceau, tout ce merveilleux fourbi dont il a besoin. Le temps presse, les nuits blanches sont courtes, et tant que la peinture n'a pas séché dans les tubes écrasés, il compte bien l'utiliser jusqu'à la dernière goutte.

Cela doit bien faire une heure déjà qu'il malmène rageusement la toile quand il a soudain le sentiment d'être observé. Il détestait qu'on l'observe en train de peindre, la pudeur lui commandait de faire ces choses-là seul, comme tout ce qui concerne les choses les plus intimes. Pas même Mademoiselle Garde n'avait le droit de voir un tableau en cours ; et les inévitables promeneurs de Céret, de Cagnes ou Champigny qui essayaient de s'approcher du peintre, contrôleurs drapés de pourpre de la ressemblance, il les détestait comme des insectes s'attardant sur la toile. Dès qu'il repérait un badaud à l'horizon, il remballait palette et chevalet et partait en courant.

Mais cette fois, il n'a pas même remarqué que quelqu'un le regardait. Il se sent tellement en sécurité, tellement seul, profondément enfoui avec ses déchets de peinture dans son sous-sol mal éclairé, cet empire du chauffage parcouru de tuyaux blancs, qu'il n'y a pas songé. Il tourne vivement la tête et la voit soudain, debout dans un coin. En blouse blanche, bien sûr, tout est blanc ici, pourquoi une infirmière ne serait-elle pas vêtue de blanc ? C'est sa seconde peau. Elle ne dit mot. L'examine simplement, debout, là, ses pinceaux plantés dans sa main ramassée, couvert de sueur, tordu et haletant de rage.

Il ne reconnaît pas tout de suite son visage. Il veut lui parler mais ce regard calme et fixe semble justement le lui interdire. Sa mémoire parcourt à tâtons les visages, fiévreusement. Le bout de ses doigts rêveurs s'en souviendrait aussitôt. Il sent ces yeux, leur forme, leur obscurité revenir lentement vers lui. Minsk ? Vilna ? Montparnasse ? Soudain le souvenir émerge, il croit la revoir, même avec cette blouse d'infirmière blanche et ces chaussures blanches.

Elle a les yeux de Deborah Melnik, sa bouche triste qu'il avait embrassée un soir à Vilna, furtivement, apeuré, un jour qu'il était allé la chercher au conservatoire pour la raccompagner chez elle en silence, chez ses parents. Ils habitaient juste à côté de l'Académie des Beaux-Arts, elle avait seize ans, ou peut-être seulement quatorze ? Elle allait au lycée, voulait devenir chanteuse, suivait des cours au conservatoire. Ses yeux noirs, sa pâleur, son bref rire de gorge. Ils conversaient parfois avec timidité, en bas, près de la porte cochère. Il avait peur des baisers comme d'une abeille.

Oui, elle portait le nom de la prophétesse du Livre des Juges. Deborah, l'abeille qui connaît l'avenir. Mais aujourd'hui encore il chasse son visage, son vieux sac à dos est prêt, l'attend dans un coin, Krem et Kiko sont déjà à Paris et l'appellent. Allez, viens donc enfin nous rejoindre dans la capitale du monde !

Elle avait ressurgi à Montparnasse en 1924, comme si de Vilna tous les chemins menaient à Paris. Elle voulait toujours devenir chanteuse, et rêvait à voix haute de ravir tout Paris de sa voix. C'était au Dôme, ou à la Rotonde, comme tout ce qui commence dans cette ville. Ils avaient parlé des temps anciens, mais il n'était pas nostalgique, il était ici et ici seulement, et ne voulait plus jamais repartir. Une intimité enjôleuse flottait au-dessus de leurs têtes, un doux chuchotis, quelque chose d'apparemment commun, partagé par eux seuls, même si ce n'était que le souvenir de quelques rues de Vilna, un long cheminement obscur jusqu'à cette cour où il l'avait timidement embrassée autrefois.

Mais il fait de la main un geste de rejet, comme s'il chassait un dibbouk, comme s'il voulait éloigner des toiles d'araignées de son visage. Pourquoi avait-elle reparu ? Sa place est à Vilna, c'est un terrible malentendu, ces femmes qui surgissent d'un autre temps et s'imposent dans ta vie. Me voilà, te souviens-tu : autrefois. Il ne veut pas de Te souviens-tu. Vilna n'avait été qu'un tremplin : on y pose brièvement le pied et on saute pour arriver enfin dans l'avenir. Aucun chemin n'y ramenait. Entends-tu ? Aucun.

Puis ils avaient marché longtemps dans la nuit, errant, empruntant d'étranges chemins hésitants à travers le quartier. Impossible de la faire partir, elle s'y refusait. Ils étaient allés dans un minuscule hôtel du boulevard Raspail, l'atelier était trop sale. Lorsqu'ils s'étaient séparés au matin, il était parti en courant comme pour échapper à une ombre importune. Le 10 juin 1925 elle avait mis sa fille au monde. Aimée, elle avait appelé sa fille Aimée, comme en manière de raillerie. La mise en demeure était claire, il fallait l'aimer, et sa fille avec elle. Mais lui n'avait pas même voulu la voir, contestait être le père. Quelqu'un à Montparnasse lui avait dit dans les années trente : ta copie conforme !

Qui donc ? Je n'ai pas de fille, laisse-moi tranquille !

Lui ne voulait pas la voir, mais son visage à elle le poursuivait à tout moment et partout. Comme si le destin voulait se moquer de lui, il avait laissé sur le visage de sa fille ses yeux si singuliers, son nez, ses lèvres, sa bouche. Il l'avait chassée de sa vie en même temps que sa mère, qu'elle aille où elle voulait du moment qu'il n'y était pas. Lui seul décidait des personnages qui devaient figurer sur la toile de sa vie et de ceux qui en devaient disparaître. Le destin n'avait rien à dire, c'est lui qui décidait des couleurs. Pour chaque toile, il était son propre roi supplicié.

C'était la première année où, à Paris, il avait enfin le sentiment d'avoir touché au but. Après l'assaut du pharmacien de Philadelphie, Zbo lui avait acheté toute une série d'autres tableaux, d'autres Américains étaient venus à Paris et s'étaient enquis de ce Soutine, sa cote avait vite grimpé, désormais Zbo ajoutait trois voire quatre zéros aux anciens prix d'achat. Et il avait vécu un moment dans une grandiose aisance simulée.

C'est le temps du triomphe. Marcellin et Madeleine Castaing ressurgissent à l'horizon, lui font la cour après s'être querellés avec lui lors de leur première rencontre. Ils avaient pris rendez-vous au début des années vingt dans un petit café de la rue Campagne-Première, un de leurs amis peintres leur avait conseillé de lui acheter un tableau car il était sans le sou et n'avait rien pour vivre. Il était arrivé très en retard, pour vérifier s'ils étaient sérieux, s'ils l'attendraient. Il avait un tableau dans chaque main, il ne sait plus lesquels, vraisemblablement une toile de la période de Céret ou de Cagnes. Marcellin Castaing est pressé, cette longue attente l'a rendu impatient, il sort un billet de cent francs sans même regarder les tableaux et le tend au peintre.

Tenez, prenez ça, un acompte. Nous regarderons vos tableaux une autre fois.

Le peintre reste planté là, comme figé, incrédule et indigné de l'impatience pleine de morgue des riches. Il prend le billet et le jette aux pieds de Castaing. Cette arrogance aveugle qui leur fait croire que tout leur appartient d'emblée, qu'il leur suffit de sortir quelques misérables billets. La fierté entêtée de l'artiste de la faim. Après tout, c'étaient encore ses tableaux, il pouvait en faire ce qu'il voulait. Il les attrape énergiquement et s'en va en courant.

Et puis un jour, dans la deuxième moitié des années vingt, ils achètent chez Zborowski le grand enfant de chœur rouge pour… trente mille francs ! Le surplis blanc sur la robe aux mille stries de couleur. Comme s'il avait voulu fixer là le jeu des globules dans le sang, rouge et blanc, le grand accouplement de la mort et de la vie dans le sang humain, selon le docteur Bog. Les riches n'avaient fait que balbutier : magnifique ! Zbo le lui avait raconté. Ils avaient quémandé, et lui, magnanime, avait accédé à leur requête.

Le peintre est comme fou, il se croit enfin arrivé au but après toutes ces années, il s'achète des costumes et des chapeaux de chez Barclay, des cravates de soie, des chaussures élégantes de chez Hannan, des chemises à pois dont il avait toujours rêvé. Son enfant de chœur rouge et blanc l'a rhabillé de neuf. Et il aime bien désormais balancer une canne. Il est de nouveau à Paris, une douzaine d'années plus tard, et il a réussi, et Zbo lui réclame de plus en plus de tableaux. Il est révolu, le temps où on lisait dans ses yeux : Tu n'es pas Modigliani !

Le voilà désormais dans l'avenir rutilant, après tout, Barnes, l'Américain, l'avait bien dit : J'achète l'avenir !

Qu'est-ce qu'il pourrait bien faire d'une fille et d'une femme surgies du passé, cela fait bien longtemps qu'il a embarqué au Havre et qu'il réside à Merion près de Philadelphie, et que tous ses anciens domiciles miteux ont été effacés de la toile d'un revers de manche rageur et sale, la Ruche et la cité Falguière, tous ces taudis de peintres et ces nids à punaises, les cadavres de bouteilles de gros rouge, les toiles pouilleuses. Je suis dans l'avenir, laisse-moi tranquille, *loz mikh tsu ru !*

Elle arrivait du monde qu'il avait quitté depuis longtemps. Que signifiait désormais pour lui Vilna couleur de brique ? Elle est sur une autre étoile, la Jérusalem de Lituanie, l'école des Beaux-arts, qui sait qui s'y trouve encore. Elle arrive un soir en courant avenue du parc Montsouris, frappe violemment à la porte qu'il refuse d'ouvrir et crie :

Traître ! Traître ! Je sais que tu es là ! Elle est de toi !

Ils vivaient dans deux rêves différents. Aujourd'hui encore, dans la chaufferie d'un aveuglant paradis blanc, il entend des mains tambouriner à la porte et une voix de femme crier :

Traître ! Traître !

Cette infirmière qui le regarde calmement, tristement, lui, debout là, les mains maculées de peinture, elle a les yeux de Deborah, sa pâleur, sa bouche. Et elle ne dit rien. C'est elle, ce n'est pas elle. Elle le regarde simplement, sans un mot, et son silence accroît sa honte. Il ne pense pas à sa fille Aimée qu'il a reniée, mais aux interdits du docteur Bog.

En aucun cas vous ne devez peindre à nouveau ici dans cette clinique. Entendez-vous, en aucun cas ! Les conséquences pour vous seraient terribles.

Et le dieu en blanc l'avait fixé à travers les verres minuscules de ses lunettes et l'avait comme cloué au lit. Et voilà que le peintre Soutinkheim est debout dans le local de chauffage au milieu des tuyaux blancs, et un cri muet jaillit des yeux de l'infirmière :

Traître !

Elle ne dit rien, mais dans ses yeux point soudain quelque chose qui n'y était pas jusqu'ici. L'éclat de la trahison luit dans les yeux de Deborah. Elle devrait enfin obtenir réparation de toutes ces humiliations et de tous ces reniements. Elle se tourne doucement, sort lentement du local de chauffage comme de sa vie, et il entend encore ses pas, de plus en plus faiblement dans l'escalier sans fin qui mène à l'étage.

Traître !

Le mot résonne encore à ses oreilles, mais il n'y a plus rien à négocier avec ce qui est passé, il est ici, il n'y a que toiles et pinceaux, le reste du monde a disparu. L'infirmière, qui a les mêmes yeux tristes que Deborah Melnik et qui l'a surpris en train de peindre au sous-sol, dans le local de chauffage, n'en reste pas là, elle signale l'incident à la direction de la clinique. Toute trahison appelle une trahison nouvelle, toute blessure en fait naître une autre. C'est ainsi que la terre continue à tourner.

Le visage du docteur Bog se déforme en une grimace qu'anime le sourire amer de la déception, puis il se met à crier, envahi par la colère :

L'ingrat ! Le traître ! Quel besoin avait-il de recommencer à peindre ? Pour quoi faire ? Il était pourtant guéri ! Guéri ! Il aurait pu rester pour toujours dans cette clinique, pour toujours ! Eh bien maintenant, dehors !

Et d'un paraphe rageur il confirme que Chaïm Soutine est banni du paradis blanc. Deux armoires à glace à l'aspect vaguement humain entrent à pas lourds dans la chambre. Les paquets de muscles autour de leurs jambes les empêcheraient presque de se tenir droits. Ils ressemblent aux bonshommes Michelin de la publicité pour les pneus, deux Bibendum de muscles-pneus vêtus de blanc, gigantesques crânes rasés aux yeux pleins d'éclairs qui le fixent d'un air sévère puis s'éclairent dans un sourire satisfait quand ils comprennent qu'ils vont pouvoir enfin passer à l'action.

Ils rappellent au peintre les matchs de catch au vélodrome d'hiver, où il allait le samedi, avec Michonze, Benatov et Henry Miller, parfois aussi Mademoiselle Garde. L'excitation qu'il ressentait en observant ces masses de muscles agripper, pincer, presser les cous rougis comme dans un étau, la sueur peignant sur leur corps de claires surfaces miroitantes. Soutine prenait ses jumelles d'opéra pour mieux observer ces paquets de muscles imbriqués les uns dans les autres. Les catcheurs rendaient visibles la chair humaine brute, et le peintre leur en était reconnaissant. Après les combats, il était épuisé et rentrait péniblement avec Garde jusqu'à la villa Seurat. Il était incapable de prononcer le moindre mot et ne buvait que de la camomille.

Les voilà donc qui arrivent en courant pour se saisir du peintre guéri, ils arrachent de ses jambes les draps blancs comme neige, passent leurs bras sous lui, le soulèvent, le mettent debout sans ménagement, le traînent dans le couloir puis jusqu'en bas des escaliers. Il a à peine besoin de marcher, ils l'emportent à pas de géants, une main passée sous ses aisselles, l'autre autour du poignet, comme un étau. Ils descendent en courant l'escalier qu'il prenait lui aussi lors de ses escapades nocturnes au local de chauffage, le lieu de sa faute, là où il avait trouvé les tubes de peinture écrasés, clés de son bonheur ultime.

Ils ouvrent brusquement le hayon d'une camionnette, le peintre a eu le temps de lire clairement et distinctement l'inscription bien tracée FRUITS ET LÉGUMES. C'était le modèle Corbillard de Citroën, il l'avait déjà vu, mais en noir. Cette fois, on l'avait manifestement repeint de frais.

Vert ! De la couleur, enfin ! a soupiré l'homme entre les mains de ces robustes bonshommes Michelin.

Les catcheurs au crâne rasé l'ont balancé sans ménagement dans la camionnette, allongé sur le plateau de chargement et attaché avec de larges sangles. D'un geste vif, ils ont claqué les portières. Claquement métallique, comme venu d'une arme, bruit sec du pêne happé par la serrure en attente. Un soubresaut a secoué la voiture, des pigeons pris de panique quittent le toit de la clinique blanche pour le bleu du ciel. Oui, le blanc a commencé à régresser, le bleu a pris le dessus en ce neuvième jour du mois d'août. Et voilà déjà que le conducteur démarre. Le docteur Bog excédé avait crié aux catcheurs :

Vous savez où !

Oui, ils savaient. Et le peintre lui aussi connaissait tous les chemins de cette ville, que de fois n'avait-il pas marché dans les rues, à pas de géant, la nuit, quand il n'arrivait pas à dormir, après des heures de torture face à la toile indomptable, seul avec sa douleur dans l'abdomen, évitant les boulevards, pressant le pas dans les ruelles sombres pour trouver l'épuisement, pour se vider le cœur de toute cette peinture. Puis rentrer, haletant, et se jeter sur le matelas, à bout de forces.

Marie-Berthe avait veillé auprès de son lit après l'opération. Elle était épuisée de ce trajet sans fin dans le fourgon mortuaire. Combien de temps cela avait-il duré ? Une journée entière, ou deux ? Maintenant sa tête basculait sur le côté, sur le lit de Soutine, posée sur le drap au niveau de ses pieds. Elle dormait à poings fermés. Lorsqu'elle se réveille en sursaut, le peintre est déjà mort.

Il avait été opéré dans la nuit, à la clinique Lyautey, dans le 16e arrondissement. Personne ne se souvient de l'arrivée du fourgon mortuaire. Il n'y a pas de trace écrite qui puisse attester l'opération. Personne ne sait si elle a eu lieu. Cela représentait un risque pendant l'Occupation, pas seulement sur le plan médical. Une opération secrète, un peintre invisible.

Les deux employés des pompes funèbres qui conduisaient le fourgon mortuaire n'ont jamais été identifiés. Ils avaient soudain disparu. Le peintre meurt le 9 août 1943, à six heures du matin, sans avoir repris conscience. L'exitus est déclaré le 11 août 1943 à 10 heures à la Mairie du 16e arrondissement par Monsieur René Magin, quarante ans, employé, 3, rue Mesnil, Paris. Acte de décès n° 1799. Aucun signalement antérieur n'a eu lieu, de façon à exclure toute vérification. L'occupant n'avait pas besoin de savoir que le peintre invisible lui avait encore échappé. En tout cas, il n'avait été emmené dans aucune des gares d'où partaient les trains pour l'Est.

La photographe hongroise Rogi André alias Rosza Klein, qui avait fait le portrait de nombreux artistes de Montparnasse, a été invitée par Marie-Berthe à venir à la clinique. Le temps presse, nous devons l'emporter rapidement.

1. *Photo en pyjama à fines rayures, visage non rasé, mains jointes, doigts croisés, un bouquet de glaïeuls sur le drap.*
2. *Photo en pyjama, gros plan du visage non rasé, non coiffé.*
3. *Photo en costume noir, chaussures aux pieds, un bouquet de glaïeuls sur les jambes.*

4. Photo en costume noir avec cravate, gros plan du visage, rasé, coiffé.

Impossible de ravoir les ongles, ils étaient irréversiblement marqués. La peinture sur le pourtour de ses ongles avait pénétré profondément et s'était incrustée dans la peau et le lit de l'ongle. Il garde les mains sales pour toujours. Marqué au fer de la couleur pour l'au-delà blanc. Plus de pureté, plus jamais. Que chacun puisse identifier qui il était, et le dieu absent le premier. Qu'il fronce le nez si la saleté lui déplaît. En 1936, Jerome Klein écrit dans le *New York Post* : Van Gogh a exhibé son cœur. Soutine exhibe ses entrailles.

Sur son lit de mort, le peintre a exhibé ses doigts colorés pour toujours. Petit post-scriptum pour le docteur Bog.

L'enterrement a lieu deux jours après le décès du peintre. Le mercredi 11 août 1943 à 14 heures. Même le faire-part est une tentative de dissimulation. Marie-Berthe l'a fait imprimer, et au dernier moment, à la main, a barré « Cimetière du Père-Lachaise » et écrit « Montparnasse » au-dessus. Encore un moyen d'abuser l'occupant et ses indicateurs, de brouiller les pistes, de garder l'enterrement secret. Sont présents : Pablo Picasso, Jean Cocteau, Max Jacob. Et deux femmes : Gerda Groth-Michaelis et Marie-Berthe Aurenche. Ce fut d'abord une tombe anonyme. Tout à fait appropriée pour un peintre invisible. Le nom n'est rajouté qu'après la guerre, mal orthographié : Chaïme Soutine.

C'était l'entrée Nord, son âme de peintre la vit distinctement à travers les vitres de la camionnette. Oui, ils arrivaient par le boulevard Edgar-Quinet. Quand on souleva la barrière blanche et rouge, il sut qu'il entrait dans la ville des morts, dans le cimetière du Montparnasse. C'est alors qu'il se produisit quelque chose dont il n'aurait jamais osé rêver.

Les battants de la fourgonnette verte s'ouvrirent doucement, plus de claquement, pas un bruit. Son âme se glissa timidement dehors et s'envola, soulagée, laissant derrière elle toutes les affres du temps de l'occupation, toutes les cachettes et les parois gastriques sanglantes. Un poète et compatriote le décrira un jour ainsi :

Dis, mon âme... dis-moi à quoi la vie... ressemblait, à vol d'oiseau...

Elle s'envola bien haut et décrivit voluptueusement quelques cercles au-dessus des somptueuses allées de ce généreux cimetière. Voler, c'était ce que son âme avait toujours voulu faire quand elle était enfermée dans l'étroite prison de son maigre corps. Voler, toujours plus haut, aspirée par un souffle puissant, pénétrant. Jusqu'aux cimes des arbres et plus haut encore, comme autrefois, lorsque dans son enfance oubliée il sentait dans son dos le sol sableux de la forêt balte et regardait le ciel sans discontinuer jusqu'à ce que la faim le ramène au logis.

Son âme voyait le cimetière tout entier se recourber et se tordre comme il avait peint les collines de Céret, en une rébellion immense, au cœur d'un universel tourbillon. Elle regarda derrière elle et les vit voler à sa suite : les garçons-pâtissiers et les garçons-bouchers, les apprentis cuisiniers, les pages, les grooms, les enfants de chœur et les servants de messe, la première communiante, les petits paysans. Le petit Charlot lui aussi s'était joint à eux. Ils offraient à son âme l'escorte rebelle des conjurés.

Et loin, très loin, tout en bas, il vit le docteur Bog brandir le poing et le menacer. Son âme l'entendait distinctement. Il criait, il hurlait presque vers le ciel :

Autour d'eux les méchants se promènent avec arrogance : autant ils s'élèvent, autant seront humiliés les enfants des hommes…

Mais l'âme de Soutine était insouciante et ne se laissait pas impressionner par les menaces et les poings serrés. Il n'y avait plus pour elle d'interdit de peindre, plus d'interdit de voler. Elle se sentait enfin libre. Oui, elle semblait rire. L'âme de Soutine riait, prise d'une lumineuse ivresse. Personne à Montparnasse n'arrive à y croire. Tout le monde là-bas voyait encore en lui, pour toujours, le plus malheureux des peintres. Mais la terre était un incommensurable ulcère qu'il laissait derrière lui.

De très loin là-haut son âme distinguait maintenant trois hommes qui de toute évidence étaient vivants. Pas de confrérie d'enterrement, pas de Hevra Qaddisha. Ils avaient enlevé leurs chapeaux noirs, se tenaient debout autour du cercueil de Soutine. Son âme ralentit son vol, décrivit un bel arc de cercle et s'immobilisa quelques mètres au-dessus du cercueil.

Il y avait donc trois hommes autour de lui. Pablo Picasso, Jean Cocteau, Max Jacob. Et l'âme de Chaïm Soutine était excitée, joyeuse, comme en proie à une ivresse légère, sans excès. Il y avait le roi-soleil Picasso, astre lumineux qui fait pâlir tous les autres. Et puis un frère jumeau d'Orphée, Jean Cocteau, qui avait bien aimablement accueilli à Paris le sculpteur préféré d'Hitler – l'âme de Soutine était incapable d'en prononcer le nom – en mai 1942, lorsque le gouvernement de Vichy lui avait consacré une cérémonie officielle. Et le voilà en deuil auprès de la tombe de Soutine ? Sa conscience le taraudait depuis qu'il avait festoyé bruyamment avec des marionnettes noires. L'aède thrace lui aussi avait traité avec la mort. Orphée au double visage avait abandonné ses oripeaux du monde souterrain. Il voulait aller vers la lumière.

Et qui est-ce donc encore, à la diagonale de la tombe de Baudelaire contraint d'avoir sa demeure auprès de son beau-père abhorré, le général Aupick ? Un ange, Max Jacob. Quelques mois plus tard à peine, le 24 février 44, il sera arrêté par la Gestapo non loin d'Orléans, à Saint-Benoît sur Loire où il vivait caché dans l'abbaye au milieu des moines. Et deux semaines plus tard – à son grand effroi, l'âme du peintre en a la vision prémonitoire – il mourra d'une pneumonie au camp de Drancy, au nord-est de Paris, dans l'attente d'un transfert à Auschwitz. Picasso avait jugé inutile d'intervenir pour lui.

Il n'y a rien à faire. Max est un ange. Il n'a pas besoin de notre aide pour échapper à la prison.

À l'époque, au temps du Bateau-Lavoir, Max avait partagé sa chambre avec Picasso, il avait nourri le peintre tout juste débarqué de Malaga. Maintenant le roi-soleil était soucieux de sa réputation. À Drancy, Max s'excusa auprès des autres Juifs de prier un Dieu chrétien. Il s'était fait baptiser à quarante ans, Picasso était son parrain. Pardon, ce n'est pas une confusion, juste une question d'histoire personnelle. Et puis il est mort. Mais la pneumonie, ça, son roi-soleil absent le sait, valait mieux que le trajet pour le terminus, sur la rampe, en Pologne, dans le wagon bondé.

L'âme de Soutine tournoyant au-dessus du cimetière Montparnasse les voit tout en bas, côte à côte auprès de la tombe de celui dont elle habitait le corps peu de temps auparavant. Pablo, Jean et Max, le roi-soleil éternellement chanceux, l'Orphée chatoyant et le pauvre Jacob pulmonaire qui s'éteindra bientôt.

Il y a aussi deux femmes, l'avant-dernière et la dernière. Son ange gardien de Magdebourg, Gerda Groth-Michaelis, qui lui avait réappris à manger quand il y avait renoncé depuis longtemps. Mademoiselle Garde ! Comme elle était pâle maintenant. Elle avait réussi à s'échapper du camp de Gurs et se cachait à Carcassonne. Elle n'a plus revu le peintre depuis le 15 mai 1940, jour où elle est partie pour le vélodrome d'hiver. Lorsqu'elle apprend de la bouche de Madeleine Castaing, à Carcassonne, que Soutine vit avec une autre femme, elle ne pleure pas. Il vous faut être courageuse, Gerda. Elle a vécu trente ans de plus sans jamais reposer un pied sur le sol allemand. Dans les années soixante-dix, l'âme de Soutine fut sidérée de l'apprendre, elle dictera ses souvenirs à un journaliste. Gerda ! Mademoiselle Garde ! À ce moment-là, Marie-Berthe Aurenche ne sera plus parmi les vivants depuis treize ans déjà. La muse congédiée des surréalistes, l'ex-femme de Dadamax, la compagne malheureuse de Soutine, elle qui avait cherché les cachettes et décidé cet interminable transfert à Paris. Dix-sept ans après ce jour d'août, en 1960, elle mettra fin à ses jours. Un suicide qui n'entrera pas dans la légende, à la différence de celui de la muse de Modigliani, la douce Jeanne Hébuterne qui avait pris son envol de la fenêtre pour ne plus jamais s'écraser sur l'asphalte noir. Marie-Berthe sera inhumée auprès de Chaïm Soutine, dans le même tombeau, elle voulait qu'il en soit ainsi. Comme pour ce maudit trajet à deux de Chinon à Paris dans le fourgon mortuaire.

Comment oublier le coup de téléphone d'Eleni au milieu de la nuit, Eleni, scandalisée par l'image que tous donnaient de Marie-Berthe. Et que dira-t-on si l'on tombe un jour sur une lettre des médecins de Chinon informant leurs collègues parisiens qu'ils refusent de prendre le risque d'opérer parce qu'il est trop tard et que ce serait trop dangereux ? Une sorte de certificat de décharge, par laquelle ils transféreraient à leurs collègues la responsabilité de l'intervention ?

Supposons qu'ils aient tout bonnement abandonné le patient. Quel autre choix avait Marie-Berthe que de tenter ce dernier transport désespéré du peintre jusqu'à Paris ? Eleni s'échauffait dans le combiné du téléphone :

Et puis toutes ces histoires, l'ange de la mort et son entêtement, la femme chancelante, les mauvaises décisions. Pures spéculations ! Que pouvait-elle faire ? Le regarder mourir ? Elle était donc passée par des connaissances parisiennes et avait téléphoné à un chirurgien de la clinique Lyautey, lequel avait promis de tenter l'intervention en dépit des risques. Après tout, elle voulait simplement donner une toute dernière chance à Soutine ! Et elle s'était décidée pour ce périlleux transfert.

Dans un article de 1952, Marie-Berthe parle des dernières années de Soutine et écrit effectivement que les médecins de Chinon avaient refusé de tenter l'intervention. Et quand bien même ç'aurait été une tentative de justification désespérée, même si elle s'était sentie coupable d'avoir pris une décision qui n'avait pas eu l'effet escompté, qui n'avait pas permis de le sauver ? Il est toujours plus facile de juger après coup.

Aucune des objections – ils auraient pu être arrêtés, alors le peintre aurait été conduit à Drancy, puis déporté vers l'Est – ne parvenait à convaincre Eleni. Sans cette errance interminable et épuisante, le peintre serait mort dans un lit d'hôpital de Chinon, le jus de pavot l'aurait accompagné doucement. Pas de dernier voyage éprouvant, angoissant, bien trop long...

Eleni restait inébranlable :

Mais tu ne sais pas de quoi une femme amoureuse est capable ! Elle n'a vu que cette unique chance, la dernière.

Eleni avait raccroché.

Marie-Berthe connaîtra encore l'ivresse de la libération de sa ville, presque un an jour pour jour après l'enterrement, le 25 août 44, un autre jour d'août, heureux cette fois. Mais sa vie peu à peu se disloquera. Les grands peintres n'étaient plus là, pour elle Dadamax était mort depuis longtemps, même s'il devait lui survivre seize ans. Malgré l'exultation de la Libération, Montparnasse n'était plus que le pâle reflet de l'effervescence passée.

Elle arpentait les rues avec son sourire fou et ses cheveux décolorés. Thea disait qu'elle ressemblait désormais à une banale putain. On lui reprochait de s'être approprié les tableaux de Soutine, d'en avoir tiré de l'argent, mais de n'être pas venue en aide à sa pauvre petite fille. Elle n'éprouvait plus que de la haine pour tous ceux qu'elle connaissait autrefois. Et malheur à qui prononce le nom de Max Ernst. Tous se détournent quand elle apparaît. Aussitôt une douce folie envahit la pièce. À la fin, elle parlait toute seule, balançant soudain ses propos confus au visage des passants :

Je suis responsable de sa mort ! Si je ne m'étais pas endormie, il ne serait pas mort…

Et elle demandait aux passants étonnés :

Y a-t-il une vie après la mort, y a-t-il un au-delà ?

Personne ne lui répondait, ils se contentaient d'échanger des regards moqueurs. Et puis elle leur disait aussi :

Je veux entrer au couvent !

Elle était de plus en plus seule, devenait toquée et méchante, ne faisait plus que médire et maudire. Ses pauvres mains folles ne savaient que détruire, pas garder. Elle ne gardait que sa façon bien à elle de se quereller avec tous et chacun, de tout détruire derrière elle et de s'en aller dans un bref éclat de rire sonore, un tressaillement sur ses lèvres de folle. Et puis elle s'est pendue au plafond de sa chambre, au crochet de la lampe. Deux sangles de valise avaient suffi. Et elle n'avait pas laissé de lettre indiquant ses raisons. Cela ne vous regarde pas. Cela faisait bien longtemps déjà que sa vie était arrivée à son terme.

Les Alliés déclenchent l'opération Overlord. La bataille de Normandie débute le 6 juin 44, pas même un an après le dernier voyage de Soutine vers le paradis blanc et le cimetière du Montparnasse. Le débarquement a lieu sur les plages de l'ouest du Calvados et les plages de l'est du Cotentin. C'est le jour le plus long. Dans chaque vie, il y a un jour le plus long. Pour Soutine ce fut ce 6 août 43, lorsque caché dans le fourgon mortuaire il avait roulé jusqu'à la capitale de la douleur. Le 19 août 44, le Comité parisien de la libération a appelé la population à s'insurger contre l'occupant. Paris est libéré le 25 août 44, le général de Gaulle fait son entrée triomphale. Le général Leclerc et ses chars entrent dans la ville par le Sud et la porte d'Orléans, acclamés par la foule. Il passe devant l'hôtel de l'avenue d'Orléans où dans la chambre 25, le peintre invisible, son imperméable boutonné jusqu'au cou, avait passé des jours à transpirer sur son lit, les yeux au plafond, pour échapper aux enquêteurs qui le cherchaient villa Seurat.

Le Commissariat du Reich Ostland disparaît dès 1943 lorsque les pays Baltes sont reconquis l'un après l'autre par l'armée Rouge. Cela fait longtemps que les habitants de Smilovitchi ont été massacrés par les Einsatzgruppen B. Le ghetto de Minsk est liquidé le 21 octobre 43 par le Oberscharführer Rübe. Rübe ? Le monstre Rübe ? Lui-même. Des soixante-quinze mille habitants du ghetto il n'en reste plus un. Tués jusqu'au dernier. Il n'en reste pas un seul qu'il puisse encore envoyer à la *Iama*. Et le docteur

Knochen ? Oh, il sera bientôt courtier en assurances. Des assurances-vie ? Volontiers. Ils veulent vivre leur vie paisiblement et sans inquiétude. Non, l'âme de Soutine n'aurait pu le prévoir quand elle volait au-dessus du cimetière du Montparnasse. Où sont Solomon et Sarah, Yankel, Ertl, Nahuma et les autres ?

Es vert mir fintster in di oygn, Tout s'obscurcit devant mes yeux, murmure son âme.

C'est la vie qui choisit le véhicule. Et les confusions font partie de ses manœuvres de prédilection. Une ambulance, une charrette à foin, une camionnette de primeurs, un fourgon mortuaire ou même une simple brouette sur laquelle un balayeur des rues transporte jusqu'à la rue de la Grande-Chaumière une douce madone, la petite Jeannette – tous mènent la vie à son but. Elle n'est pas difficile. Le mouvement lui suffit, elle en a besoin comme d'une drogue. Elle cherche un véhicule, peu importe lequel. À gyrophare, ou rempli de foin qu'elle disperse sur son passage.

Le véhicule peut ne pas être le bon, la direction ne varie pas. Si terribles qu'en soient les détours, le but du voyage est connu. Comme le disait le docteur Bog à ses sémillants séides musclés :

Vous savez où !

Toutes les routes mènent à l'opération finale, avancent inexorablement vers le terme du voyage. Semblable aux pigeons voyageurs retournant au colombier, la vie s'en va dans le véhicule qui se trouve être à sa disposition vers un but qui n'a plus rien de secret depuis longtemps. Allez, droit vers le portail, la barrière rouge et blanche se soulève, on franchit la ligne fatale, et on y est. La vie veut en finir.

Prenez Tchekhov. Il meurt à Badenweiler le 22 juillet 1904 et sa vie tout juste éteinte se cherche un véhicule adéquat. Elle fait affaire avec l'épicerie fine et les produits de luxe, comme si elle voulait se moquer de lui qui haïssait la rutilante opulence des riches. Le wagon frigorifique vert qui achemina le corps jusqu'à Moscou transportait également des fruits de mer venus de France. Il portait en lettres capitales l'inscription : TRANSPORT D'HUÎTRES. Et comme au même moment le cercueil d'un général rapatrié de Mandchourie arrive à Moscou, de la musique militaire retentit dans la gare. Les gens s'étonnent. Voilà que l'on rend à Tchekhov les honneurs militaires ? La vie est un malentendu. Son œuvre se nourrit de confusions. Ce n'était pas pour lui, mais pour un autre. Parfois, elle ne choisit pas le bon véhicule, ou pas la bonne musique. Tchekhov n'aimait pas les huîtres.

La vie de Soutine choisit le fourgon mortuaire pour son voyage vers Paris occupé. Tiens, prends ce drap blanc. Fais le cadavre. Lui-même l'avait dit à Kiko quand ils étaient à Vilna. Il faudrait pouvoir peindre ça. Il lui a fallu toute une vie pour enfin pouvoir peindre la mort. Avec les pneus d'un véhicule qui n'était pas le bon.

Les plus absurdes détours sont pour la vie un divertissement sans objet, les distractions d'une créature blasée, comblée, et ils ne la dérangent même pas. Elle laisse faire sans trop y porter attention. Quels que soient les détours, on va toujours tout droit. Sur la gauche et la droite, il y a de la vie en veux-tu en voilà.

Chaïm signifie vie, et dans la langue de la Bible, le mot n'existe qu'au pluriel. Le pluriel de la vie ? Rien de singulier ; elle doit se fondre dans le tout – et disparaître. Cimetière se dit Beth-Chaïm : maison de la vie. Montparnasse est son nom dans une vie impudente, éhontée, qui aime les confusions. Le lieu où vivaient les muses. Le dos d'une montagne grecque égarée dans une grande ville française, un lieu païen en plein cœur de Paris, habité de démons pleins de vie. Un cimetière de luxe, plein de peintres et d'amiraux.

À l'époque, j'habitais juste à côté, dans une ruelle minuscule qui donnait sur la rue Daguerre et dont le nom était censé honorer la mémoire d'un général ou d'un amiral, un quelconque gradé. Un de ces pauvres militaires tout juste bons à donner leur nom à de courtes rues étroites. Et quelque part dans ce gigantesque cimetière plein de témoins de pierre une plaque mortuaire noire anonyme portait l'inscription : *La vie ne meurt pas.* Je l'ai vue des milliers de fois, cette vie anonyme au singulier, cette brève formule, l'absence de dates : ni date de naissance, ni date de mort. C'était l'époque où les premiers morts du sida faisaient leur entrée au cimetière du Montparnasse.

Chaïm ne meurt pas. Il est au pluriel. Je traversais le cimetière tous les jours, je connaissais ses chats endormis, j'entrais et sortais dans cette maison de la vie où la mort vient se perdre. Chaïm ne meurt pas. Chaïm meurt. Chaïm.

Avant la Révolution, le terrain appartenait aux Frères de la Charité. L'unique vestige en est, solitaire au milieu des morts, un moulin sans ailes recouvert de lierre et apprécié des oiseaux. Le Moulin de la Charité appartient aux défunts. C'est là que le grain aérien est moulu, des dizaines de milliers de grains, chaque grain est une vie humaine, le pluriel de la vie. Un endroit qui soudain fait partie du monde et d'où les âmes s'envolent dans leur ivresse légère, leur désir d'air et d'espace. Au siècle de la naissance du peintre, on y trouvait le « champ des navets » ; dans le langage du bagne, une fosse commune où l'on jetait les cadavres des condamnés exécutés. *La vie ne meurt pas.* Chaïm ne meurt pas. Que tu y croies ou pas.

Pendant des années j'ai essayé de comprendre ce qui me fascine dans ses tableaux. Dès l'instant où, dans le métro, Eleni a vu dans mon dos cette affiche avec la cathédrale de Chartres, chancelante, qui menaçait de s'écrouler sur moi. C'était en 1989, et peu après nous sommes allés à Chartres, et nous avons dormi une nuit dans un tout petit hôtel. Nous entendions les trains passer à grand fracas à proximité pendant que nous nous aimions en balbutiant sans plus savoir où nous étions. Rien que des doigts tremblants dans la mémoire et, comme l'a écrit un poète : les lèvres qui ne peuvent plus rien dire gardent la forme du dernier mot proféré. Lorsque nous avons vu l'exposition dans l'ancienne demeure de l'évêque, nous n'avons plus eu besoin de parler.

C'est la fixation de l'image unique, de l'instant qui décide de tout. L'incommensurable honte, le sentiment croissant d'être étranger au monde. La désolation de tous ces personnages, le vacillement des choses dans un monde sans salut. Lyrismes laconiques. La mort à l'œuvre, fixée dans ses détails, ses couleurs moirées. Et l'infaillible vitalité de ce même instant.

Je suis retourné au cimetière du Montparnasse peu après l'an 2000. Je vivais ailleurs depuis longtemps, j'étais parti un jour dans une Renault 5 rouge cabossée et poussiéreuse, avec tout ce à quoi je tenais. Des années plus tôt j'avais écrit dans un poème ce qui souvent m'était venu à l'esprit dans ce même cimetière :

Tant mets-tu le cap sur ton bonheur / qu'il te prend à revers.

Et j'y suis retourné plusieurs fois pour comprendre pourquoi il en avait été ainsi et pas autrement. En aucun autre lieu je n'avais si clairement sous les yeux la terrible unicité de la vie. Et son pluriel, à travers ce simple prénom, Chaïm.

J'y étais venu presque tous les jours dans les années quatre-vingt, quand j'habitais à côté avec Eleni, dans cette petite rue perpendiculaire à la rue Daguerre que j'ai déjà évoquée. Combien de fois j'avais marché de long en large dans ce cimetière, quand je butais sur les mots ou avais besoin d'air. C'était une oasis de silence au milieu de la grande ville que j'aimais alors. Un silence sonore; le cimetière est un chœur, et j'avais des antennes pour l'entendre. Je suis donc retourné sur cette tombe au prénom mal orthographié, et suis resté là un long moment. Première division, presque au bout de l'avenue de l'ouest, à main gauche. Et je me suis senti observé.

Un vieil homme avec un chapeau noir, un foulard et une canne me regardait fixement de loin, à quelques rangées de tombes de là. Et ne faisait pas mine de s'en aller. Je lui ai donc rendu son regard, l'ai regardé droit dans les yeux sans me détourner, exigeant presque une explication. Je me disais que c'était la seule solution si je voulais m'en débarrasser.

Et enfin il est venu vers moi, ne se pressant pas mais avec un soulagement et une impatience sensibles, et il m'a demandé sans me saluer, sans la moindre formule de politesse:

Comment l'avez-vous découvert?

Pourquoi voulez-vous le savoir?

Je viens souvent ici. Je vais vous confier quelque chose: J'étais déjà là pour son enterrement.

À ce moment-là je me suis mis en colère, je n'ai rien dit mais le mouvement de la tête que j'ai esquissé était éloquent. Encore un de ces fous ou de ces vantards qui ont été à tu et à toi avec la moitié des célébrités enterrées là? On ne compte pas les cinglés qui errent dans les cimetières du monde entier! La proximité des morts les illumine et les inspire. J'essayais rapidement d'estimer son âge. 1943 : peu vraisemblable. Mais pas entièrement impossible. On trouve tant d'octogénaires et même de nonagénaires bien conservés qui traversent la vie en sautillant, fringants et réjouis… mieux vaut ne pas se fier à ses estimations. Je lui ai donc dit :

Mais il n'y avait que Picasso, Cocteau et Max Jacob auprès de sa tombe. Et puis naturellement les deux femmes, Gerda Groth et Marie-Berthe Aurenche.

Non, j'étais là moi aussi.

Et vous n'êtes plus jamais reparti, ai-je rétorqué d'un air sarcastique, pour le provoquer.

Non, mais je viens souvent ici. J'observe parfois ceux qui viennent le voir. Vous, je ne vous ai encore jamais vu. Vous devez être nouveau.

Vous vous trompez, je suis venu plus d'une fois quand j'habitais près d'ici. Vous avez dû me manquer souvent. Pourquoi observez-vous les gens ? Qu'est-ce que cela vous apporte ? Vous ne trouvez pas cela de mauvais goût, d'observer les gens dans un cimetière ? J'imagine que vous vous délectez de leur malheur, de leur chagrin ? Et puis que vous continuez votre petite promenade, tout content d'être encore en vie, et allez prendre un apéritif sur le boulevard Raspail ?

J'étais à l'enterrement. Le mercredi 11 août 1943, à 14 heures.

Comment avez-vous su ? Marie-Berthe Aurenche avait fait imprimer « Cimetière du Père-Lachaise » sur le faire-part, sans doute pour abuser l'occupant et ses sbires, et puis au dernier moment elle avait barré « Père-Lachaise » et ajouté « Montparnasse » à la main à côté.

Oh, nous avons nos propres informations. Que vous le croyiez ou non : J'étais là. Pas juste auprès de la tombe, mais pas loin. J'étais discrètement installé. Là-bas près de cet arbre.

Et il pointa l'endroit de sa canne.

Et Picasso était là, et Cocteau là. C'est les deux femmes qui se tenaient au plus près de la tombe.

Il désignait précisément les emplacements. Il ne parla pas de Max Jacob. De fait, sa présence était sujette à caution. À ce moment-là, il se cachait chez les moines de Saint-Benoît-sur-Loire et il n'aurait pas pu se rendre à Paris pour l'enterrement en si peu de temps. Le trajet de la Loire à Paris était interminablement long pour quelqu'un comme lui dans le pays occupé. Soutine avait emprunté presque le même chemin pour son dernier voyage. Mais après tout, peut-être Picasso avait-il raison de dire que Max était un ange. Ses ailes lui auraient permis d'arriver à temps au cimetière du Montparnasse ce 11 août 1943.

Et que faisiez-vous là ? Pourquoi avez-vous observé la scène si vous n'étiez pas parmi les proches ?

En un sens, j'en faisais partie. Mais je ne peux pas vous l'expliquer. Je maintiens simplement que j'étais là en 1943.

Et vous ne voulez pas au moins me révéler votre nom ?

Inutile. Vous ne pouvez pas me connaître.

Dites-le-moi tout de même, les noms font la joie de la mémoire.

Armand Merle.

Le nom ne me disait rien. Mais j'étais content d'avoir rencontré un merle. Pourquoi pas ? Les noms d'oiseaux ont toujours quelque chose d'aérien, on entend tout de suite chanter.

Qui êtes-vous ? À quelle police apparteniez-vous à l'époque ?

Mais le Merle en question a poursuivi sur un ton très clairement insolent :

Ne vous moquez pas de ceux qui observent les autres. Ils ont de bonnes raisons de constituer des dossiers, de mener l'enquête, d'agencer détail après détail pour former une mosaïque et la compléter peu à peu. Vous-même, vous n'êtes sans doute qu'un de ces auteurs à la gomme qui piochent ici et là quelques faits nus et anecdotes douteuses et inventent le reste. Et balancent dans le monde leurs élucubrations éhontées.

Je m'apprêtais à protester mais il avait déjà repris :

Ne vous racontez pas d'histoires. Vous ne valez pas mieux que les agents zélés des polices secrètes du monde. Eux seuls sont astreints à la vérité, vous non. Eux seuls font avancer l'enquête générale. Le monde a été créé pour s'achever par un grand procès universel. Pas sur un roman. Les écrivains ne sont que des menteurs.

Je n'arrivais pas même à me sentir offensé, après tout, il avait peut-être un peu raison. Et de toute manière, aucune objection n'aurait pu l'arrêter. Il continua donc à parler, inextinguible :

Nous nous mettons dans la tête des sujets sur lesquels nous enquêtons. Il nous faut tout savoir d'eux. Même s'il faut que je vous confesse quelque chose : il n'y a pas de psychologie. Tout ça c'est le fruit de l'imagination. Il n'y a pas de cerveau préétabli. Chaque tête est différente des autres. L'homme est plein de contradictions, rien n'est prévisible. Chaque action est bizarre et inexplicable. Je ne l'ai compris qu'en fin de carrière. Croyez-moi : Vous n'avez aucun droit de vous mettre dans la tête d'un autre. Ce n'était pas lui. Il est un autre. Vous écrirez peut-être un jour tout un livre sur les derniers jours du peintre. Moi aussi j'ai essayé, mais j'en suis resté à mes dossiers. Le temps est trop court.

J'imagine que vous étiez un mouchard, que vous avez assisté à l'enterrement de Soutine à bonne distance, que vous avez noté les noms que vous arriviez à identifier ? Peut-être même fait des photos ? Est-ce que je peux les voir ?

Les trois hommes, vous les avez certainement reconnus ? Mais les deux femmes ? À moins qu'il y ait déjà eu dans vos dossiers des photos susceptibles de vous aider à les identifier ?

Il n'a réagi à aucune de mes questions et a froidement continué son discours d'agent secret manifestement féru de littérature :

Le monologue intérieur ne vous apportera rien, vous vous en rendrez compte. Vous verrez qu'il faut le proscrire. Ce n'est pas la bonne perspective. Et sa découverte est le plus gros mensonge du royaume des mensonges qu'est la littérature. Vous ne pouvez pas vous transporter comme ça dans un homme et bavasser en son nom, ce serait le plus grand des crimes. Et puis il y a autre chose : C'était un grand taciturne. Ne faites rien dire à un homme taciturne. Il ne le veut pas. Et si vous êtes incapable de renoncer aux fioritures de la poésie, allez chercher ailleurs. Vous vous rendrez compte que vous avez échoué et il vous faudra réécrire le livre. Du début à la fin. Jamais de je, rien que du il. Jamais de pur passé, rien que du présent impur. Vous ignorerez tous les conseils et le regretterez amèrement parce qu'il vous faudra recommencer votre enquête à zéro. Et ce sera bien fait. Vous vous souviendrez de moi et vous maudirez d'avoir méprisé les conseils d'un spécialiste. Je maintiens fermement : pas de monologue intérieur. Cela nuit à l'enquête. Ne mettez pas votre voix dans la tête d'un taciturne. Ne faites pas ça.

Et puis il s'est tourné sans saluer davantage et a disparu entre les tombes, l'air offensé. Dix secondes à peine et on ne le voyait plus nulle part.

Mais il y a une tombe qui a toujours été ma préférée à l'époque où je faisais mes promenades familières et marquais les stations d'une imprévisible topographie des morts. Cette fois encore je ne voulais pas quitter ma nécropole parisienne préférée sans être allé la voir. Il le fallait, après cette étrange rencontre avec le vieil homme. Cette tombe porte l'épitaphe la plus belle que tout le cimetière ait pu concevoir. Cette tombe est celle de César Vallejo, un poète péruvien originaire d'un village andin et arrivé à Paris en 1923. Il rêvait d'une Espagne républicaine fraternelle et il est mort en 1938 des séquelles tardives d'une malaria. Personne n'a jamais rêvé tant de poésie sur une pierre : *J'ai tant neigé pour que tu dormes.* Neiger et dormir… Le je comme phénomène météorologique, et un tu tendrement cajolé qu'il faut bercer pour qu'il s'endorme. Parce qu'il est toujours sans sommeil.

Mais ce jour-là je n'ai pas retrouvé la tombe tout de suite, ce qui ne m'était jamais arrivé. J'étais troublé et énervé contre moi-même. S'était-il écoulé tant de temps ? N'étais-je pas dans le bon cimetière ? Dans les années quatre-vingt, lorsque j'habitais encore là, j'avais une boussole interne pour retrouver l'endroit dans cette mer de tombes. Est-ce que j'avais perdu la boussole, est-ce que l'aiguille était cassée ? Je me suis adressé à un des employés en uniforme qui gardent ici la mort.

Et si la douleur ne cessait pas après la mort ?

Ce poète qui souffrait de l'injustice du monde comme de son Pérou éternel a écrit « Les neuf monstres ». Les voilà maintenant réunis dans ce syndicat des voix au cimetière du Montparnasse, et le Péruvien de la douleur chante pour le fils du ravaudeur du Smilovitchi biélorusse, il chante à sa grande oreille rouge effarée :

Et, malheureusement,
la douleur grandit dans le monde à tout instant,
grandit à trente minutes par chaque seconde, pas à pas,
et la nature de la douleur, c'est la douleur deux fois,

et la condition du martyre, carnivore, vorace,
c'est la douleur deux fois
et la fonction de l'herbe très pure, la douleur,
deux fois
la vertu d'être, celle de souffrir doublement.

Jamais, hommes humains,
il n'y eut tant de douleur dans la poitrine, à la boutonnière,
[dans le portefeuille,
dans le verre, dans la boucherie, dans l'arithmétique!
Jamais tant de tendresse douloureuse,
jamais d'aussi près n'assaillit le lointain,
jamais le feu
ne joua jamais mieux son rôle de froid mort!
Jamais, monsieur le ministre de la Santé, la santé
ne fut plus mortelle
et la migraine n'arracha au front tant de front!
Et le meuble jamais n'eut dans son tiroir tant de douleur,
le cœur, dans son tiroir, tant de douleur,
le lézard, dans son tiroir, tant de douleur.
...
La douleur nous agrippe, frères hommes,
par derrière, de profil,
et nous rend fous dans les cinémas,
nous cloue sur les gramophones,
nous décloue sur nos lits, tombe perpendiculairement
à nos tickets, à nos lettres;
et c'est très grave de souffrir, l'on peut toujours prier...

Lorsque je suis enfin arrivé à la tombe du Péruvien, j'ai griffonné avec un bout de crayon au dos de deux tickets de caisses du Monoprix voisin. J'avais eu beau chercher dans les poches de mon pantalon, je n'avais rien d'autre. Babel, l'année nue, le jus de pavot de Sertürner. Personne ne peut être autre qu'il n'est. Il y a dans le ciel au-dessus de Montparnasse un astre mû par les flagelles : helicobacter pylori. Même celui qui s'échappe de l'enfance ne peut s'attendre à trouver le paradis. *A mentsh on glik iz a toyter mentsh.* Un homme sans bonheur est un homme mort. L'unique salut n'existe pas. La seule solution est la couleur. Elle est la dernière religion possible. Non, c'est rébellion que je voulais écrire. Ses saints patrons ont nom : cinabre, carmin, sang-de-dragon, ocre rouge, rouge indien, rouge de mars, rouge pompéien, pourpre, amarante, rouge cerise, garance, rubis, incarnat. Mais qui est donc Armand Merle ?

LE DERNIER VOYAGE DE SOUTINE

Cet ouvrage a été composé en Caslon
et achevé d'imprimer en septembre 2016
sur les presses de Grafica Veneta S.p.A.
à Trebaseleghe (Italie).

Dépôt légal : juillet 2016
ISBN 978-2-35873-104-1
Imprimé en Italie